KB111268

나는 도대체 왜 피곤할까

I'M SO EFFING TIRED

Copyright © 2021 by Amy Shah, MD.

Afterword copyright © 2022 by Amy Shah, MD.

All rights reserved.

Korean translation copyright © 2024 by THEBOOKMAN

Published by arrangement with Harvest, an imprint of HarperCollins Publishers through EYA Co.,Ltd.

이 책의 한국어판 저작권은 EYA Co.,Ltd를 통해 Harvest, an imprint of HarperCollins Publishers와 독점 계약한 책읽어주는남자가 소유합니다.

저작권법에 의하여 한국 내에서 보호를 받는 저작물이므로 무단 전재 및 복제를 금합니다.

이 죽일 놈의 피로와 결별하는 법

나는 도대체 왜 피곤할까
I'M SO EFFING TIRED

에이미 샤 지음 | **김잔디** 옮김

북플레저

"샤 박사는 건강한 라이프스타일을 통해 일상에 새로운 힘을 불어 넣을 수 있는 계획을 소개한다. 덕분에 나는 상상도 못 했던 에너지와 자신감을 얻었다. 불가능해 보일지 몰라도 활기찬 삶을 주체적으로 살고 싶은 사람에게 꼭 필요한 책이다."

– 보비 브라운 Bobbi Brown

"한 번이라도 '죽도록 피곤하다'는 말을 입 밖에 낸 적 있다면 꼭 읽어야 할 책이다! 샤 박사의 프로그램은 놀랍도록 효과적이며, 당신의 에너지를 충전하고 새로 태어나게 해줄 것이다."

– 의학 박사 새라 고트프리드 Sara Gottfried, 《호르몬 치료 The Hormone Cure》 저자

"이 책은 번아웃과 피로에 시달리는 모든 사람에게 신의 한 수가 될 것이다. 안 그런 사람이 어디 있겠는가!"

– 질리언 마이클스 Jillian Michaels, 〈뉴욕타임스〉 베스트셀러 작가

"나는 의사이자 여성 건강의 대변자로서 항상 여성 환자들을 도와줄 방법을 찾아다닌다. 이 책은 피로와 번아웃의 확산을 막아줄 해결책으로 이해하기 쉬우면서도 통합적이고, 과학적 근거로 무장했다. 오늘날 정신없이 바쁜 사람들을 위한 필독서!"

_의학 박사 닥터 태즈^{Dr. Taz}, 통합 의학 전문가

"이 책에서는 자율성을 높이는 참신한 접근으로 오늘날 수많은 사람이 시달리는 증상을 해결해준다. 에이미 샤 박사는 우리 몸의 자연적인 생체 리듬을 활용하고 일상에 간편하게 단식을 적용하여 피로와 체중 증가, 호르몬 불균형을 해결하는 법을 알려준다. 자신감을 되찾고 아기처럼 푹 자고, 원수 같은 뱃살을 빼고 날아갈 듯한 기분을 즐기고 싶으면 이 책을 사고 절친에게도 한 권 선물해라!"

_의학 박사 헤더 모데이^{Heather Moday}, 《면역의 모든 것^{The Immunotype Breakthrough}》 저자

일러두기

- '호르몬 고속 도로(43쪽)'와 '새로운 음식 피라미드(253쪽)'의 도표는 크리시 쿠페스키 Chrissy Kurpeski가 작성하고 리나 이사 Lina Issa가 각색했다.

- '생체 리듬을 최적화하기(205쪽)'과 '월경 주기에 맞춘 운동 및 단식 계획(276쪽)'의 도 표는 크리시 쿠페스키가 작성하고 지날린 맥너마라 Ginalyn McNamara가 각색했다.

- 이 책에는 건강 관리법에 대한 조언과 정보가 들어 있다. 의사나 건강 전문가의 의견 을 대체하는 게 아니라 보충하는 목적으로 사용해야 한다. 본인에게 건강 문제가 있 거나 의심되는 경우, 특정 의료 프로그램이나 치료를 시작하기 전에 의사에게 조언을 구해야 한다. 이 책의 정보는 출간일을 기준으로 최대한 정확도를 높이기 위해 노력 했다. 출판사와 저자는 이 책에서 추천하는 방법을 적용했을 때 나타나는 결과에 대 해 책임지지 않는다.

- 이 책에 등장하는 용어는 국립국어원 표준국어대사전과 대한의사협회 의학용어집을 기준으로 하였다. 우리가 흔히 부르는 갑상선을 갑상샘으로, 과민성 대장 증후군을 과민 대장 증후군으로 표기한 것도 이와 같은 이유다.

왜 나는 죽도록
피곤했을까

　　머리가 빙빙 도는 것만 같았다. 오후 5시에 갑자기 소집된 '긴급' 회의에서 먼저 일어나느라 죄책감을 느꼈고, 그에 못지않게 아이들 픽업이 늦어진 것도 미안했다. 애리조나주 글렌데일 67번가를 빠르게 질주하는 동안 심장이 쿵쾅댔다. 머릿속이 복잡하게 돌아갔다. 사무실을 일찍 떠난 게 맘에 걸렸다가, 짜증 내는 동료들이 어른거렸다가, 가라테 도장에서 기다리는 아이들이 떠올랐다. 까칠한 안내 데스크 직원이 지각했다고 핀잔하며 무능한 엄마라고 흉보는 모습을 상상했다.

　　그렇게 자기 비하에 정신이 팔리는 바람에 막판까지 교차로를 지나는 차를 보지 못했다. 금속이 금속을 치는 소리가 공기를 울리며 시간이 멈췄다. 내 차는 나의 통제를 벗어나 정확히 세 번 회전한 뒤 분리대를 들이받았다. 또다시 가슴이 서늘해지는 충돌음이었다. 차에 있는 에어백이 전부 동시에 터졌다. 앞 유리에서 부서진 유리 조각이 박혀 피투성이가 된 팔이 눈에 들어왔다. 난 괜찮았지만 사고가 내 잘못이란 건 알고 있었다. 당시 내 삶을 정확히 묘사하는 표현이기도 하다. 스스로 전혀 통제가 안 되는 기분이었다. 아니, 그 사실을 내가 알았다.

10년 전 사고가 났던 그때는 두 아이를 키우며 면역 전문의로서 입지를 다지고, 다른 의사 시험을 준비하느라 사실상 탈진에 가까운 상태였다. 지나치게 피곤했고, 무리했고 일을 많이 벌였다(당신도 뭔가 익숙하지 않은가?). 단순히 시간 관리를 넘어 더 근본적인 문제가 존재했다. 내게 뭔가 문제가 있다고 몸이 외치고 있었다. 뚜렷한 이유 없이 체중이 늘었다. 항상 짜증이 났고, 에너지는 바닥이었다. 뭐가 문제인지 몰랐고 알아낼 힘도 없었다. 내가 바쁜 워킹맘이라 그렇다는 주변 사람들의 말은 전혀 도움이 되지 않았다. 어쩌면 신이 개입해서 교통사고를 통해 내 인생에 큰 변화가 필요하다고 알려줬는지도 모르겠다.

교통사고를 내기 전에는 가정과 직장에서 일을 관리하는 능력에 한계치를 느끼고 혼자서 껴안아야 하는 것 같은 외로움을 느꼈다. 이런 피로는 인생에서 당연하고 어쩔 수 없는 부분이라고 생각했다. 하지만 그 생각이 틀렸다는 걸 지금은 안다. 안타깝게도 이렇게 느끼는 사람은 나뿐만이 아니다. 셀 수 없을 만큼 많은 사람이 나처럼 '에너지 고갈 위기'로 고통받고 있다. 내 환자들은 심한 스트레스를 받으며 지칠 대로 지쳤다. 탈진할까 봐 걱정하고, 스스로를 혹사한다고 느꼈다. 당신도 그런 이유로 이 책을 집어 들었을 것이다.

감당이 안 되는 느낌과 극심한 압박에 시달리는 건 지나칠 정도로 흔하다. 이런 시대에 어떻게 안 그렇겠는가? 우리는 바쁘게 직장과 가정을 오가며 살아가고, 그 와중에 정신을 어지럽히는 자극을 피하려 매일 같이 애쓴다. 하지만 우리는 초인이 아니다. 몸에 지나친 스트레스를 주면 결국 어그러지는 지점에 도달한다. 더 이상 맞물려 돌아가지 못하고 정상적인 기능을 중단하는 것이다.

예를 들어 내 환자인 34세의 케이티는 저작권 사업을 운영하면서 어린 자녀 둘을 키웠다. 재택근무였지만 심각한 수면 문제 때문에 일과 가정생활 모두 지장을 받으면서 극도의 스트레스에 시달리다 나를 찾아왔다. 너무 피곤해서 일에 집중되지 않았고, 그녀의 수입으로 가족을 부양했기 때문에 그만두지도 못한다고 했다. 또한 내가 겪었던 것과 비슷한 증상에 시달렸다.

- 피로
- 수면 장애
- 달고 짠 음식에 집착
- 카페인 같은 각성제 과다 섭취
- 뚜렷하진 않지만 지속적인 소화 문제

슬프게도 케이티 같은 사례는 요즘 무척 흔한 편이다. 내 경우도 마찬가지다. 혹시 이 이야기에서 당신이 보이진 않았는가? 우리처럼 친구나 가족, 심지어 의사들까지 이런 문제엔 아무것도 소용없다(직장을 그만두거나 생계를 접고 오랫동안 휴가를 가는 등 별로 현실적이지 못한 대안을 제외하면)고 말하진 않았는가?

그렇다면 당신은 혼자가 아니다. 나는 바로 당신을 염두에 두고 이 책을 썼고, 잃어버린 에너지와 삶을 되찾을 방법을 제시한다. 나는 이 계획과 연구로 내 삶을 바꿨으며 수천 명에 달하는 환자들을 도왔다. 당신도 똑같은 효과를 볼 수 있다(이 책에서 내 환자들 사례를 소개할 예정이다).

나는 어떻게 살아왔을까

나는 두 가지 의사 면허를 보유한 전문의로 코넬, 알베르트 아인슈타인, 하버드, 그리고 컬럼비아 대학에서 공부했다. 무엇보다 나 역시 두 아이의 엄마로서 극도의 피로에 시달리며 암흑기를 맞아봤다. 교통사고를 낸 이후 스트레스를 줄이고, 에너지를 키우며, 몸을 변화시키는 프로그램을 개발하느라 쉴 새 없이 일했다. 마침내 효과 있는 계획이 나왔고, 직접 건강의 변화를 경험하자 환자들과 공유해야겠다는 생각이 들었다. 그때부터 여성들의 피로를 극복하는 데 진료의 초점을 맞췄다. 이 계획으로 효과를 본 환자가 수천 명에 달했다. 이 계획은 내 인생을 바꿨다. 당신의 인생도 바꿀 수 있다고 믿는다.

이것이 내 인생의 사명이 되리라고 생각지도 못했다. 에너지가 모조리 고갈되기 전-의사나 엄마가 되고 여성들의 건강을 대변하기 한참 전-에 나는 늘 기운이 넘쳤다. 뭄바이에서 동쪽으로 세 시간 정도 떨어진 인도 서부의 조용한 마을 나시크에서 자라던 어린 시절에는 그야말로 에너지 덩어리였다. 우리는 자기 자신을 잘 보살피는 마을에 살았다. 자동차도, TV도 없는 집이었지만 아파트 사람들끼리 서로 알고 지내며 행복한 대가족 같이 지냈다.

내가 5살 때 부모님은 미국에 갔고, 결국 뉴욕의 웨스트체스터라는 조용하고 나무가 울창한 교외에 자리를 잡았다. 내게 이사는 시련이었다. 문화 충격을 받고 영어를 배우느라 우왕좌왕했을 뿐만 아니라 소속감을 느낄 수도 없었다. 유행에 민감한 친구들 사이에서 헌 옷을 입고 다녀서인지, 혹은 다른 애들처럼 자동차를 타지 않고 나만 걸어서 등교해서인지 몰라도 어쨌든 나는 외로웠다. 우리 반에서 피부가 갈색인 아이는 나뿐이었다. 적응을 못 했다는 말은 순화한 표현이다. 나는 입고 다니는 옷과 배경 때문에 놀림받기 일쑤였다. 채식주의자라는 사실도 도움이 되진 않았다. 1980년대에 채식주의자라는 건 머리가 두 개 달린 것과 동급이었다. 내 채식 도시락이 불가사의하게 햄버거로 바뀌었던 날을 절대 잊지 못할 것이다(잔인한 장난이었다).

고등학교에서 고난은 더 심해졌다. 내가 사랑하는 사람들이 아팠기 때문이다. 할머니는 당뇨병에 걸려서 온갖 당뇨병 합병증에 시달렸다. 할아버지도 당뇨병에 걸려서 60세라는 젊은 나이에 돌아가셨다. 내 아버지와 아버지의 형제 네 명은 모두 삼십 대 초반에 2형 당뇨병으로 진단받았다. 당시 내가 보기엔 이해하기 힘든 일이었다. '어떻게 이릴 수가 있지? 다들 건강하고 날씬하신데.' 친척들과 저녁을 먹는 자리에서 심장 전문의 삼촌이 로티(인도의 전통 플랫 브레드) 건네며 경고했다. "당뇨병은 한 가족을 휩쓸어버리는 경향이 있는데, 안타깝게도 우리 가족이 그래. 우리 모두 걸릴 거다. 다른 건 몰라도 이건 확실히 물려줄 수 있어." 삼촌이 웃었다. 그러면서 병의 심각성을 강조하듯이 덧붙였다. "우리 가족 중에 60대를 넘긴 사람은 아무도 없어." 이 말은 항상 내 머릿속에서 맴돌았다. 아마 그 순간 처음으로 유전자가 정말 우리의 운명인지, 아니면 생각보다 자기 건강을 스스로 좌우할 수 있는지 궁금했던 것 같다.

나는 적극적으로 당뇨병을 공부하기 시작했다. 통역사를 자처하며 할머니를 의사에게 데려갔고, 그 기회를 틈타 질문을 쏟아냈다. 특히 식단과 라이프스타일이 유전자에 대항해서 건강에 어떤 역할을 하는지 알고 싶었다. 당뇨병을 공부하고, 음식으로 가장 심각한 증상을 조절할 수 있는지 등을 배우면서 아버지를 기니피그 삼아 추천 식단을 몇 가지 시험했다. 아버지와 나는 연이어 과감한 식단을 시도했다.

고지방, 저탄수화물, 채식, 팔레오paleo(원시 인류의 식단으로 가공식품을 배제한다-옮긴이), 아유르베다ayurveda(고대 인도 전통 의학-옮긴이)식 등은 극히 일부에 불과하다. 물론 쉽지는 않았다. 아버지 같은 사람들에게 평생 이어 온 습관을 깨는 것은 보통 힘든 일이 아니다. 어릴 때부터 먹었던 음식과 즐겨 찾는 소울 푸드, 특히 아침에 먹는 카크라khakhra(밀가루 전병)을 포기하는 게 특히 힘들었다. 하지만 아버지는 내 말에 따라 식단을 지켰고, 결국 우리는 효과 있는 식단을 찾아냈다. 2년 동안 인슐린 투입량을 50U에서 20U 미만으로 낮췄고 체중은 14kg 가까이 감량했다! 오늘 당신이 손에 쥔 계획은 이 식단을 기반으로 형성됐다(걱정하지 마시길. 좋아하는 음식을 다시는 못 먹겠다고 생각하겠지만 가끔은 먹을 수 있다. 곧 알게 될 것이다).

이런 과정을 겪으면서 인간의 몸과 음식, 유전, 그리고 라이프스타일 변화는 서로 밀접한 영향을 주고받는다는 생각이 들었다. 또한 신진대사도 흥미로웠다. 누구는 아무리 적게 먹어도 살이 안 빠지는데, 왜 누구는 원하는 만큼 먹고도 날씬할까(인생은 공평하지 않다)? 나는 이런 질문에 답하고 싶었고, 아버지의 식단을 바꿨던 경험을 떠올리며 해당 분야에서 최고로 꼽히는 코넬 대학 영양학과에 지원했다. 여름에는 하버드 의학 전문 대학원에서 면역계가 어떻게 작용하고 오늘날 환경 오염 물질이 어떤 영향을 미치는지 연구하고 배웠다. 나는 음식과 인간의 몸을 더 깊이 이해하기 위해 뉴욕에 있는 알베르트 아인슈타인 의대에 다녔다. 그리고 이곳에서 미래의 남편을 만났다. 캘리포니아 출신으로 젊고 야심 차고, 그동안 만났던 누구보다 상냥한(지금도 마찬가지다) 남자였다.

의대에 다니는 동안에도 질병 예방에 대한 열정은 식지 않았다. 1년을 할애해서 심장병 위주로 연구했고, 덕분에 일하면서 연구 자료를 비판적으로 분석하는 능력을 다듬을 수 있었다. 의대를 졸업한 후에는 보스턴에 있는 하버드 의대 베스 이스라엘 디코니스 메디컬 센터 Beth Israel Deaconess Medical Center에서 레지던트 과정을 밟았다. 의대에서 기력을 소진한 데다 결혼한 지 얼마 안 됐을 때라 초반에는 전쟁 같은 나

날이었다. 의대보다 힘들었고 긴 근무 시간을 버티는 건 상상하기 힘들 정도로 고됐다. 게다가 보스턴은 연중 몇 달 동안 날이 일찍 어두워진다. 새벽 6시가 되기 전 캄캄할 때 출근했고, 당연히 밤에 퇴근할 때도 어두웠다. 나는 '여기서 벗어나고 싶다'고 생각했다. 생체 리듬이 기분과 에너지를 어떻게 바꾸는지 보스턴의 어두운 겨울을 통해 힘들게 배웠다. 그런 보스턴의 겨울에 어떤 재미도 열정도 느끼지 못했던 기억이 난다. 그러다 봄이 오면 스위치를 켜듯 에너지가 치솟곤 했다.

운 좋게도 2년 후에 컬럼비아 대학의 면역학 프로그램에 통과해서 뉴욕으로 이사했다. 당시 둘째를 임신한 상태로 다시 면역학을 공부했다(내가 생각해도 아이러니하다. 임신해서 호르몬이 널을 뛰는 와중에 여성의 호르몬과 면역계를 공부하다니!). 그리고 이 경험으로 한층 성장할 수 있었다. 알레르기 분야의 임상 업무와 면역학 연구는 당신이 지금 읽고 있는 책의 발판이 됐다.

오랫동안 학교 공부와 연수 기간을 거친 끝에 내과와 알레르기/면역 분야 양쪽에서 전문의 자격증을 땄다. 그동안 받은 교육을 활용하겠다는 기대감에 부풀어 진료를 시작했다. 하지만 서양식 의료 모델과 계속 병원을 들락거리는 환자들에게는 내 경험과 전문성이 무용지물에 가깝다는 생각이 들었다. 오해하지 않길 바란다. 환자들과 소통하는 건 사랑하지만, 단순히 치료를 넘어 더 많은 것을 하고 싶었다. 나는 병을 예방하고 싶었지만 그럴 시간이 없었다. 번아웃 상태로 진료와 육아를 동시에 하느라 꼼짝도 못 하는 느낌이었다. 이 무렵 귀여운 아이가 둘이었고 남편 역시 의료계에 종사하면서 나름대로 스트레스를 받았다. 나는 겨우 32살이었지만 몸이 쇠약해지고 있었다.

그러다 교통사고가 났고, 뭔가 잘못됐다는 걸 깨달았다. 하지만 정확히 무엇일까? 난 왜 항상 죽도록 피곤할까?

에너지 고갈의 해답을 발견하다

뚜렷하진 않아도 부정할 수 없는 증상이 내 몸에서 분명히 나타났지만 내 의사들은 모두 원인을 찾지 못했다. 나는 친구들(하버드와 컬럼비아에서 함께 수련했던 똑똑한 동료들)에게 내 컨디션이 왜 이렇게 망가졌는지 조언을 구했다. 그들은 나를 멀뚱히 바라보면서 내가 '괜찮다'고 했다. 초보 엄마이자 이제 막 진료를 시작한 사람이 피곤한 건 '정상'이라며 '드물지 않은 일'이라고 장담했다. 무엇보다 '노화'가 원인일 수 있고 내 호르몬은 예전처럼 '활발'하진 않을 거라고도 했다. "뭐라고?! 겨우 32살인데?" 여성 잡지를 읽다가 25살이 넘으면 '늙었다'라는 표현을 봤을 때처럼 덜컥 겁이 났다.

나는 그 말을 믿고 싶지 않았다. 이런 기분을 나만 느끼진 않는다는 것도 알고 있었다. 수많은 환자와 친구, 동료가 끊이지 않는 피로와 찌뿌듯함, 우울감을 호소했다. 게다가 수면은… 제대로 자는 사람이 있기나 할까. 하지만 의사들은 이런 증상을 오랫동안 하찮게 취급했다. 나처럼 설명이 안 되는 증상을 무시하고 '초보 엄마'라서, '과중한 업무'나 '노화' 때문이라고 했다. 나는 얼마나 피곤한지 고장 난 레코드처럼 반복해서 말하는 기분이 들었다. 불평하는 것 자체가 '지겨웠다(당신은 안 그런가?)'.

여성의 피로 문제를 깊이 파고들수록 에너지 위기가 얼마나 심각한지 확신할 수 있었다. 최근 연구에 따르면 남성의 10%, 여성의 15%가 극심한 피로나 탈진 상태를 자주 겪는다고 보고한다.[1] 18세에서 44세 사이의 여성은 극심한 피로나 탈진을 자주 느끼는 비율이 남성의 두 배에 달한다(15.7% vs 8.7%).[2] 게다가 의학 연구의 역사상 여성과 여성의 의료는 늘 뒷전이었다(믿기 힘들겠지만 미국 국립 보건원National Institutes of Health는 1994년까지 여성을 연구 대상에 필수로 포함하지 않았다. 달리 말하면 여성들은 오랫동안 전반적으로 에너지 위기와 호르몬 불균형에 시달렸고 도움을 받지 못했다는 뜻이다. 여성의 통증은 '나이가 들어서' 생기는 증상으로 치부됐다). 문헌에는 이런 평가를 뒷받침할 근거나 정확한 치료법이 존재하지 않는다. 이 문제를 다루는 과학서는 극도로 부족하다. 이대로 계속 부당함을 설파할 수도 있겠지만 그러다간 책 한 권을 채워야 한다…. 어쨌든 나는 신체적으로 지쳤고, 전통 의학과 연구에서 여성이 관심을 받지 못하는 것도 피곤했다.

여성이 의료계에서 하찮은 취급을 받는 것도 절망적인데 소수 민족은 더 소외되기 마련이다. 꼭 소득 격차 때문은 아니다. UC 버클리의 사회 복지학과 조교수 티나 색스Tina Sacks는 2017년 연구에서 수십 번에 걸친 심층 인터뷰 끝에 '대학을 졸업한 흑인 여성이 출산한 유아의 사망률은 고등학교까지만 졸업한 백인 여성보다 높다[3]'라는 결론을 내렸다. 의사들은 흑인 여성의 증상을 무시하는 경우가 많다. 2018년

〈보그〉지에 따르면[4] 유명인인 세리나 윌리엄스^{Serena Williams}가 응급 제왕 절개 수술을 받고 호흡 곤란을 일으켰는데, 의료인이 이 증상을 심각하게 생각하지 않았다. 결국 세리나 윌리엄스는 수술로 목숨을 건졌지만, 누군가 그녀의 염려와 증상을 진지하게 받아들였다면 폐색전을 제때 포착해서 큰 수술은 피할 수 있었을지도 모른다.[5]

문제는 호르몬과 염증, 그리고 장이다

나는 나뿐만 아니라 의료계가 간과하는 수많은 여성을 위해, 죽도록 피곤한 이유를 알아내야 할 의무가 있다고 생각했다. 연구를 계속할수록 모든 징후는 호르몬 불균형을 가리켰다. 사실 이런 증상을 인터넷에 검색하면 '부신 피로^{adrenal Fatigue}'라는 용어가 등장한다. 나는 연수 시절 초기에 부신과 부신의 기능(아드레날린, 알도스테론^{aldosterone}, 그리고 '스트레스' 호르몬으로 통하는 코르티솔 분비)을 연구했다. 하지만 의대에서 '부신 피로'를 가르치지는 않는다. 부신 피로는 정식 진단명으로 인정되지 않기 때문이다(3장에서 자세히 다룰 예정이다).

하지만 나는 그 개념에 흥미를 느꼈다. 부신 피로 개념을 지지하는 사람들은 만성 스트레스가 원인이라고 주장한다(사실인지 모르겠지만). 끊임없이 투쟁과 도피의 경보가 울리면 부신이 그 속도를 따라가지 못하고, 결국 정상적인 기능에 필요한 호르몬 분비 속도를 맞출 수 없다는 것이다. 논문에 쓰기 좋은 두루뭉술한 표현이었다.

하지만 의학 서적에 부신 피로가 나오지 않는다고 해도, 나는 내 호르몬이 뭔가 잘못됐다는 걸 알고 있었다. 그렇지 않으면 왜 항상 피곤하겠는가? 그래서 연구를 계속한 끝에 확실한 결론을 내렸다. '부신 피로'는 존재하지 않지만 그 증상은 존재한다. 그러나 흔히 말하는 부신 피로와는 다른, 극단적인 호르몬 불균형이었다. 나는 '영양과 '장', '호르몬 불균형'을 더욱 깊이 연구하면서 이 피로를 물리칠 식단 계획을 구상했다.

다시 한번 스스로 기니피그가 되어 연구 결과를 블로그에 기록했다. 내 이론을 시험하고, 에너지를 채울 식단 전략을 개발했다. 정신과 호르몬, 염증에 이르기까지 완전히 새롭게 태어났다. 물론 시행착오도 있었다. 과학의 이름으로 '레몬주스-카엔 고추 해독'을 시도했다가 뉴욕 길거리에서 고꾸라진 적도 있다. 하지만 결국 대성공이었다. 올바른 배합을 찾아내서 호르몬 균형을 이뤘고 내 몸에 오랫동안 존재하지 않았던 에너지를 자연적으로 얻었다.

그리고 사람들이 내 변화를 알아차렸다. 내가 로티 같은 전통 음식이나 카주 카틀리kaju katli(인도식 액상 버터인 기 버터와 설탕, 견과를 넣은 마름모꼴의 달콤한 디저트) 같은 간식을 끊자 가족들은 충격을 받았다. 고모들은 거의 처음으로 말을 잃었다. "디저트와 로티 없이 무슨 재미로 산다는 거니?!" 엄마는 고개를 저으며 물었다. 가족들은 내가 왜 이런 일상 식품을 마다하는지 이해하지 못했고 '풀'만 먹고 산다며 놀렸다. 하지만 곧 기운이 넘치는 나를 보고 다들 놀라움을 금치 못했다. 쌩쌩하게 달리고, 진료하러 다니고, 아이들과 자전거를 타는가 하면 피곤한 기색도 없이 책을 쓰거나 블로그를 썼다. 이제 아무도 단것이나 탄수화물을 권하지 않았다.

그러다 몇 년 전에는 의사 친구들과 함께 마추픽추로 여행을 갔다. 그때 매일 등산하면서, 새로 채운 에너지가 얼마나 큰 변화를 가져왔는지 처음 깨달았다. 다들 피곤해하고 멈추고 싶어 해도 나는 에너자이저 토끼처럼 멀쩡했다. 몇 년 동안 없었던 에너지가 넘쳐났다. 등산을 마치고 친구들은 내게 어떻게 헐떡대지도 않냐고 물었다. 심지어 페루의 노련한 가이드도 질문했다. "피곤하지 않아요? 지금까지 가이드로 일하면서 남자든 여자든 이렇게 수월하게 등산하는 사람은 처음 봤어요!" 잠깐만, 진짜로? 나는 생각했다. '땀 한 방울 안 났는데?' 뭔가 올바른 방향으로 가고 있었다. 나는 의사로서 사람들과 공유해야겠다는 생각이 들었다.

에너지를 결정하는 3요소

지금쯤 당신도 궁금할 것이다. 내 몸과 마음을 그토록 가뿐하게 해줬던 계획이 뭘까? 나는 몇 가지 요소를 기반으로 리셋 계획을 개발했고, '도대체 왜(Why The F*ck) 이렇게 피곤한가'라는 의미를 담아 'WTF 계획'이라는 이름을 붙였다. 앞으로 더 자세히 설명하겠지만 요약하면 다음과 같다. 우리의 호르몬과 면역계, 그리고 장은 밀접히 연결되어 있으며 자주 균형이 어그러진다. 에너지를 높이는(그리고 다른 건강 문제를 개선하고 해결하는) 핵심은 세 가지 체계의 균형을 잡는 데 있다.

호르몬

우리 몸에는 다양한 호르몬이 신호 체계로 작용하면서 기본적인 기능을 대부분 조절한다. 여러분은 에스트로겐이나 코르티솔(스트레스 호르몬) 같은 일반적인 호르몬에 익숙하겠지만 그 밖에도 온갖 절묘하고 복잡한 역할로 신체 기능을 매끄럽게 조절하는 호르몬이 많다.

호르몬 체계는 복잡하게 서로 연결된 호르몬 고속 도로라고 생각하면 된다. 대도시의 도로 체계와 비슷하다. 이 호르몬은 모두 뇌의 호르몬 신호에 반응하며 다른 호르몬 분비샘의 상황에 따라 끊임없이 움직이고 변화한다. 시상하부는 뇌하수체와 연결되고, 뇌하수체는 갑상샘에 영향을 미치며 결국 부신과 난소, 혹은 고환과 연결된다. 모두 서로 영향을 주고받으며 뇌와 이어진다.

결국 '모든 게 연결돼 있다.' 뉴저지 유료 도로 63번 출구에서 사고가 나면 몇 km씩 차가 밀리고 몇 시간 동안 속도가 느려질 것이다. 우리 몸도 마찬가지다.

면역계

면역계는 우리 몸에서 바이러스나 질병 같은 침입자를 막는 방어막이다. 독감이나 일반 감기와 싸울 때 이 면역계가 일한다. 바이러스나 세균이 몸을 위협하면 면역 세포가 용감한 보병처럼 반사적으로 전투에 나선다. 이런 염증 반응이 끝나면 군인들은 다시 기지로 돌아가고 경보 체계를 꺼야 한다. 하지만 오늘날 수많은 이유로 응급 상황이 끝났다는 신호를 받지 못하거나, 낯선 음식이나 독소의 형태로 계속 위협이 돌아온다. 결국 '해로운 만성 염증negative chronic inflammation'으로 이어지고, 이런 염증 반응은 뇌와 신체에 위험 신호를 보낸다.

장 건강

장 건강은 소화관의 미생물 균형을 가리킨다. 최근 연구에 따르면 장 건강은 전반적인 건강에 중요한 역할을 하며 우리의 욕구부터 기분, 당연히 에너지 수준까지 모든 것에 영향을 미친다.

호르몬과 장은 공생 관계를 이룬다. 호르몬은 장에 영향을 미치고, 장 세균은 호르몬을 분비하고 조절한다. 장 세균은 호르몬을 분비할 뿐만 아니라 과잉 호르몬을 조절하거나 배출을 방해하기도 한다. 소화기가 고장 나면 영양 흡수에 문제가 생기면서 영양실조를 일으키고, 위산 역류나 소화 불량, 과민 대장 증후군 등 수많은 만성 문제와 증상으로 이어질 수 있다.

이 세 가지 체계는 아주 밀접하게 연결되어 작용하며 건강에 핵심적인 역할을 하기 때문에 나는 이들을 '에너지 3요소'라고 부른다. 하나라도 균형이 어긋나면 전반적인 불균형이 발생해서 바쁜 하루를 헤쳐 나갈 에너지를 훔쳐 간다. 한 가지 체계를 고치면 다른 두 가지도 개선된다. 에너지의 3요소가 한번 균형을 이루면 에너지는 치솟기 마련이다.

생각해보면 충분히 이해할 수 있다. 한 가지(혹은 모두) 체계의 균형이 어긋나서 몸이 정상으로 돌아가려고 고군분투하면 다른 일을 할 에너지는 줄어든다. 진이 빠지는 것이다. 그러면 심하게 피곤해질 뿐 아니라, 몸이 제대로 기능하는 데 필요한 자원도 부족해진다. 이런 일이 계속 발생하면(스트레스와 피로가 만성이 되면) 알레르기와 질병에 민감해진다. 염증과 질병, 에너지는 이런 식으로 연결된다. 우리는 이 체계를 되돌리고 호르몬을 안정화하는 한편, 에너지 3요소의 균형을 이뤄서 감염과 질병을 물리쳐야 한다.

문제는 흔한 호르몬 불균형 증상을 진단하기 어렵다는 것이다. 하지만 라이프스타일과 식단 변화로 쉽게 고칠 수 있다. 에너지 3요소를 최적화하는 것이 핵심이다. 나는 염증과 호르몬 불균형을 바로잡기 위해 일종의 간헐적 단식으로 장 건강을 개선하고 면역계를 강화하는 식단 계획을 수립했다. 내 식단을 정비하는 한편 수면을 우선순위로 삼고 운동 루틴을 바꿨으며 스트레스 관리를 연습했다. 지난 몇 년 동안 간헐적 단식과 생체 리듬, 장 건강에 관한 연구가 활발히 진행된 덕분에 내 경험을 과학으로 뒷받침할 수 있었다.

이 계획으로 내가 효과를 봤다면 다른 사람도 가능할 것이다. 나는 나와 같은 증상을 호소하는 환자들을 생각했다. "난 왜 잠을 충분히 못 자죠?", "기운이 하나도 없어요." 그들은 피곤했고 기분이 오락가락했으며 수면은 그야말로 엉망이었다. 나는 WTF 계획으로 환자들을 치료했다. 영원히 잃어버린 것 같은 활력을 한 명씩 되찾기 시작했다. 이런 통합적 접근법을 진료에 활용하면서 더 널리 공유해야 할 필요성을 당신의 에너지 3요소는 어느 정도인지 궁금한가? 빠르고 쉽게(전혀 피곤하지 않게) 직접 확인할 방법을 소개한다. 아래 다섯 가지 질문에 5점 척도로 점수를 매겨보자.

질 문	나의 점수
1 에너지가 얼마나 높은가? 5 최고다. 언제든 하고 싶은 건 뭐든 할 수 있다. 1 밤낮으로 너무 피곤하다.	
2 변비, 가스, 위산 역류, 설사를 얼마나 자주 겪는가? 5 아무 문제 없고 안정적이다. 1 끊임없이 문제가 생기는 것 같다.	
3 감기나 다른 바이러스에 얼마나 자주 걸리는가? 5 하루도 직장에 결근한 적 없다. 1 항상 뭔가와 싸우는 기분이다!	
4 기분은 어떤가? 5 인생은 즐겁다. 1 광고만 봐도 눈물이 난다.	
5 가임기 여성이라면 월경을 얼마나 규칙적으로 하는가? 5 시계처럼 꼬박꼬박 규칙적으로 한다. 1 들쑥날쑥해서 언제 할지 알 수 없다.	

다 했는가? 폐경 전 여성의 점수가 20점 이하거나 남성, 폐경기 여성의 점수가 15점 이하라면 에너지 3요소를 개선해야 한다. 이건 당신을 위한 책이다. 만약 총 점수가 20점 이상 나왔다면 비결을 알려주길 바란다!

느꼈고, 온라인 코칭을 제공하는 웰니스^{wellness} 프로그램을 개발했다. 그 이후로 강좌와 온라인 상담, 대면 검사 등을 통해 수천 명의 환자를 지도했다. 시행착오와 긍정적인 사례 연구를 거쳐 바쁜 현대인의 일정에 새로운 과학을 적용하는 법을 배웠다.

이 프로그램의 결과는 경이로웠다. 불안하고 피곤하고, 녹초가 됐던 사람들이 기력을 되찾고 자신감을 얻고 변화해갔다. '드디어 됐구나.' 나는 생각했다. 내가 몸담고 훈련받은 지금의 의료계는 아프고 피곤하지 않게 몸을 돌보는 방법을 거의 알려주지 않는다. 나는 두 가지 전문의 자격증을 보유한 의학 박사로 오랫동안 의학을 연구했지만 날 위한 답조차 찾지 못했다! 인생을 만끽하고 건강하게 살 수 있게 도와줄 수단이 필요하다. 나는 여러분에게 바로 그것을 주려 한다.

WTF 계획이란 무엇인가

당신이 먹는 음식이 모든 걸 바꿀 수 있다. 신진대사를 예로 들어보자. 올바른 식단은 신진대사 호르몬의 균형을 잡는 데 도움이 된다. 먹고 싶은 대로 먹어도 살이 안 찌는 사람을 봤는가? 감자칩을 쳐다보기만 해도 2kg씩 찌는 사람은? 대체 왜 그럴까? 흔히 사람마다 신진대사가 다르기 때문이고 신진대사는 절대로 바꿀 수 없다고 얘기하는 경우가 많다. 신진대사를 바꾸기는 쉽지 않지만 사실 호르몬으로 조절되며, 섭취하는 음식이 호르몬의 기능을 망쳐서 결국 신진대사까지 망치기도 한다. 결국 체중계를 화장실 창밖으로 던져버리고 싶어진다.

올바른 음식은 의사들이 '외인성(외부에서 생성되는)' 호르몬이라고 부르는 호르몬 보충제의 필요성을 줄여준다. 전통적이고 몸에 좋은 식단을 실천하는 건강한 여성과 남성도 피로와 체중 증가, 브레인포그 brain fog(머리가 멍한 현상–옮긴이), 수면 장애 등 온갖 문제를 겪을 수 있지만 검사 결과가 정상으로 나오면 의사들은 보통 그들의 고민을 묵살한다. 대체 의학 센터에 가면 증상에 따라 외인성 호르몬을 비롯한 수많은 보충제를 처방해준다.

하지만 이런 문제도 식단으로 고칠 수 있는 경우가 많다(지금 호르몬 제제나 다른 약물을 복용하고 있다면 이 책을 읽고 갑자기 끊어버리지는 말자. 약물을 바꾸기 전에는 항상 의사와 먼저 상의하자). 식이 섬유가 풍부하고 호르몬 균형을 맞춰주는 음식을 먹고, 프로바이오틱스를 복용하고 허브차를 마시면 이 연약한 시스템을 바로잡는 데 도움이 된다.

식단은 호르몬뿐만 아니라 장 건강에도 영향을 미친다. 우리는 장이 건강과 웰니스에 얼마나 중요한지, 장 건강이 면역계에 얼마나 큰 영향을 미치는지 이제 막 깨달았다. 최근 연구 결과에 따르면 일부 아기들의 장에 있는 특정 세균은 면역계와 '대화'하면서 달걀이나 블루베리 같은 음식을 꼭 챙겨 먹으라는 메시지를 보낸다. 어릴 때부터 면역계와 장내 세균이 소통한다는 사실이 최초로 드러난 셈이다[6]. 면역계가 형성될 무렵에는 받아들여도 좋은 음식과 거부해야 할 낯선 음식을 판단하면서 음식 알레르기(몸이 음식을 낯설게 느끼는 증상)가 발달한다. 음식 알레르기가 형성되는 원리를 살펴보면 장과 면역계가 어떻게 소통하는지, 이 관계가 얼마나 일찍 형성되는지 파악할 수 있다. 또한 면역계와 장 세균이 평생 끊임없이 대화하면서 공격할 음식(예: 땅콩)과 견뎌야 할 음식(예: 채소)을 비롯해서 수없이 많은 의사 결정을 내린다는 사실도 드러난다. 이 과정은 자궁 속에서 시작되어 평생 계속된다. 장과 면역계, 뇌 사이에서 일어나는 의사소통 체계는 내가 가장 좋아하는 주제다.

하지만 여기까지는 일부에 불과하다. 나는 전반적인 건강에 '식사 시간'이 중요하다는 사실도 알아냈다. 우리 몸은 제시간에 일하고 쉬어야 완벽하게 기능하도록 설계됐다. 자연적인 생체 리듬(수면과 기상 주기를 조절하며 대략 24시간마다 반복된다)에 맞춰서 활동해야 신체 자원을 최대로 활용할 수 있다. 생체 리듬에 따라 식사하면 호르몬 균형이 개선되고 장기적으로 건강에 도움이 된다.

아마 간헐적 단식이라는 용어를 자주 접했을 것이다. 당신의 트레이너부터 자녀의 교사, 심지어 치과 의사까지 안 해본 사람이 없어 보일 정도다. 간헐적 단식은 정해진 시간에만 음식을 먹는 것을 의미한다. 주로 10시간(오전 10시부터 오후 8시)이나 8시간(정오부터 오후 8시) 단위로 진행한다. 하루에 한 끼만 먹는 것을 의미하기도 한다. 수많은 변형이 존재하며 다른 방식보다 나은 방식도 있다. 내가 설계한 생체 리듬 단식은 우리 몸에 존재하는 자연 시계와 조화를 이루기 때문에 일반적인 간헐적 단식과는 다르다. 세상에 같은 사람은 없고, 개인의 일정에 따라 생체 리듬 단식을 적용하기 쉽거나 어려울 수 있으니 당신에게 맞는 창의적 해결책을 제공할 예정이다.

우리 몸이 제대로 작동하려면 스트레스 관리 역시 무척 중요하다. 매일 쏟아지는 스트레스는 모든 신체 부위에 영향을 주며, 마음과 몸은 떼려야 뗄 수 없는 관계다. 스트레스는 수면을 방해하고 집중력을 떨어트린다. 누구나 스트레스를 받기 마련이고 몸에 좋은 스트레스도 있지만, 지나친 스트레스는 코르티솔을 과도하게 분비해서 에너지를 바닥낸다. WTF 계획은 음식 조절과 운동이라는 두 가지 방식으로 스트레스의 균형을 잡을 수 있게 도와준다. 전통 의학에서 간과하는 몸–마음 연결mind-body connection을 강화하면(나마스테!) 스트레스 해소에 도움이 된다.

이 책을 활용하는 법

───

당신이 이 책을 집어 들었다면 지금까지 같은 질문을 계속해왔을 것이다. '왜 나는 피곤할까?' 어쩌면 침대에서 일어나 바닥에 발을 딛는 순간부터 베개에 머리를 묻을 때까지 피곤할 수도 있다. 배가 터질 것 같아서 수영복을 입을 엄두도 못 내고, 선글라스를 머리에 낀 채 찾으러 다니고, 좋아하는 잡지도 읽기 힘들 정도로 집중력이 떨어졌을지도 모른다. 이제 모든 것을 되돌릴 준비가 됐는가? 이 계획으로 나뿐만 아니라 수천 명에 달하는 여성(수면의 질이 무척 좋아져서 이제 머릿속으로 양을 세지 않아도 잠들 수 있는 케이티도 포함이다)이 효과를 봤고, 드디어 피로와의 전쟁에서 승리했다.

나는 이 책에 에너지 3요소가 어떻게 작용하는지, 제대로 작용하지 않으면 무슨 일이 일어나는지, 그러면 어떻게 해야 하는지까지 획기적인 정보를 담았다. 읽다 보면 각 에너지 요소에서 식단과 생체 리듬 단식, 그리고 수면이라는 비슷한 해결책이 눈에 띌 것이다. 그만큼 세 가지 체계가 밀접하게 연결되어 있으며, 각 요소(호르몬과 면역계, 장)를 동시에 다뤄야 한다는 뜻이다. 나는 몸과 마음이 어떻게 연결되어 상호 작용하는지 살펴보고, 따라 하기 쉽고 실용적인 2주 계획과 함께 생체 시계에 맞춰 장 건강을 증진하고 호르몬 균형을 이루며 무엇보다 에너지를 높이는 목표를 제시할 계획이다.

이 계획은 유연하기 때문에 자로 잰 것처럼 따라 해도 되고 각자 목표와 일정에 따라 조절해도 된다. 라이프스타일에 맞춰 더 장기적인 계획에 통합하는 방법도 제시할 것이다. 식단은 대부분 채소를 기반으로 했고 글루텐과 유제품을 제외했지만, 소화에 문제가 없으면 고기와 밀, 유제품을 추가할 수 있다(다만 품질이 좋은 음식을 선택하길 바란다. 라벨을 확인해서 최대한 신선한 유기농 제품을 고르자). 내 경험상 90%는 계획대로 따르고 나머지 10%는 취향에 따라 재량을 발휘하는 쪽을 추천한다.

WTF 계획은 세 가지 방향에서 접근한다.

- 무엇을 먹을 것인가: 채식 위주의 식단으로 식이 섬유와 프리바이오틱을 풍부하게 섭취한다. 마늘, 아스파라거스, 아티초크와 리크 같은 프리바이오틱 채소와 청경채, 브로콜리, 방울양배

추, 콜리플라워, 양배추 같은 십자화과 채소에 집중한다. 하루에 6~8접시를 먹으면 호르몬 수준에 긍정적인 영향을 줄 수 있다.

- 언제 먹을 것인가: 생체 시계에 맞춰 간헐적 단식을 실천하면(나는 '생체 리듬 단식'이라고 부른다) 에너지를 끌어올릴 수 있다.

- 스트레스 줄이기: 간단한 운동을 하고, 밖으로 나가고, 전자기기를 끄고, 불안을 가라앉혀주는 차를 마신다. 그리고 잔다. 수면은 호르몬 폐색이나 불균형 개선에 중요한 역할을 한다. 최근 〈수면Sleep〉지에 발표된 연구에 따르면 2주 동안 밤에 6시간만 잔 사람들은 이틀 동안 전혀 자지 않고 밤을 새운 사람 못지않게 기능이 떨어졌다고 한다.[7] 해석해달라고? 6시간 이하로 자는 건 아예 안 자는 것 못지않게 나쁘다는 뜻이다. 수면 부족은 인지와 면역계, 에너지, 장 건강을 어지럽힌다. 심지어 DNA(유전자 암호)에도 영향을 미칠 수 있다. 잠이 부족하면 후천성 변화(유전자를 읽는 세포 능력의 변화)가 일어나서 노화 속도가 빨라지고 수명이 줄어들 위험이 커진다. 그러니 유전자와 장, 뇌를 위해 웬만하면 밤에 7시간에서 9시간 정도 잘 수 있는 방법을 찾고, 이상적으로 오후 11시 이전에 잠자리에 드는 게 좋다. 물론 대부분의 사람에게 수면은 쉬운 문제가 아니며, 일주일에 2, 3일 적게 잔다고 해서 치명적이진 않다(나도 일주일에 평균 이틀 정도는 수면 시간이 부족했지만 그렇다고 고통스럽지는 않았다). 하지만 계속해서 하룻밤에 6시간 이하로 자고 있다면, 지금이 몇 월이든 수면 시간 늘리기를 새해 목표로 삼길 바란다.

덧붙여, 계획 실행에 도움이 되도록 다음 내용을 고려하자.

- 운동: 어떤 운동을 할지 신중하게 골라야 한다. 스트레스받는 일을 하고 있고 그만큼 사는 것도 힘들다면, 스트레스가 심한 운동(고강도 인터벌 트레이닝이나 크로스핏 등)은 일주일에 3회 이하로 제한해라. 일상생활에서 운동을 실천하는 간단한 방법으로 8천~1만 보 걷기가 있다(최대한 야외에서 하는 게 좋다). 호르몬 불균형을 조절하려면 최대한 몸에 편한 방식으로 접근해야 한다.

- 보충제: '부신 피로' 증상을 고쳐준다고(같은 맥락에서 호르몬 불균형을 바로잡아준다고) 약속하는 보충제는 지양해야 하지만, 비타민 D나 오메가-3, 그리고 아슈와간다^{ashwagandha}, 암라^{amla berry}, 홍경천^{rhodiola} 같은 강장제(자연적으로 호르몬 균형을 잡아주는 허브 보충제) 등 건강에 도움이 된다고 입증된 천연 보충제는 고려해도 좋다. 무엇을 어떻게 섭취해야 할지 7장과 8장에서 자세히 안내할 예정이다.

올바른 방식으로 에너지 3요소에 접근하면 확실히 몸이 가뿐해진다. 그리고 금방 변화가 눈에 들어올 것이다. 오늘날 우리는 첨단 유전체 염기 서열 분석 기술을 통해 우리 몸에 100조 개가 넘는 미생물이 존재하며 그중 다수가 장에 살고 있다는 사실을 알아냈다. 이런 미생물을 마이크로바이옴^{microbiome}이라고 한다. 이 미생물은 자체 DNA(장에만 330만 개가 존재한다)를 갖고 있으며 인체에 존재하는 DNA 개수(23,000개)를 거뜬히 뛰어넘는다. 생각해보면 놀라운 일이다. 우리는 이 미생물을 담은 그릇일 뿐이다. 하지만 이런 존재론적 고민은 일단 밀어두고, 연구 결과에 따르면 이 붐비는 마이크로바이옴은 겨우 사흘 만에 완전히 뒤바뀔 수 있다![8] 이렇게 단기간에 몸이 가뿐해지고 에너지를 높이는 경험을 했다면, 단순히 응급조치만 활용하지 말고 라이프스타일을 개선해보길 바란다.

이 계획을 2주 만에 해치우고 옛날 방식(기존 식단)으로 돌아가지 않기를 바란다. 사실 수많은 식단 계획의 가장 큰 문제가 지속성 부족이다. 바짝 긴장해서 2주 계획, 30일 계획을 실천하고 나면 더는 할 수 없는 시점이 온다. 어쩔 수 없이 평소 식습관으로 돌아가면 문제도 되돌아온다. 그러면 또 30일 동안 억지로 버텨야 한다. 이렇게 주기가 반복되는 것이다. 혹시 오해할까 봐 밝혀두지만 인기 식단 계획으로 득을 본 사람도 많다. 다만 그 계획이 몇 년, 몇십 년 동안 수월하게 실천할 수 있는 지속성을 갖길 바랄 뿐이다.

WTF 계획에서는 단 2주 만에 마법이 일어난다. 2주가 지나면 삶을 바꾸는 실질적 효과가 나타나고 되돌아온 에너지를 느낄 수 있다. 하지만 거기서 멈추면 안 된다. 이 계획에서는 가장 중요한 첫 2주에 집중하고 총 12주 동안 당신과 함께할 예정이며, 오랫동안 실천할수록 더 많은 혜택을 얻으리라고 약속한다. 그 과정에서 각자 사정에 맞게 조절하고 효과를 극대화할 수 있게 유익한 정보와 대안, 변형 방법을 안내한다. 장을 쉬게 할 때도 일정에 따라 조절하든 선호하는 음식으로 조절하든, 이 계획은 모든 걸 '당신에게 맞춰 원하는 만큼 유지하도록' 설계했다. 에너지가 2주 동안 유지됐다고 끝은 아니다. 그러면 무슨 소용인가? 그런 에너지를 1년, 5년, 10년 동안 유지할 수 있다면 어떨까? 남은 평생이라면? 내 눈에는 그게 더 좋아 보인다.

홀륭한 계획은 늘 철저한 사전 조사에서 시작한다. 나는 의사로서 환자들이 어떤 건강 프로그램을 시작하든 먼저 상담해야 한다는 사실을 유념하고 있다. 당신도 미리 의사와 상의하길 바란다. 이 책에는 더 활기찬 삶을 위한 조언이 담겨 있을 뿐 의학적 조언을 대체하진 않기 때문에, 이 방식이 의학적으로 당신의 상태에 적합한지 미리 전문가와 확인해라. 프로그램을 진행하기 전에 동의부터 받아야 한다(그 사람도 해보고 싶어 할 수도 있다!)

에너지를 꾸준히 유지하는 것부터 집중력 개선, 부기 감소, 일상 스트레스 관리(스트레스를 완전히 없애는 건 힘들지만, 더 잘 관리하는 법을 배울 수는 있다)에 이르기까지 활기차고 건강한 몸을 찾아가는 평생의 여정에 이 책이 중요한 자원으로 활용되길 바란다. 이제 피로를 물리칠 준비가 됐는가? 계속 읽어나가자.

1장

그래서,
호르몬이란 무엇인가

1

호르몬을 처음 만나다

후덥지근한 월요일에 진료실로 출근했더니 리타가 보였다. 대기실에서 참을성 있게 기다리던 리타는 머리 색이 짙은 40대 미인으로, 드물게 내 알레르기/면역 클리닉과 웰니스 클리닉을 동시에 이용하는 환자였다. 예약은 안 했지만 워낙 좋은 사람이라 흔쾌히 시간을 내기로 했다. 그날 첫 예약까지는 시간 여유가 있어서 진료실로 들어오게 했는데, 리타는 자리에 앉기도 전에 눈물을 터뜨렸다.

"샤 선생님, 뭔가 잘못된 것 같아요. 요즘 저는 '항상' 감정적이에요. 조금만 거슬려도 남편을 죽여버리고 싶고, 그게 아니면 아기처럼 엉엉 울며 난리가 나요. 지금처럼요. 둘째를 낳고 몇 달 뒤에 직장으로 돌아갔는데 뭘 해도 진이 빠지고 늘 피곤해요. 기분이 좀 나아질 만한 걸 처방해주실 수 있나요?"

그렇게 간단하면 얼마나 좋을까! 리타는 몇 년 동안 내게 천식 치료를 받으면서 가끔 피로와 부기, 브레인포그 등 호르몬 문제로 생각되는 증상을 보였다. 검사 결과는 항상 정상이었지만, 지금 리타를 덮친 피로와 들쭉날쭉한 기분은 전형적인 호르몬 불균형 증상이었다. 나는 일단 리타를 도와주겠다고 안심시킨 다음 검사를 통해 다른 질병일 가능성부터 배제하기로 했다. 검사 결과가 정상으로 나오자 우리는 그때부터 호르몬을 깊이 파고들었다. '그놈의 호르몬과 피로가 대체 무슨 상관이야?'

좋은 질문이다! 당신이 리타나 몇 년 전의 나와 비슷하다면 이런 의문이 생길 것이다. 나는 둘의 연관성을 파악하고 나서 내 증상을 제대로 이해할 수 있었다. 당신도 그럴 거라고 생각한다. 하지만 먼저 짚어보자. 호르몬이란 정확히 무엇일까? 이 용어를 생각하면 무엇이 가장 먼저 떠오르는가? 또래 남자애들에게 환장하고, 비뚤어진 심사에 맞춰 머리끝부터 발끝까지 시커먼 옷으로 통일한 십 대 초반 소녀들? 중요한 회의 도중에 안면 홍조가 생길까 봐 조마조마한 폐경기 여성? 호르몬은 오해를 많이 사는 개념이다. 우리는 호르몬의 기능을 사춘기가 절정에 달했을 때나 생식 능력이 감소할 때처럼 극단적인 상황에서 생각하는 경향이 있다. 하지만 이런 기능은 극히 일부에 불과하다.

호르몬의 역할

호르몬이 어떻게 잘못될 수 있는지 제대로 인식하려면 먼저 호르몬이 무엇이고 어떤 역할을 하는지 파악해야 한다. 미리 밝혀두지만 호르몬 연구는 이제 겨우 100년을 넘겼을 정도로 역사가 짧고 아직 불완전한 과학 분야다. 우리가 알아낸 사실도 복잡하기 짝이 없다. 나는 호르몬이 어떻게 작용하는지, 당신을 아프게 하는 원인을 어떻게 바로잡을지 올바른 정보를 제공하면서 최대한 간단하게 설명하려 한다. 호르몬 전문가들조차 리타와 내가 겪는 각종 증상이 흔하게 나타나지만 설명하고 치료하기는 어렵다고 인정하고 있다.

지금까지 우리가 이해하기로는 시상하부-뇌하수체-부신 축HPA, hypothalamic-pituitary-adrenal axis은 중추 신경계와 호르몬에 얽힌 복잡한 체계이며 전통적으로 내분비계로 불린다. 호르몬은 화학 물질을 전달하는 역할을 하며 온몸에 퍼져 있는 전문 분비샘(또한 지방 세포), 즉 갑상샘(우리가 흔히 부르는 갑상선을 말한다)과 부신, 뇌하수체, 췌장, 난소, 고환에서 생성된다. 호르몬을 구성하는 물질은 콜레스테롤과 펩타이드, 아미노산이다. 호르몬은 복잡한 신체 활동을 모두 통제하고 조절한다고 해도 과언이 아니며 필요에 따라 온종일 변동을 거듭한다. 아침에 알람을 끄는 순간 코르티솔이 솟구치면서 기상을 돕고, 밤에는 멜라토닌이 분비되어 긴장을 풀고 편안하게 잠들도록 도와준다.

사실 호르몬은 우리 몸과 건강에 막대한 영향을 미친다. 거의 모든 신체 활동에 관여하며 하루의 시작부터 끝까지 이어갈 기력을 좌우하기 때문이다. 호르몬은 신진대사부터 식욕, 심박, 수면 주기, 생식 기능과 성기능, 성장과 발달, 기분과 스트레스 수준, 심지어 체온에 이르기까지 우리 몸에서 일어나는 대부분의 과정을 조절한다.

현재 우리가 알기로는 뇌에서 호르몬을 언제, 어떻게 보낼지 신호를 정한다. 그다음 혈류를 타고 호르몬이 신체 곳곳으로 이동한다. 혈류는 일종의 고속 도로처럼 호르몬이 필요한 곳에 갈 수 있게 도와준다. 호르몬이 목적지에 도달하면, 세포 바깥에 있는 수용체를 통해 특정 표적 세포와 결합하여 장기와 조직에 메시지를 전달한다. 차고에 차를 주차하는 것처럼 호르몬과 수용체가 결합하면 세포나 조직이 움직이며 기능을 수행한다. 사실 '호르몬'이라는 단어는 그리스어로 '시동을 건다'라는 뜻인 호르몬hormōn에서 유래했다. 놀랍게도 호르몬의 기능은 여기서 끝나지 않는다. 호르몬은 신호를 전달한 다음 장기에서 피드백을 받는다. 이 피드백 신호는 방향을 바꿔서 뇌에 그 호르몬의 생산을 조절하거나 중단, 확대하라는 메시지를 보낸다.

호르몬이 균형을 이룰 때는 기름칠한 기계처럼 매끄럽게 움직이면서 장기에 무엇을 언제 하라는 지시를 내린다. 이 기능이 정상이면 우리의 삶도 순조롭다. 하지만 혈류에 호르몬이 지나치게 많거나 적으면 호르몬 불균형이 생기고, 그때부터 문제가 생긴다. 섬세한 호르몬 균형, 정확히 말해서 호르몬 축이 조금이라도 흐트러지면 시스템 전체가 흔들릴 수 있다. 호르몬 불균형이 발생하면 우리는 금방 알아차린다. 몸이 나른하고 집중이 안 되며 계속 스트레스를 받고, 치료하지 않고 내버려둬서 심해지면 만성 질환과 체중 증가, 질병으로 이어지기도 한다. 예를 들어 뇌의 시상하부에서 생성된 생식샘 자극 호르몬 분비 호르몬GnRH, gonadotropin hormone-releasing hormone은 시상하부–뇌하수체–부신 축과 함께 작용하기 때문에 호르몬 불균형은 GnRH 분비에 심각한 영향을 준다. 신체 기능이 원활할 때는 GnRH도 매끄럽게 분비되지만, 운동이나 단식, 외부 사건, 해로운 음식 섭취 등 온갖 스트레스가 GnRH 분비를 교란하여 도미노처럼 온몸에 호르몬 불균형을 일으킬수 있다(생체 리듬도 GnRH에 큰 영향을 준다).

더구나 혈류는 50가지에 달하는 호르몬(아직 밝혀지지 않은 호르몬도 많으리라 확신한다)을 복잡한 과정을 거쳐 온몸에 운반하기 때문에, 한 가지 호르몬이 불균형하면 다른 호르몬에도 영향을 준다. 어떻게? 모든 호르몬은 진입로와 출구가 있는 번잡한 고속 도로를 지나다닌다. 뇌의 호르몬 신호에 반응해서 끊임없이 이동하며 다른 호르몬 분비샘의 영향을 받아 길을 바꾸기도 한다. 이 모든 건 고속 도로의 매끄러운 흐름에 달렸다. 시스템이 올바르게 작동하면 그저 바쁜 생활이 완벽하게 이어질 뿐이다. 아무런 문제도 발생하지 않는다.

하지만 무슨 이유에서든 길이 막히거나 사고가 발생하면 고속 도로 전체가 영향을 받아서 시스템 전체가 망가진다. 그러면 우리는 기운이 빠지고 계속 낮잠을 자고 싶어진다. 몸이 불균형을 바로잡기 위해 과로하고, 당장 필요한 곳으로 에너지를 보내다 보니 피곤해질 뿐만 아니라 위축되고, 짜증 나고, 정신이 없고, 계속 뒤처지기 때문이다. 시스템이 오랫동안 영향을 받았는데 아무런 조치도 하지 않으면 전반적인 건강이 위태로워진다. 왜 이런 기분이 드는지 알아내려고 의사를

호르몬 고속 도로

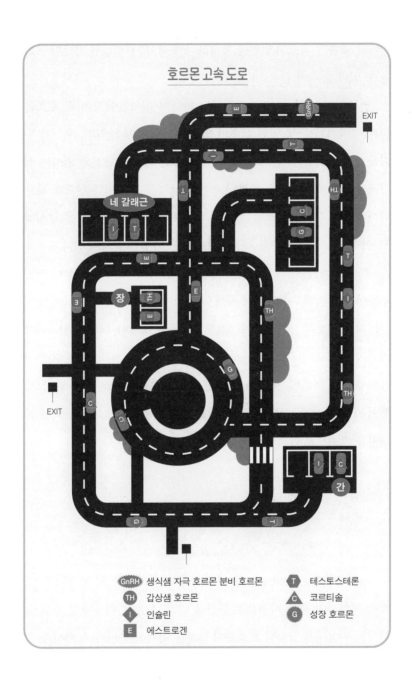

네 갈래근

장

간

EXIT

EXIT

GnRH 생식샘 자극 호르몬 분비 호르몬	T 테스토스테론
TH 갑상샘 호르몬	C 코르티솔
I 인슐린	G 성장 호르몬
E 에스트로겐	

찾아갈 때쯤엔 최초의 범인을 특정하지 못해서 제대로 된 진단이 어려울 수 있다.

전통적인 의학 교육 체계에서는 미래의 의사들에게 이런 호르몬축과 에너지 수준에 어떤 관련이 있는지 가르치지 않지만, 우리가 활력을 되찾으려면 이 관계가 핵심일 수 있다. 하지만 당신의 의사는 이관계를 알아차리더라도 특정 호르몬 불균형을 피로의 원인으로 따로떼어낼 것이다. 서로 얽혀 있는 전체 호르몬 체계의 관계성을 무시하고, 여러 호르몬이 작용할 가능성이 크다는 사실을 놓치기 쉽다.

호르몬 체계에서 에너지를 생성하고 유지할 때 가장 중심이 되는부분이 무엇인지, 이 과정이 제대로 이뤄지지 않으면 무슨 일이 일어나는지 살펴보자. 고장 날 수 있는 호르몬은 많지만 그중에서도 에너지를 심하게 착취하고, 나른하고 몽롱하고 자신이 아닌 듯한 기분이들게 하는 호르몬에 집중하려 한다. 여성의 경우 코르티솔과 에스트로겐이 가장 보편적인 범인이지만 인슐린과 갑상샘 호르몬도 활력에 큰영향을 미치므로 함께 살펴볼 예정이다.

주 분비샘(뇌하수체와 시상하부)

뇌하수체와 시상하부는 둘 다 완두콩만 한 기관으로 뇌 기저부 근처에 위치하며 주 분비샘으로 통한다. 고속 도로에 비유하면 진입 차선이며 우리에게 친숙한 호르몬이 대부분 여기서 분비된다. 아마 뉴스에서 들어봤을 인간 성장 호르몬HGH, human growth hormone('젊음의 샘'이라고 불리기도 한다)은 자연적으로 생성되어 뇌하수체에서 통제되며 성장(이름에서 알 수 있듯이)과 치유를 도와주지만, 운동선수들이 경기력을 강화하려고 복용하는 건 합성 호르몬이다(적발 시 문제가 된다). 뇌하수체 위쪽에 있는 시상하부는 호르몬 신호 고속 도로가 시작되는 곳이다. 계속 도로에 비유하자면 차가 밀리거나 사고가 발생하는 경우 차량 흐름을 줄이거나 확대한다. 보통 호르몬 불균형은 갑상샘 같은 장기에서 일어나는 것이 아니라 갑상샘 주변의 교통 체증 때문에 발생한다. 그러면 다른 모든 호르몬과 피드백 체계도 영향을 받는다.

게다가 뇌하수체는 전두엽과 후엽이라는 서로 다른 영역에서 호르몬을 분비한다. 전두엽은 여섯 가지 주요 호르몬을 분비하며 그중에서 가장 유명한 게 인간 성장 호르몬이다. 신체의 물리적 발달에 꼭 필요하며, 셰리 이모처럼 키가 크고 근육질이 될지, 수 이모처럼 아담해질지 결정한다. 이 호르몬은 밤에 분비되어 피부와 장기, 근육의 회복을 돕는다. 밤 11시를 '뷰티 아워beauty hour'라고 부르는 이유는 이렇게 성장 호르몬을 분비하는 시간이기 때문이다. 이른 아침에도 다량 분비된다. 성장은 유전자가 다가 아니다. 성장 호르몬은 상처 회복에도 중요한 역할을 한다.

뇌하수체는 갑상샘 자극 호르몬을 분비하여 체온과 신진대사, 심장 박동수를 조절하는 트라이아이오도타이로닌T_3, 티록신T_4은 티록신 분비를 자극한다(물론 에너지 수준에도 핵심 역할을 한다. 의사들은 환자가 피로를 호소하면 대부분 어떤 형태로든 갑상샘 검사를 할 것이다. 에너지 수준과 신진대사에 영향을 미친다고 알려졌기 때문이다).

뇌하수체 후엽은 두 가지 호르몬만 분비한다. 신장에서 배출하는 물의 양을 조절하여 몸에 수분이 충분히 공급되게 하는 항이뇨 호르몬 antidiuretic hormone과 옥시토신이다. 옥시토신을 비롯한 뇌 호르몬은 신체 나머지 부위에서 발생하는 중요한 불균형을 바로잡는 데 큰 영향을 미친다. 예를 들어 스트레스를 받는다면? 시상하부에서는 기분이 좋아지는 뇌 호르몬인 옥시토신을 분비한다. 옥시토신은 사회적 유대와 출산, 엄마와 아이의 애착 관계, 성행위에도 영향을 주기 때문에 '사랑 호르몬'이라고도 불린다. 반려견을 쓰다듬거나 자녀와 놀거나, 좋아하는 음악을 듣거나 심지어 심호흡하면서 기분이 따뜻하고 몽글몽글해질 때 도파민을 분비한다.[9] 스트레스받을 때 분비되는 코르티솔에 대항해서 이런 뇌 호르몬이 소환된다(나중에 이런 호르몬을 잘 활용해서 에너지를 높이는 방법을 자세히 다룬다).

우리 몸이 제대로 기능할 때(교통이 원활하고 사고가 나지 않으며 GPS가 필요 없을 때) 시상하부가 완두콩만 한 뇌하수체에 말을 걸면 뇌하수체는 호르몬을 분비하여 다른 분비샘에 각자 호르몬을 분비하라고 명령한다. 이런 과정이 도미노처럼 반응을 일으킨다. 예를 들어 발표를 앞두고 불안하다고 해보자. 내가 이 예를 드는 이유는 아무리 여러 번 해봤어도 많은 사람 앞에서 이야기할 때 아직도 불안하기 때문이다. 단상으로 걸어갈 때 내 몸에서는 이런 일이 벌어진다. 시상하부에서 부신 피질 자극 호르몬CRH, corticotropin-releasing hormone을 분비해서 뇌하수체에 신호를 보내면 뇌하수체는 부신에 투쟁-도피 호르몬, 즉 코르티솔을 분비하라고 명령한다. 그러면 이제 손바닥에 땀이 나고… 어디 보자, 심장이 빠르게 뛰고 호흡이 가빠지며 뇌는 초집중 상태가 된다. 이럴 때 복잡한 질문을 던지면 안 된다. 이 연쇄 반응이 일어날 때는 뇌가 복잡한 작업을 못 하기 때문이다. 부신이 자기 역할을 다하면 이제 부신 호르몬이 충분하니까 분비하던 것을 끝내도 된다고 소통한다. 물론 호르몬이 제대로 일했을 때 그렇다는 뜻이다(여러분이 이 문단을 읽을 때 뇌하수체가 자극되어 부신 피질 자극 호르몬을 약간 분비하고 부신에도 신호가 갔을 것이다. 그 정도로 빠르다!).

앞으로 살펴보겠지만 내분비계 문제는 대부분 식단과 생활 방식을 바꾸면 1차로 복구되고 균형을 바로잡을 수 있지만, 뇌하수체 기능 장애는 보통 질병(종양 등) 때문에 발생하며 식단이나 생활 방식 변화로 고칠 수 없다. 이와 비슷하게 시상하부도 기능이 망가질 수 있으며 원인은 뇌 손상이나 종양으로 보인다.[10] 따라서 뇌하수체나 시상하부의 기능이 저하되면 의료적 개입이 필요할 가능성이 크며 식단과 생활 방식을 바꿔도 도움이 되지 않는다.

갑상샘 호르몬

35세의 변호사 제니퍼는 최근 음식 알레르기 때문에 나를 찾아왔다. "샤 선생님, 제 피부는 악어 피부처럼 무척 건조해요. 남편은 이불을 덮어도 제 발이 얼음 같다고 불평하죠. 사실 항상 손발이 차갑긴 하거든요. 대체 왜죠?" 나는 증상에 관해 좀 더 질문했다. 제니퍼는 지금까지 겪어보지 못한 심한 피로를 느낀다고 했다. 갑상샘 호르몬 검사와 혈액 검사를 했더니, 아니나 다를까 검사 결과 '유리 티록신free T4, free thyroxine(단백질과 결합하지 않는 혈중 갑상샘 호르몬—옮긴이)'이라는 갑상샘 호르몬 수치가 낮았다. 제니퍼가 피곤한 이유는 이 한 가지 호르몬이 불균형하기 때문이었다(밝혀두지만 한 가지 이상이 문제가 될 때도 있다).

그러면 제니퍼를 그토록 괴롭혔던 갑상샘이란 무엇일까? 나비 모양으로 생긴 갑상샘은 목 아래 양쪽에 위치한다. 여기서 분비하는 호르몬은 에너지와 신진대사 조절 등 많은 일을 하며 심장 기능과 소화, 뇌 발달, 기분, 뼈 건강에도 영향을 미친다. 아이오딘iodine('요오드'라고도 불리는 고체 원소—옮긴이)이 갑상샘 균형에 중요한 역할을 한다는 말을 들었을 텐데, 그것도 사실이지만 좋은 식단도 갑상샘 건강을 좌우한다. 갑상샘 호르몬은 음식으로 아이오딘을 섭취하면서 생성되고, 아미노산의 일종인 타이로신tyrosin과 결합하여 T3, T4의 형태로 혈류를 통해 온몸으로 전달되어 앞서 언급한 기능을 보조한다. 하지만 이 기능이 제대로 작동하지 않으면 늘 찌뿌둥한 기분이 들 수 있다.

정확히 어떤 원리냐고? 종합해보자. 간단하게 살펴보면(사실 그렇게 간단하지 않지만) 시상하부가 갑상샘 자극 호르몬 분비 호르몬TRH, thyrotropin-releasing hormone을 분비해서 뇌하수체에 갑상샘 자극 호르몬TSH, thyroid stimulating hormone을 분비하라고 신호하면 결국 갑상샘이 T4를 분비한다. 따라서 혈중 T4 농도가 낮을 때 뇌하수체는 갑상샘이 갑상샘 호르몬을 분비하도록 TSH 분비량을 확대한다. 제니퍼는 TSH가 높고 T4가 낮았는데, 쉽게 말하자면 갑상샘 기능이 저조해서 피로해졌다는 뜻이다. 나는 제니퍼의 갑상샘 저하증(갑상샘 활동 부진)을 치료하기 위해 앞으로 소개할 나의 계획을 적용하는 한편, 갑상샘 대체 요법을 시작했고 단 몇 주만에 본인이 깜짝 놀랄 정도로 컨디션이 좋아졌다.

하지만 일반적인 검사에 나타나지 않는 갑상샘 문제도 있다. 갑상샘에 문제가 생겼는지 확인할 수 있는 질문을 몇 가지 소개한다.

- 눈썹 바깥쪽 1/3이 듬성듬성한가?
- 갑자기 체중이 늘었는가?
- 목소리가 쉬었는가?
- 평소보다 부었는가?
- 피곤한가?(그렇겠지, 이 책을 읽고 있으니까!)

갑상샘 문제

갑상샘 호르몬 중에 신진대사 및 에너지와 밀접하게 연결된 호르몬이 몇 개 있다. 앞서 신체 내부 시스템에서 일종의 온도 조절 장치로 함께 일하는 T3와 T4를 살펴봤다. 갑상샘이 제대로 기능하면 부릉거리는 엔진처럼 신진대사가 원활하게 작동한다. 발에 스프링을 단 것처럼 힘차게 걷고 기민하게 생각할 수 있다. 기능이 망가지면 수많은 문제가 뒤따른다. 안타깝게도 그런 일은 무척 흔하다. 여성 8명 중 1명이 평생 한 번 이상 갑상샘 문제를 겪는다.

T3과 T4가 지나치게 많이 분비되면 갑상샘 항진증을 일으켜 몸을 혹사하고 자극에 과민해지며 수면 문제가 생긴다. 너무 적게 분비되면 갑상샘 저하증이 생겨서 신진대사가 느려지고 체중이 증가하며 피곤하고 추위에 예민해진다(27℃에 스웨터를 세 겹씩 껴입는 사람을 말한다). 따라서 T3와 T4를 너무 높지도, 낮지도 않게 관리하는 것이 중요하다. 뇌의 두 분비샘(시상하부와 뇌하수체)은 서로 소통하며 T3와 T4의 균형을 유지한다.

갑상샘 저하증 또는 하시모토병

안타깝지만 갑상샘에 문제가 생겨도 진단받지 못하는 경우가 많다. 검사 결과에 명확히 드러나지 않거나 검사 자체를 하지 않기 때문이다. 누구와 상담하느냐에 따라 달라지지만 내가 보기에는 대부분 증상이 나타나지 않는다. 한 연구에 따르면 갑상샘 저하증 환자의 73%와 갑상샘 항진증 환자의 68%는 갑상샘 기능 이상이 시작되기 전에 갑상샘 항체가 증가한다(면역계가 갑상샘을 공격한다는 뜻이다).[11] 또 다른 연구에서는 환자의 50%(대부분 여성)가 갑상샘 결절(갑상샘 성장)을 겪는다고 한다.[12] 증상이 있는 경우 추위를 많이 타거나, 변비, 피로, 체중 증가, 근력 저하 등이 나타난다. 갑상샘 저하증은 우울증도 일으킬 수 있다. 우울증에 시달리는 사람 가운데 15~20% 정도가 갑상샘 저하증을 보였다.[13] 갑상샘 저하증이라고 진단받았다면 자가 면역 질환인 하시모토병Hashimoto's disease이 원인일 가능성이 크며 약물 치료가 필요하다.

하시모토병은 면역계가 갑상샘을 공격하는 자가 면역 질환이다. 이 질환은 느리게 진행되며 갑상샘 저하증을 일으키는 경우가 많지만, 갑상샘 저하증 자체와 증상이 비슷해서 진단하기 어렵다. 원인은 밝혀지지 않았지만 영향을 미치는 요소는 유전, 성별(여성이 걸릴 가능성이 더 크다), 나이(모든 나이대에서 발생하지만 보통 중년에 나타난다) 등이다. 장과 면역계의 문제를 해결하면 갑상샘 건강이 개선되고 증상이 줄어들거나 없어질 수 있다는 사실을 기억하자. 하지만 의사와 상의하지 않은 채 약을 바꾸거나 투약을 중단하는 건 추천하지 않는다.

✅ 갑상샘 저하증의 위험 신호

- 느린 심장 박동
- 차가운 손발
- 부은 얼굴
- 추위를 견디지 못함
- 체중 증가
- 잘 부러지는 손톱과 건조한 피부, 머리카락
- 갑상샘 비대
- 과도한 월경 출혈
- 체액 저류fluid retention(체내 수분이 비정상적으로 축적되어 몸이 붓는 현상-옮긴이)
- 배변 하루에 1회 미만
- 무기력/ 피로(특히 아침)
- 우울
- 건망증

갑상샘 항진증

갑상샘 자극 호르몬의 영향으로 갑상샘이 T3와 T4를 과다하게 분비하면 예민하고 초조해지거나 심지어 심계 항진heart palpitation(심장 박동이 불규칙하거나 빠르게 뛰어서 불편감을 느끼는 상태-옮긴이)을 일으킬 수 있다. 또한 신진대사를 재촉하여 체중 감소로 이어지기도 한다. 장기적으로 갑상샘 항진증hyperthyroidism은 심장과 뼈, 근육, 월경 주기, 그리고 생식 능력에 심각한 문제를 일으킨다. 남성보다 여성이 걸리기 쉽고 전체 인구에서 발병률은 1.2%에 불과하지만 나이가 들수록 확률이 높아진다.[14] 또한 최근 연구에 따르면 장내 미생물 다양성이 낮을 때 갑상샘이 혹사할 수 있다.[15] (이 내용은 이번 장과 5장에서 추가로 다룰 예정이다) 실제로 갑상샘 문제가 의심되면 근처의 내분비 전문의를 찾아보자.

⊘ 갑상샘 항진증의 위험 신호

- 전반적인 피로
- 근력 약화
- 갑상샘 비대로 목에 멍울 생성
- 체중 감소
- 자극 과민성
- 잦은 배변
- 탈모

- 땀 과다증, 더움, 축축한 손바닥
- 더위를 견디지 못함
- 빠른 심장 박동
- 무른 손톱
- 수면 장애
- 지나치게 가벼운 월경

췌장 호르몬

가족이 2형 당뇨병과 워낙 깊이 얽힌 탓에, 나는 췌장의 주 호르몬(인슐린)과 개인적으로 인연이 깊다(1형 당뇨병은 몸이 인슐린을 생성하지 못하는 자가 면역 질환이고 2형 당뇨병은 유전적 요인과 함께 주로 생활 방식과 식단 때문에 발생하는 신진대사 질환이다). 다들 알겠지만 당뇨병 환자는 대부분 췌장에서 인슐린 호르몬을 충분히 분비하지 못한다. 그런데 당뇨병의 주요 증상이 피로라는 건 아는가?

복부에서 위장 뒤에 있는 췌장은 우리가 먹는 음식을 체세포용 연료로 변환할 때 중요한 역할을 한다. 췌장은 인슐린을 분비하며 세포에 에너지로 혈당을 '먹여서' 기능하도록 도와준다. 이 과정에서 우리 몸의 경이로운 자연 정렬을 엿볼 수 있다. 팬케이크를 먹는다고 생각해보자. 탄수화물이 소화되어 포도당으로 분해되고 혈류로 이동한다. 췌장은 포도당 분비를 감지하여 췌장의 주 호르몬인 인슐린을 순환계에 분비하고, 에너지로 쓸 수 있게 포도당을 모아 세포에 전달한다(밀크셰이크와 감자 팬케이크를 함께 먹으면 당분 때문에 인슐린이 훨씬 많이 분비된다). 췌장의 두 번째 주 호르몬인 글루카곤은 반대로 세포가 포도당을 분비하게 해서 인슐린을 보조한다.

인슐린이 불균형해지면, 즉 끊임없이 당이 증가해서 인슐린의 반응이 둔해지면 신진대사에 부정적인 영향을 미치고 건강한 체중을 유지하기 힘들다. 예를 들어 지나치게 당이 많은 음식을 계속 먹으면 인슐린 수치가 오랫동안 높은 상태를 유지한다. 그러면 인슐린 저항성이 생기고 같은 일을 할 때도 예전보다 많은 인슐린이 필요하며 '피곤해서' 혈중 포도당을 효과적으로 세포에 옮기지 못한다. 세포의 포도당 흡수에 '저항'이 생기기 때문에 혈당 수치가 높게 유지되고, '반사 작용'이 일어나서 췌장은 인슐린을 더 퍼낸다.

인슐린의 중요성은 아무리 강조해도 지나치지 않다. 인슐린과 포도당 수치가 높으면 내 아버지와 친척들처럼 체중 증가, 암, 심장병, 2형 당뇨병 등 수많은 문제가 발생한다. 두 가지 유형의 당뇨병 환자 모두 췌장에서 인슐린을 충분히 분비하지 못하는 경우가 많다. 일부 전문가는 유전적으로 2형 당뇨병에 걸리기 쉬운 사람들이 있다고 본다. 당뇨병 환자가 아니라도 췌장 호르몬이 중요하다는 사실을 인지하고 건강한 식단을 생각하면 당뇨병 발병 확률을 낮출 수 있다.

인슐린 저항성

인슐린은 성장 호르몬이다. 음식을 먹고 나서 인슐린이 정상적으로 반응한다면 췌장에서 혈류로 인슐린을 분비하고 세포에 포도당을 전달한 다음, 멈추라는 신호를 받으면 분비를 멈추기 마련이다. 하지만 인슐린이 지나치게 많으면 '인슐린 저항성'을 일으킨다. 정확히 어떻게 진행될까? 당이 많은 음식을 먹으면 인슐린 수치가 급등한다. 매일 계속해서 당이 많은 음식을 먹으면 췌장에서 지나치게 많은 인슐린을 계속 분비할 것이다. 엄마(인슐린)가 어린 자녀(세포)에게 밤낮으로 소리 지르는 상황을 상상해보자. 어느 정도 시간이 흐르면 아이는 소리를 무시할 테고, 수용체 세포는 수용해야 할 인슐린을 받아들이지 않거나 '저항'한다.

안타깝게도 췌장은 이 저항을 상쇄하기 위해 인슐린을 더 분비하지만 결국 생산 속도가 뒤처지면서 늦어진다. 췌장의 베타 세포(인슐린을 분비하는 세포-옮긴이)가 번아웃에 빠지면서(간단히 '베타 번아웃'이라고도 한다)[16] 인슐린이 충분히 분비되지 않으면 혈당은 정상 수치를 넘어 올라간다. 당뇨병 전단계prediabetes가 시작된 것이다. 혈당 수치가 정상을 넘은 채 오래 지속되면 결국 2형 당뇨병으로 발전한다. 베타 세포가 지나치게 많이 파괴되면 되돌리기는 무척 힘들어진다.

인슐린 저항성은 당뇨병 전단계와 당뇨병으로 가는 과도기로 유명하지만 심장병이나 알츠하이머, 우울증, 고혈압, 고콜레스테롤 같은 심각한 질환으로 이어지기도 한다. 이런 당뇨병 전단계의 '전단계'를 치료할 방법은 여러분도 눈치챘듯이 생활 방식과 식단을 바꾸는 것이다.

게다가 인슐린 저항성은 젊은 여성에게 큰 문제를 일으킬 수 있다. 여러 연구에 따르면 다낭성 난소 증후군PCOS, polycystic ovarian syndrome(호르몬 이상으로 배란에 문제가 생기면서 월경 불순, 불임, 비만 등이 발생하는 내분비 질환-옮긴이)의 근본 원인이 인슐린 저항성이다. 이렇게 연관성은 밝혀졌지만[17] 연구원들은 정확한 이유를 확신하지 못한다. 그저 인슐린 문제가 있는 젊은 여성에게 다낭성 난소 증후군이 발생한다고만 알고 있을 뿐이다. 나이 많은 여성은 심장병이 발병하기 쉽다.

나는 최근 인도 뉴델리에서 열린 웰니스 콘퍼런스에 참석해서 체중 증가부터 불임 문제, 여드름, 다낭성 난소 증후군 같은 수많은 증상으로 고통받는 젊은 여성들을 만났다. 특히 26세인 푸자는 나를 따로 불러서 체중 문제, 불규칙한 월경, 피부가 뒤집어지는 증상을 호소했다. "다 큰 여자인데 왜 아직도 여드름이 날까요?" 푸자가 질문했다. 나는 그녀만 그런 건 아니라고 장담했다. "믿기 힘들겠지만 성인 여드름은 당과 단순 탄수화물 섭취로 증가하는 추세예요." 나는 그녀가 지금까지 먹었던 음식을 살펴본 후, 인슐린 문제로 보이는 증상을 치료할 방법을 간단히 조언하고 식단을 바꾸면 곧 좋아질 거라고 안심시켰다.

> ☑ **인슐린 저항성의 위험 신호**
> - 빈번한 허기와 갈증
> - 손발이 저림
> - 전반적인 피로
> - 비만
> - 고혈압, 고콜레스테롤
> - 낮은 인슐린 수치: 인슐린 분비가 저조하면 포도당 수치가 올라도 세포가 포도당을 에너지로 섭취하지 못하고, 이 에너지를 얻기 위해 다른 에너지원(지방이나 근육)을 동원해야 한다. 그러면 몸이 피곤하고 체중이 감소할 수 있다.

부신 호르몬

세리가 처음 나를 찾아온 이유는 자연 요법(인간의 몸에 스스로 질병을 스스로 이기는 힘이 있다고 보고 햇빛, 공기, 물 등 자연을 활용해 질병을 치료하는 대체 의학-옮긴이) 치료사로부터 '부신 피로'라는 진단을 받았기 때문이다.

"부신 피로라니 대체 무슨 뜻인가요?" 셰리가 내게 물었다. "글쎄요." 내가 대답했다. "좀 복잡한데요. 하지만 먼저 부신이 무엇인지, 왜 요즘에 피로와 부신을 자주 엮어서 언급하는지 짚어 봐야겠네요. 부신 피로가 정식 진단명이라고 생각하는 사람이 많지만 사실 아니거든요." '부신 피로'라는 유명한 용어가 왜 부정확한 명칭인지 나중에 다루겠지만, 먼저 부신이 어떻게 작용하는지 알아보자.

각 신장의 꼭대기에 위치한 이 삼각형 분비샘은 코르티솔과 아드레날린(에피네프린epinephrine)이라는 호르몬이 분비되는 곳이다. 코르티솔과 아드레날린은 보통 '투쟁-도피 호르몬'으로 통하며 큰 스트레스를 받을 때 우리를 도와준다. 우리 몸은 공격에 대항하여 스스로 보호하도록 타고났고, 위협으로 생각되는 것을 목격하면(큰 곰이나 이빨을 드러낸 호랑이 등) 코르티솔과 아드레날린을 분비해서 생존 모드로 전환하라는 신호를 보낸다. 그러면 더 빨리 달려서 목숨을 지킬 수 있다.

실제로 곰과 호랑이보다 빨리 달려야 했던 수천 년 전에는 훌륭한 생존 본능이었지만 업무용 이메일이나 교통 체증, 단조로운 일과 등 스트레스 요인이 넘쳐나는 오늘날에는 예전처럼 도움 되지 않는다. 신체가 현대식 위협(머지않은 마감, 다가오는 차, 가족들의 비상사태 등)을 인지하면 부신은 코르티솔의 자매 호르몬인 아드레날린을 분비하여 단기적으로 빠르게 에너지를 폭발하고, 그 결과 심장 박동이 빨라지고 호흡이 가빠지는 등 명백한 스트레스 반응이 일어난다. 그다음에는 좀 더 본격적이고 장기적인 대응을 위해 코르티솔과 노르에피네프린norepinephrine(노르아드레날린noradrenaline이라고도 한다)을 분비한다. 위험이 사라지면(마감일이 지나거나, 사고를 피하거나, 가족의 비상사태를 해결하면) 코르티솔 수치가 감소하고 심장이 튀어나올 것처럼 뛰는 신체 반응도 진정된다. 내가 그 발표를 마쳤을 때처럼 호흡이 느려지고 손에서는 땀이 멈추고, 다시 생각이 맑아진다.

문제는 부신에 과부하가 걸렸을 때 발생한다. 짐작했겠지만 스트레스가 넘치는 요즘 세상에는 아주 흔한 현상이다. 지나친 스트레스를 꾸준히 받으면 시스템은 한마디로 엉망이 된다. 역사적으로 코르티솔은 우리를 곰보다 빨리 도망치게 해서 목숨을 구해줬다. 하지만 이제 우리를 공격하는 주체가 달라졌어도 신체 반응은 그때와 똑같다. 우리 몸은 굶주린 곰과 메일함에 도착한 성가신 이메일을 구분하지 못한다. 하나는 생명을 위협하고, 다른 하나는… 짜증은 좀 날지언정 목숨을 위협하진 않는데도 말이다. 상황이 이렇다 보니 부신은 끊임없는 위기를 맞이하여 진정할 틈이 없고, 온갖 스트레스 요인에 시달리며 과열된 차량처럼 과부하가 걸린다. 이것이 셰리의 문제였고 어쩌면 당신의 문제일지도 모른다. 셰리와 나는 그녀의 삶에서 가장 큰 스트레스 요인을 파악한 다음 WTF 계획으로 건강하게 대처할 방법을 찾아냈다. 나중에 8장에서 자세히 살펴보자.

코르티솔은 '스트레스 호르몬'으로 유명하지만 몸이 탄수화물과 지방, 단백질을 잘 활용하도록 도와주고 염증을 가라앉히며, 혈압을 안정적으로 유지하고 수면 주기를 안정화하는 등 많은 역할을 한다. 또한 혈당을 조절하고 탄수화물을 효과적으로 대사하여 혈당 수치가 극단적으로 오르내리지 않게 해준다. 코르티솔 분비가 망가지면 피로가 몰려온다.

코르티솔 불균형

당신이 고(高)성과자라면(내 환자들처럼) 분명 코르티솔 문제를 겪고 있을 것이다. 호르몬 균형을 논할 때 코르티솔은 흔히 여왕벌로 꼽힌다. 이 부신 호르몬은 혈당부터 염증, 면역계, 특히 스트레스 대응 조절까지 온몸에 걸쳐 다양한 기능에 영향을 주기 때문이다. 일터와 가정이 정신없이 돌아가는 21세기에 가장 흔한 불균형이다.

평소에 코르티솔이 분비되는 패턴은 '코르티솔 커브'나 '코르티솔 일주기 패턴'으로 불리며 아래를 향한 종 모양과 비슷하다. 신체는 잠에서 깬 뒤 30분 이내에 하루 중 가장 많은 코르티솔을 분비하고, 분비량이 점차 줄다가 잠들 무렵 저점을 찍는다. 골치 아픈 전화, 우는 아이, 다가오는 마감, 혹은 세 가지가 다 스트레스를 주면 코르티솔 분비량은 늘어난다. 붐비는 3차선 고속 도로를 1차선으로 통합하면 차가 막히는 것처럼 호르몬 고속 도로에 너무 많은 코르티솔이 진입하면서 병목 현상이 생길 수 있다. 모든 것이 아주 느려지다가 결국 다른 호르몬에도 정체가 발생한다.

최근 연구에 따르면 이런 '일반적인' 스트레스가 중년의 뇌에 피해를 줄 수 있다. 기억력과 조직력, 집중력 시험에서 낮은 점수를 받은 사람들은 코르티솔 수치가 높았다. 연구원들은 낮은 점수와 높은 코르티솔의 상관관계가 여성에게서 더 높게 나타난다는 사실을 발견했다(여성이 남성보다 스트레스를 더 많이 받기 때문인지, 아니면 코르티솔 수치가 높게 나타났을 뿐인지는 확실히 밝히지 못했다).[18] 휴대폰이나 열쇠를 못 찾겠다고? 코르티솔을 탓해라. 어딘가 교통 체증이 발생했는데 계속 차량이 유입되면(항상 스트레스를 받아서 몸이 계속 코르티솔을 과도하게 분비한다는 뜻이다) 코르티솔 불균형이 일어나거나 '조절 장애'가 생기고, 프로게스테론과 에스트로겐 수치도 영향을 받는다. 그 결과 아래와 같은 다양한 시나리오로 이어질 수 있다.

고코르티솔증

스트레스에 반응하여 코르티솔 분비가 폭증하는 일이 자주 있어선 안 된다. 그날 가장 시급하고 골치 아픈 상황을 벗어나기 위해(혹은 굶주린 호랑이에게서 도망치기 위해) 에너지를 급히 끌어오기 때문이다. 급한 일이 끝나면 시스템이 정상으로 돌아갈 수 있게 폭증 사태가 멈춰야 한다.

하지만 오늘날 많은 사람은 교통사고가 일어나기 전의 나처럼 매일 1분 1초 단위로 기상 알람 버튼을 눌러서 스트레스 수치를 올린다. 오랫동안 계속해서 코르티솔이 많이 분비되면 고코르티솔증 hypercortisolism의 형태로 온몸에 중요한 문제를 일으키며 장기적으로 건강에 해롭다. 코르티솔 과잉은 아마 여성들에게 가장 흔한 호르몬 불균형일 것이다. 이렇게 정신없고 바쁜 세상에서 코르티솔 과잉이 아니면 오히려 이상할 정도다!

식단, 수면 부족, 혹은 수많은 감정적에 이르기까지 스트레스받는 하루를 보내면 코르티솔을 많이 분비한다. 그리고 코르티솔이 분비되려면 '어머니 호르몬'으로 통하는 프레그네놀론^{pregnenolone}(코르티솔, 에스트로겐, 테스토스테론 같은 호르몬의 전구체로 작용하는 스테로이드 호르몬-옮긴이)이 필요하다. 새로운 이론에서는 아직 실험 단계지만 프레그네놀론이 호르몬 불균형에 영향을 미친다고 주장한다.[19] 내가 호르몬과 에너지, 스트레스에 관해 알아낸 사실을 고려하면 충분히 가능성이 있다고 본다. 우리 몸의 프레그네놀론 수치는 매우 제한적이며 콜레스테롤을 프레그네놀론으로 전환하여 분비하려면 엄청난 세포 에너지가 필요하다. 즉 심한 스트레스를 받으면 프레그네놀론을 생성하고 코르티솔을 분비하기까지 에너지가 많이 소모된다. 에스트로겐, 테스토스테론을 비롯한 호르몬을 분비하는 데 들어가야 할 에너지가 그쪽에 쏠리는 것이다. 이런 현상을 '프레그네놀론 스틸$^{pregnenolone\ steal}$'이라고 한다. 프레그네놀론이 코르티솔을 분비하기 위해 귀한 자원을 훔치고 다른 호르몬을 손상하면 시스템 전체가 망가질 수 있다.

내 환자 세라는 이런 과정이 현실에 구현된 경우였다. 세라는 45세의 의사로 세 자녀를 키웠다. 나를 찾아왔을 때는 가정과 직장 모두 부담이 컸고 당연히 양쪽에서 번아웃 증상을 느꼈다. 그녀는 스스로 개선하려고 애썼고 다른 여성들처럼 에너지를 키우는 법에 관한 기사를 찾아 읽었다. 운동하면 힘이 날까 해서 아침 일찍 일어나서 운동을 다니기 시작했다. 가능한 시간이 그때뿐이었기 때문이다. 알람을 새벽 4시 30분(!)에 맞추고 일주일에 6번씩 크로스핏 같은 고강도 운동 수업에 갔다. 그러다 일요일이 되면 강좌를 하루 쉬는 대신 집에서 웨이트나 유산소 운동을 했다.

평일에는 땀 흘려 운동한 뒤 곧바로 집에 와서 자녀들을 학교에 보내고, 서둘러 일하러 갔다. 저녁에도 급하게 사무실을 나와서 저녁을 차리고 아이들을 재우고 나면 11시에 잠자리에 들었다. 다음 날도 똑같이 반복된다. 그러다 보니 자신이나 사랑하는 사람들을 챙기거나 소통할 시간이 없었다. 세라는 삶에 긍정적인 변화를 만드는 중이라고 생각했지만 여전히 피곤했다. 처음 만나서 세라의 일상을 전해 듣자 곧 몇 가지가 눈에 띄었다. 하루에도 '지나치게' 자주 코르티솔 수치가 올랐고, 몸이 쉬고 회복할 시간을 주지 않았다.

세라가 일과에 추가한 고강도 운동은 호르몬 스트레스, 즉 호르메시스hormesis 효과를 일으키며 일반적으로 신체를 단련하기 좋은 방법이다. 운동할 때마다 몸이 지난번보다 조금 더 큰 스트레스를 견디게 해서 다음 운동 때는 더 강해지는 원리다. 고강도 운동은 정확히 이런 효과를 노리고 강한 신체를 목표로 설계됐다. 하지만 몸이 회복할 시간을 주지 않고 호르메시스 상태가 지속되면 운동 효과를 얻지 못하며 오히려 몸에 해롭다.

나는 세라에게 아침 운동을 일주일에 2회로 줄이고 네 번은 늦잠을 자라고 했다(괜찮으니까 알람을 늦춰요!). 또한 매일 20분간 자연에서 산책하며 신체 활동을 하되 혹사에 가까웠던 고강도 운동은 그만두라고 했다(자연환경은 코르티솔 분비를 줄이는 효과가 있어서 일부러 자연 산책을 권했다). 당 비중이 높은 식단에서 장에 좋은 프로바이오틱스 위주로 식이 섬유가 높은 식단으로 바꿨고, 일주일에 이틀 정도는 생체 리듬 단식을 실천했다. 세라는 '나흘'도 되지 않아 에너지를 되찾았고 두 달 이내에 살이 빠졌으며 콜레스테롤이 낮아졌고, 수면의 질도 좋아졌다. 세라는 이런 변화에 입을 다물지 못했다. 본인이 의사지만 예전에는 이런 식으로 호르몬을 다루는 건 들어본 적이 없었고, 몇 가지 간단한 변화로도 건강에 뚜렷한 변화가 생긴다는 데 충격을 받았다.

세라는 전형적인 코르티솔 과잉 증상을 보였지만 고코르티솔증은 소화계에도 영향을 주고 과민 대장 증후군 같은 다양한 질환을 일으킬 수 있다. 코르티솔은 식욕을 돋울 뿐 아니라 근육과 뼈를 약화하고 성욕을 떨어뜨릴 수 있다. 수많은 연구 결과 코르티솔이 계속 높은 수준을 유지하면 복부 지방이 증가한다고 한다. 요약해보자. 코르티솔 급등이 오랫동안 이어지면 나이보다 늙고, 비만이 되고, 우울해진다.

✅ 코르티솔 과잉의 위험 신호

- 흥분되지만 피곤하다.
- 집중하기 힘들다.
- 살이 찌고, 특히 몸통 중앙에 군살이 생긴다.
- 여드름, 습진, 피부가 얇아지는 등 피부 문제가 생긴다.
- 단 것이 당긴다.
- 멍이 쉽게 든다.

끊임없이 공황을 겪고, 혹사하고 지친다면 코르티솔을 지나치게 많이 분비하고 있을 가능성이 크다. 이 스트레스에 카페인과 당, 오메가-6지방(튀긴 음식, 절인 고기와 감자칩 같은 가공 스낵에서 발견된다)을 대량으로 주입하는 건 불에 기름을 붓는 격이다. 이와 비슷하게 빵, 쿠키, 케이크 같은 단순 탄수화물을 섭취하면 몸에서 당과 같은 기능을 하고 혈당 조절에 영향을 미친다. 알코올도 코르티솔 같은 스트레스 호르몬 분비를 확대하는 범인이다. 스트레스와 불안을 해소하려고 술을 마시는 사람이 많다는 걸 생각하면 상당히 의외로 다가온다(내 환자 중에도 실망할 사람이 널렸다!).

카페인을 많이 섭취한다고? 그럼 코르티솔 자동차를 부신에서 뇌, 근육, 혈관 등 온몸으로 쏟아내고 있다고 봐야 한다. 이 코르티솔은 고속 도로의 모든 길목을 차지하고 다른 호르몬(에스트로겐이나 프로게스테론)의 길을 막아서 LA 405번 도로보다 심한 정체를 일으킨다. 물론 커피는 에너지를 높여주지만 지나치게 많이 마시면 심장 박동과 혈압을 높여서 더 초조하고 흥분 상태로 만든다. 기억하자. 유전적 기질에 따라 유난히 카페인을 잘 견디는 사람이 있다. 당신이 여기 해당하더라도 커피는 하루 한 잔에서 세 잔 정도로 제한해라.

저코르티솔증

이 증상은 미디어에서 부신 피로, 부신 번아웃 등 비슷비슷하고 부적절한 명칭으로 불리곤 한다. 고코르티솔증처럼 저코르티솔증 역시 연료가 떨어진 자동차처럼 피로해지고 기력이 떨어진다. 고코르티솔증에 계속 시달리면 저코르티솔증으로 발전하는 경우가 많다. 코르티솔 수치가 낮은 저코르티솔증은 신체가 코르티솔을 충분히 분비하지 못해서 발생하는데, 보통 오랜 기간 과부하가 걸려서 퓨즈가 끊어지는 게 원인이다. 과다한 수요는 시스템에 과부하를 일으키고 갑자기 예전처럼 분비하지 못하는 순간이 온다.

오랜 기간 저코르티솔증이 지속되면 부신 부전^{adrenal insufficiency}(부신에서 호르몬을 제대로 생산하지 못하는 상태-옮긴이) 때문에 뇌하수체나 부신에 심각한 문제가 생겼다는 신호일 수도 있다. 피부에 심한 색소 침착이 생기거나 어두워지고, 근육이 약해지거나 설사, 메스꺼움, 어지러움 같은 증상을 동반한다. 치료하지 않으면 생명이 위험할 수 있다.

성호르몬

━━━━━

두 가지 성호르몬(주로 에스트로겐과 프로게스테론)은 균형이 망가졌을 때 피로를 일으키는 원인이 된다는 사실을 아는가? 나는 전혀 몰랐다. 최소한 여기서 논의하는 식으로는 말이다. 의료 연수를 받고도 한참 뒤에나 알게 된 사실이다. 성호르몬은 무척 복잡하며 사춘기부터 임신, 폐경에 이르기까지 평생에 걸쳐 호르몬과 신체 변화를 일으키는 물질이다. 성기능과 관련한 핵심 호르몬은 에스트로겐과 테스토스테론, 프로게스테론이며 모두 생식 기능과 성기능, 심지어 성 정체성 조절에도 영향을 미친다. 이런 호르몬이 계속 성숙하면… 상황은 상당히 복잡해진다.

성호르몬은 특히 여성 건강에 큰 영향을 미치며 인간을 창조하고 보살피는 초능력을 부여한다. 에스트로겐과 프로게스테론, 테스토스테론은 나머지 신체 부위와 밀접히 연결되어 있기 때문에 이 섬세한 균형이 깨지면 다양한 증상이 뒤따른다.

여성 성호르몬의 이해를 돕기 위해 질풍노도의 시기였던 사춘기 직전을 돌이켜보자. 소녀들은 대부분 8세에서 13세 사이, 혹은 그 이전에 사춘기의 정점에 접어든다. 이때 부신과 난소는 프로게스테론, 에스트로겐, 테스토스테론을 분비해서 혈액에 전달한다. 그러면 가슴이 나오고 빠르게 성장하며 겨드랑이털과 음모가 자라고, 땀샘이 활성화되는 등(브래지어와 면도기, 데오도란트를 사야 할 시기다) 신체적 변화가 뚜렷해진다.

소녀들에게 에스트로겐은 특히 사춘기에 중요한 호르몬으로 뇌가 정상적으로 성장하려면 꼭 필요하며 가슴, 뇌, 질, 난소 발달을 돕는다. 프로게스테론은 여성의 월경 주기뿐만 아니라 임신, 태아 발달을 비롯한 다양한 기능에 관여하는 스테로이드 호르몬이다. 여성의 첫 월경은 사춘기가 끝날 무렵, 보통 호르몬 변화가 시작되고 2년이 지나면 시작된다(탐폰과 생리대, 생리통을 가라앉힐 타이레놀을 사는 시기다).

성호르몬은 임신과 출산에도 중요한 역할을 한다. 사춘기 직전부터 인생을 빨리 감아보자. 여성이 임신하면 신체는 사람 융모성 성선 자극 호르몬^{HCG, human chorionic gonadotropin}을 분비하여 자궁 성장을 유도하고 성장하는 태아의 면역계를 지원한다. HCG와 에스트로겐, 프로게스테론 분비가 왕성해지면 어지럼증과 구역감 같은 전형적인 임신 증상이 나타난다. 프로게스테론은 릴랙신relaxin이라는 호르몬과 함께 아이가 들어설 수 있도록 자궁벽을 이완하고 골반 인대를 느슨하게 풀어서 출산을 준비한다(하지만 그 과정에서 고관절과 척추가 불안정해진다).

이제 중요한 회의 도중에 얼굴이 벌게질까 봐 걱정하는 중년 여성을 찾아가보자. 이 여성은 특정 호르몬 수치가 줄었거나 '끊길 듯 말 듯한' 폐경 전후 증후군perimenopause에 시달리고 있을 가능성이 크다. 난소의 에스트로겐 분비가 줄어들고, 마지막 월경으로부터 정확히 12개월이 지난 시점을 뜻하는 폐경기에 도달하면 난자 배출이 멈춘다.

남성도 9세에서 14세 정도 사이에 사춘기가 되면 호르몬 변화를 겪는다. 테스토스테론은 주요 남성 호르몬으로 생식 기관을 성숙하고 근육과 뼈, 얼굴과 음모를 자라게 하고 목소리를 낮아지게 한다. 체모와 함께 고환이 자라고 땀샘이 활성화된다(냄새나는 체육복이 한가득 쌓인다). 이런 과정은 2년에서 5년 정도 걸린다. 시상하부가 황체 자극 호르몬LSH, lutein-stimulating hormone을 분비하면 뇌하수체는 황체 형성 호르몬LH, luteinizing hormone을 분비하고, 그 신호를 받은 고환은 테스토스테론과 난포 자극 호르몬FSH, follicle stimulating hormone을 분비하여 정자를 생산할 준비를 한다. 머리글자가 너무 많은가? 이제 거의 다 끝났다(GnRH를 기억하는가? GnRH는 LSH와 FSH 분비를 도와주며, 정상적으로 분비되지 않으면 생식 기관도 제대로 기능하지 못한다).

남성과 여성 모두 테스토스테론을 분비하지만 남성이 분비하는 양이 훨씬 많다. 남성은 고환에서 테스토스테론을 다량 합성한다. 여성이 난소와 부신에서 합성하는 양은 훨씬 적다. 하지만 남녀를 불문하고 이 호르몬은 이상적인 신체 구성과 조직 재생, 콜레스테롤 균형, 뇌, 에너지, 면역 기능에 중요한 역할을 한다.

에스트로겐 불균형

에스트로겐은 고맙게도 여성 고유의 특징을 부여하는 호르몬이지만 남성도 일정한 양을 분비한다. 이 호르몬은 프로게스테론과 함께 성 발달에 중요한 역할을 하며 평생 생식 기관 전체를 조절한다. 에스트로겐 수치는 어느 정도가 정상인지 정하기 힘들지만(여성에 따라, 시기에 따라 광범위하게 다르다) 중요한 건 에스트로겐과 프로게스테론의 균형이다. 항상 두 호르몬이 팀으로 함께 협력하도록 노력해야 한다. 그렇지 않으면 시소 효과가 발생해서 에스트로겐 수치가 높으면 프로게스테론이 낮아지고, 그 반대 상황이 벌어지기도 한다.

고에스트로겐증

에스트로겐이 너무 많이 분비되면 섬세한 균형이 무너지면서 에스트로겐 우위estrogen dominance가 발생하고, 그 결과 살이 찌고(특히 세라처럼 아이를 품는 고관절 부위에) 피곤해지며 당연히 성욕도 떨어진다. 당신 얘기 같은가? 별로 드문 일이 아니다. 35세 이상의 여성 가운데 최대 80%가 고에스트로겐증의 영향을 받지만 진단하기는 어렵다.[20] 여성에게서 코르티솔 다음으로 심각한 불균형을 일으키는 호르몬이며 고코르티솔증처럼 엄청난 피로를 몰고 온다. 유력한 용의자는? 바로 환

피임약

피임약을 먹느냐 마느냐 그것이 문제로다. 2012년 미 보건 복지부US Department of Health and Human Services에서 발행한 보고서에 따르면 가임기 미국 여성의 약 2/3가 어떤 형태로든 피임법을 사용한다. 그중에 1/3인 약 1,060만 명이 피임약을 복용한다.[21] 많은 이에게 피임약은 임신이나 여드름, 극심한 월경 전 증후군PMS, premenstrual syndrome(월경 전에 신체적, 정신적으로 다양한 어려움을 겪는 증상군-옮긴이)을 피하고 암을 예방하는 등 다양한 안전장치로 작용했고, 하늘이 준 선물이나 마찬가지였다. 하지만 단점도 분명히 존재한다. 무엇보다 피임약은 신체 항상성에 변화를 가져오는 성호르몬 혼합제. 그래서 많은 여성이 피임약 복용을 중단했을 때 예전 상태로 돌아가지 못하고 어려움을 겪는다. 피임약은 자연적인 호르몬 조절을 교란해서 '피임 후 증후군post-birth control syndrome'을 일으킨다. 피임약을 끊고 몇 달이 지나면 두통, 기분 변화, 여드름, 생식 능력 문제, 불규칙한 월경을 포함해 다양한 증상을 겪을 수 있다.

이 책에서 몇 단락으로 다루기는 힘든 복잡한 논쟁거리지만, 피임약의 영향을 두고 상당한 공포감이 조성돼 있다. 피임약이 호르몬에 영향을 주는 건 사실이고 의사들은 한층 신중하게 피임약을 처방해야 한다. 호르몬 교란을 일으킬 가능성을 인지해야 하지만 당신의 상황을 고려할 때 피임약이 가장 저렴하고 접근하기 쉬운 방법이라면 아무것도 하지 않는 것보다는 낫다.

경이다. 안타깝게도 주변 환경에는 우리 시스템을 교란하는 사기꾼이 넘쳐난다. 제노에스트로겐xenoestrogen, 즉 '외부' 에스트로겐은 에스트로겐의 분자 구조를 모방하는 합성 혹은 천연 복합체. 이런 복합체

는 피임약이나 화장품, 플라스틱, 심지어 일부 음식 등 일상용품에서 많이 발견되며 우리 몸에 스며들면 고에스트로겐 증상을 일으킬 수 있다. 불균형을 해소하지 않으면 그 영향이 한층 복잡해져서 암이나 하시모토병 같은 심각한 질환으로 이어지기도 한다.

> ☑ **고에스트로겐증의 위험 신호**
>
> · 심한 출혈 등 극심한 월경 전 증후군
> · 엉덩이 부위 위주로 체중 증가
> · 가슴이 커짐
> · 울적하고 기분 변화가 심해짐
> · 피로

에스트로겐 수치가 높으면 체질량 지수$^{\text{BMI, body mass index}}$가 상승하고 예민해지며 우울감, 탄수화물 중독(빵을 자주 찾는다)으로 이어질 수 있다. 장기적으로 고에스트로겐증은 유방 압통, 낭종, 섬유종, 자궁내막증, 유방암으로 발전할 가능성이 크다. 고에스트로겐증의 부작용으로 함께 나타나는 저프로게스테론증 역시 불임, 식은땀, 불면, 불규칙한 월경 같은 문제를 일으킨다.

저에스트로겐증

에스트로겐 과잉 문제가 훨씬 흔하긴 하지만 에스트로겐이 저조해서 기분과 성욕이 엉망이 되기도 한다. 에스트로겐은 다양한 신체 기능에 영향을 주며(뼈 발달, 월경 조절, 기분 등), 수치가 낮아지는 원인을 몇 가지 지목할 수 있다. 지나친 운동, 갑상샘 상태, 영양실조 등이 꼽히지만 가장 흔한 원인은 나이와 성생활 주기와 관련이 있다. 폐경 전후 증후군이 시작되면서(40세 이상의 여성) 에스트로겐은 자연히 감소하며 폐경기에는 에스트로겐이 분비되지 않는다. 증상이 뭐냐고? 나이가 들면 기대할 수 있는(전혀 바라지 않는) 모든 것이다. 질 건조로 고통스러워지는 섹스, 기분 변화, 우울, 안면 홍조, 유방 압통 등이 찾아온다.

> ☑ **저에스트로겐증의 위험 신호**
>
> - 저조한 성욕과 기분
> - 건망증, 집중력 감퇴
> - 피부 홍조
> - 유방 압통
> - 방광 문제(요로 감염, 요실금)
> - 불규칙한 월경

테스토스테론

코르티솔과 갑상샘, 에스트로겐이 에너지 수준을 좌우하는 세 가지 호르몬 시스템이라면 에너지를 최대한으로 유지하기 위한 핵심 호르몬이 두 가지 존재한다. 테스토스테론과 인슐린이다.

테스토스테론은 흔히 남성 전용 호르몬이라고 생각하지만 여성도 난소와 부신에서 적은 양을 분비한다. 이 호르몬은 모발과 피부를 건강하게 하고 성욕을 일으키며 근육을 탄탄하게 해준다. 또한 기억과 집중력을 향상하고 에너지를 높이는 효과가 있다. 따라서 테스토스테론 수치가 낮으면 이 모든 게 엉망이 되기 쉽다. 모발이 가늘어지고 피부가 푸석해지며 질이 건조해서 성관계가 고통스러워지고(물론 성욕도 감퇴한다), 근긴장도(근육이 신장하고 수축하는 양과 정도-옮긴이)가 하락하고 우울, 전반적인 피로감이 생길 수 있다. 여성의 테스토스테론 분비가 저조한 이유는 밝히기 어렵지만 일부 의사는 부신 부전, 난소 절제술(난소를 제거하는 시술), 경구용 에스트로겐 요법, 이른 폐경 등을 원인으로 꼽는다. 개인의 유전 조성에 따라 테스토스테론의 선구물질인 디하이드로에피안드로스테론^{DHEA, didehydroepiandrosterone}과 DHEA-S 복합체를 생성하는 능력이 영향을 받기도 한다. 일부 여성은 이런 복합체를 테스토스테론으로 처리하는 효소가 부족하다(한 가지 문제가 아니라 여러 가지 요인이 얽혀 있다).

☑ 저테스토스테론증의 위험 신호

- 근력 약화
- 뼈 소실
- 성욕 저하
- 체중 증가
- 생식 기능 문제

2

장과 뇌는 호르몬과
어떤 영향을 주고받을까

장

장이 호르몬 건강에 미치는 영향은 오랜 세월 간과됐다. 장은 단순히 음식물 소화를 넘어 훨씬 많은 일을 하며 이제야 공로를 인정받고 있다. 최근 연구에 따르면 장에는 수백만에 달하는 미생물군, 즉 마이크로바이옴이 존재한다. 이 장 세균은 면역계와 끊임없이 소통하며 호르몬에 무슨 일을 해야 할지, 혹은 하면 안 되는지 신호를 보낸다.[22]

장내 마이크로바이옴과 호르몬, 호르몬을 통제하는 뇌 중추(예: 시상하부)는 직접적으로 연결돼 있다. 5장에서 자세히 살펴보겠지만 최근 연구에 따르면 장내 미생물 무리는 하나같이 우리가 알던 것보다 호르몬에 훨씬 큰 영향을 미친다. 특히 갑상샘에서 분비되는 호르몬과 에스트로겐, 코르티솔 등은 장과 상호 작용을 해서 호르몬 수치를 높이거나 낮춘다. 또한 장은 신진대사를 안정화하고 노화를 늦추며 기분을 개선하는 데 도움을 준다.

장이 건강에 어떤 영향을 주는지 매일 엄청난 지식이 쌓여가지만 내가 특히 관심을 두는 건 장과 호르몬의 상관관계다. 이 연관성이 '에너지를 되찾는 핵심'이라고 생각하기 때문이다. 몇 가지 획기적인 연구에 따르면 장내 마이크로바이옴이 에스트로겐에 미치는 영향은 우리가 생각했던 것보다 훨씬 강력하다.[23] 특히 '에스트로볼롬estrobolome'이라는 단어는 의료계에 큰 반향을 일으켰으며 이 미생물 집합이 에스트로겐 대사에 중요한 역할을 한다는 증거가 점점 늘어나고 있다.

에스트로볼롬은 에스트로겐 대사를 도와주는 글루큐론 산화물 분해 효소glucuronidase를 분비한다. 장내 마이크로바이옴이 건강하면 에스트로볼롬은 적정량의 글루큐론 산화물 분해 효소를 분비하여 에스트로겐 항상성을 유지한다. 하지만 장내 미생물군이 붕괴하면(불균형이 생기면) 글루큐론 산화물 분해 효소가 망가지고 그 결과 에스트로겐 수치도 곧장 엉망이 된다. 이런 세균 불균형은 수많은 문제를 일으킨다. 부종, 체중 증가, 여드름을 비롯하여 자궁 내막증endometriosis(자궁 내막 조직이 자궁 밖으로 나와서 성장하는 질환-옮긴이), 다낭성 난소 증후군, 유방암, 전립선암 같은 에스트로겐 관련 질환 발병률이 상승한다.

이렇게 장과 호르몬의 상호 작용이 새롭게 발견됐지만, 장은 식욕에도 중요한 역할을 한다. 배고픔 호르몬의 '음과 양'으로 알려진 렙틴

leptin과 그렐린ghrelin의 배고픔 알람을 작동하는 것이 바로 장이다. 두 호르몬은 공생하면서 배고픔을 억누르거나 자극해서 체중과 에너지를 유지한다. 렙틴의 주 기능은 포만 호르몬이다. 적정 체중을 유지하는 것이 1차 목표이며 만족스러운 식사가 끝나면 뇌에 충분히 먹었다는 신호를 보낸다. 그렐린은 위와 췌장 내벽에 위치한 전문 세포에서 분비되며 위가 비었을 때 뇌에 배고픔 신호를 보내서 음식을 먹게 하고 지방을 저장해서 에너지로 전환하게 한다. 또한 뇌의 보상 중추를 자극하기 때문에 맛있는 음식의 냄새를 맡거나 맛보거나, 심지어 냄새만 맡아도 그렐린이 분비된다. 이탈리안 식당에서 끝내주는 마늘 냄새가 날 때, 인도 식당에서 터머릭tumeric(강황의 뿌리 부분을 말려서 만든 가루-옮긴이)과 사프란, 풍부한 향신료 냄새를 맡았을 때를 생각해보자.

장이 우리 식욕과 호르몬 균형, 체중에 미묘한 영향을 미치기 때문에 장내 마이크로바이옴을 건강하게 유지하는 것이 무척 중요하다. 마이크로바이옴은 변화하며 특정 장 세균을 가지고 태어나서 그대로 유지하다 사망하지 않는다. 마이크로바이옴은 살아 있는 유기체로 당신이 먹는 음식과 생활 방식에 따라 바뀐다. 5장에서 훨씬 자세히 다루겠지만 여기서는 이것만 기억하자. 장 다양성을 보살피지 않으면 단순히 소화가 안 되는 것을 넘어 훨씬 큰 영향을 받을 수 있다. 장내 마이크로바이옴이 망가지면 극심한 피로가 몰려든다.

뇌

뇌가 작동하는 원리는 지금도 상당 부분 불가사의로 남아 있지만 한 가지는 확실하다. 널리 퍼진 속설과 달리 인간은 뇌를 사용하는 비율은 10%를 훨씬 넘어선다(잘 때만 해도 그 정도 사용한다). 말할 것도 없이 뇌는 24시간 내내 엄청나게 많은 일을 하고 순식간에 수천 가지 결정을 내리며, 우리가 생각했던 것보다 다양한 방식으로 뇌와 호르몬과 소통한다. 정확히 어떤 방식으로 소통하는지는 모르지만 뇌와 호르몬의 연결고리(보통 몸과 마음의 연결고리^{mind-body connection}로 알려져 있다)를 이해하는 것이 대단히 중요하다. 이렇게 연결고리가 존재하기 때문에 스트레스를 받으면 코르티솔 수치가 올라가고, 호흡을 통해 뇌에 긴장을 풀고 수치를 낮추라고 신호를 보낼 수 있다. 믿기지 않는가? 한번 연습해보자. 6까지 세면서 숨을 들이마셨다가 다시 6을 세며 내쉰다. 그리고 세 번 반복해라. 호흡이 느려지는 것이 느껴지는가? 방금 당신은 스트레스 호르몬을 줄였다!

이런 소통이 어떻게 이뤄지는지, 뇌와 호르몬의 관계에 어떻게 접근할지 이제 조금씩 깨닫고 있다. 지속적인 만성 스트레스(정확히 말하면 활성화된 교감 신경계에 대응할 능력이 부족한 상태)가 브레인포그와 우울, 피로, 집중력 저하, GnRH 박동 교란을 일으켜 호르몬 불균형을 가져온다. 그리고 이런 관계가 내 계획에서 중요한 역할을 하며, 어쩌면 당신도 도울 수 있을 것이다.

3

호르몬 불균형을
어떻게 감지하는가

앞서 몇 가지 핵심 호르몬의 균형이 망가지면 어떻게 호르몬 시스템이 불안정해지고, 에너지를 빼앗기며 녹초가 되는지 살펴봤다. 안타깝게도 여성이 남성보다 호르몬 불균형에 훨씬 취약하며 나이가 들수록(아, 슬퍼라!) 불균형이 심해질 가능성도 커진다. 당신이 어떤 최신 실험이나 환상적인 이론을 들어봤든, 모두가 동의하고 믿을 수 있는 정확한 호르몬 수치 검사는 존재하지 않는다. 이 분야에서 광범위하게 연구하고 동료들과 계속 논의해봐도 이 주제는 계속 논란의 여지가 있다. 문제는 호르몬이 항상 변동하고 이 변동이 밀접하게 얽혀 있다 보니 큰 그림을 포착하기 힘들다는 것이다. 내 몸에 귀를 기울이는 것이 중요하며 뭔가 잘못됐다는 느낌이 들면 의사와 상담해라.

호르몬 불균형이 의심될 때 아래 질문에 대답해보자.

점검

당신의 호르몬은 조화로운가?

✓ 늘 피곤한가?

✓ 수면 문제를 겪고 있는가?

✓ 온종일 피곤하지만 밤이 되면 초조해지는가?

✓ 기분이 자주 요동치는가?

✓ 배 주변이나 허벅지 윗부분을 중심으로 지방이 축적되는가?

✓ 자주 두통을 느끼는가? 특히 두통이 새로 생겼거나 편두통이 심해졌
는가?

✓ 짠 음식, 지방이 많은 음식, 단 음식이 부쩍 당기는가?

✓ 두드러기나 이유를 알 수 없는 발진이 생기는가?

✓ 여성이라면: 월경 전 증후군이 심해졌는가?

✓ 남성이라면: 성욕이 감퇴하거나 지방 축적이 심해졌는가?

위 질문에 '그렇다'는 대답이 하나 이상 나왔다면 호르몬 균형이 깨
졌을 수 있다. 호르몬 불균형이 의심되면 병원에 가서 호르몬 및 혈액
정밀 검사를 받아 보고, 물론 이 책을 계속 읽길 바란다(395쪽의 부록에
서 진단 검사 목록 참고).

이런 검사는 구체적이고 분명한 불균형과 좀 더 심각한 질환에 도

움이 되겠지만, 한 가지 호르몬만 엇나가도 다른 호르몬에서 폭포처럼 문제가 쏟아질 수 있기 때문에 호르몬 불균형의 근본 원인을 해결하기는 쉽지 않다. 당신이 그토록 피곤한 이유는 이런 호르몬들의 조합으로 전체 균형이 망가졌기 때문이다.

검사에 관해 좀 더 생각해보자. 우리 사회는 검사를 중요하게 생각한다. 검사 결과가 음성으로 나오면 안도가 밀려온다. 호르몬 균형은 워낙 복잡해서 검사 결과에 안 나오기도 하며, 혈액이나 다른 검사 결과가 괜찮아 보여도 증상이 있을 수 있다. 그래서 나는 검사 결과를 단지 하나의 데이터로만 본다. 무엇보다 자기 몸에 귀를 기울이고 증상이 나아지는지 살펴보는 것이 중요하다. 그래서 피곤하고 불안하고 스트레스받을 때는 불편한 원인을 검사보다 잘 파악할 수 있는 진단법이 있다. 예를 들어 마이크로바이옴이 괜찮은지(혹은 안 괜찮은지) 알아내는 가장 좋은 방법은 내 에너지 수준을 확인하는 것이다. 기술이 발전하면 언젠가 검사를 통해 불균형을 감지할 수도 있겠지만 현재로선 초기 증상을 파악하기에 가장 좋은 방법은 질문이다.

단서는 우리 몸에 존재한다. 호르몬은 우리 몸에 해로운 게 아니라 이롭게 작용해야 하며 호르몬 시스템이 망가지면 의사와 상담해서 그 증상이 호르몬 불균형 탓인지 확인해볼 수도 있다. 어느 정도 추리 게임에 가깝겠지만, WTF 계획은 여러 단계에 작용하여 다양한 호르몬 불균형을 바로잡을 수 있게 도와준다.

메리를 예로 들어보자. 메리는 변호사이자 두 자녀의 어머니로 젊은 나이인 38세에 유방암에 걸렸다. 하지만 수술과 화학 요법을 병행하여 결국 암을 극복하고 이겨냈다. 깨끗하게 떨쳐서 행복했지만 1년 후에도 여전히 심한 피로를 느꼈다. 주위의 모두가 암은 완치됐으며 혈액 검사 결과도 '정상'이라고 그녀를 안심시켰다. 그런데 왜 찌뿌둥한 기분이 들었을까? 찌뿌둥한 정도가 아니라 항상 피곤했다. 설상가상으로 밤이 되면 '피곤한데도 초조해졌다'고 한다.

메리는 답답한 마음에 나를 찾아왔다. 나는 먼저 메리의 병력과 혈액 검사 결과를 살펴보고 한 가지 검사를 했다. 먼저 바닥에 책상다리로 앉아서 손을 쓰지 않고 일어서는 '앉았다 일어서기' 같은 기능성 운동을 시켰다(한번 해보자. 보기보다 훨씬 힘들다!). 이 운동은 장수를 예측하기 좋은 지표다.

한참 메리와 대화를 나눠보니 피로뿐만 아니라 브레인포그, 체중 증가, 수면 문제도 있다고 했다. 내가 보기에는 호르몬 축이 어긋난 게 틀림없었다. 코르티솔 수치가 너무 높아서 '교통 체중'이 발생했고 다양한 증상이 나타난 듯했다. 메리는 암과 암 치료가 호르몬 변화를 일으켰지만 40세 여성으로서 자연적으로 호르몬에도 변화가 왔다(여성이라면 살면서 피할 수 없는 일이다). 메리는 내 계획을 실천하기로 했다. 그리고 6주 후에 돌아와서 뿌듯하게 보고했다. "믿을 수가 없어요. 컨디션이 좋아졌고 소화도 잘되고, 무엇보다 에너지가 훨씬 넘쳐나요!"

메리를 보면 알 수 있듯이 크고 작은 불균형이 전체 시스템을 무너뜨리고, 피로를 몰고 오고 에너지를 빼앗기며 스트레스와 찌뿌둥함, 힘이 빠지는 느낌이 생긴다. 다행히 메리가 내 계획의 효과를 봤듯이 자연스럽게 호르몬 균형을 바로잡고 에너지를 회복할 수 있다.

다음 장에서는 우리가 정확히 어떻게 호르몬을 교란했고, 다양한 생활 방식과 습관, 환경 요소(만성이거나 극심한 스트레스, 형편없는 식단과 영양)가 호르몬 불균형에 어떤 영향을 미쳤는지 자세히 살펴본다. 우리가 어떻게 호르몬을 망쳤는지, 에너지를 되찾으려면 어떻게 해야 할지 알아보자.

2장

호르몬은
어떻게 망가지는가

1

이런 행동이
호르몬을 망친다

실비아는 공황에 빠졌다. "피곤한데 잠을 잘 수가 없어요. 설핏 잠들었다가 깨면 몇 시간을 설쳐요. 결국 다시 자더라도 한 시간 후에 일어나서 일하러 가야 하죠." 실비아는 영상통화에서 누가 봐도 고통스러운 모습으로 말을 이었다. 코로나19도 여전히 심각한 스트레스 요인으로 작용하는 듯했다. "퉁퉁 붓고 변비에 걸렸고, 갈수록 바지가 끼는 게 느껴져요. 매일 운동하는데도요. 운동을 하루도 안 빠지거든요. 오후에는 단것이 미친 듯이 당기고 월경 전 증후군은 걷잡을 수 없는 수준이에요. 제가 대체 왜 이러죠?"

나는 똑같이 고생해봤다고 말했다. "저도 통제가 안 됐던 적이 있어요. 내 몸이 고장 났고 이런저런 증상을 감당하기 힘들었는데 서로 상관없는 증상 같더군요. 하지만 실비아, 그 모든 게 연관돼 있어요. 당신처럼 내 검사 결과에도 별다른 문제가 없었고 아무도 뭐가 잘못됐는지 말해주지 못했어요. 하지만 온몸이 뭔가 잘못됐다고 외쳐댔죠. 당신도 이런 느낌인가요?" "맞아요!" 실비아는 안도의 한숨을 내뱉었다.

나는 지금까지 했던 연구 중에 호르몬이 망가졌다는 사실을 가리키는 내용을 모두 언급했다. 직감적으로 실비아도 서양 의학에서는 답을 찾지 못한 무수한 호르몬 불균형을 겪고 있다는 사실을 깨달았다. 실비아에게서 두드러지는 코르티솔 불균형은 여성들에게서 무척 흔한 증상이기도 하다.

1장에서 살펴봤듯이 모든 호르몬은 서로 연결되어 있으며 이 축이 조금만 어긋나도 수많은 증상이 나타난다. 예를 들어 실비아가 묘사한 일과를 들어보면 코르티솔 수치가 높고 멜라토닌과 인슐린 수치가 엉망임을 알 수 있다. 그녀는 온종일 직장에서 급한 불을 꺼야 했고 쉴 새 없이 스트레스 요인을 마주했다. 일이 끝나면 집에서 격렬한 유산소 운동을 한 다음 9시쯤 식사했다. 바쁜 업무와 운동 일정을 고려하면 앉아서 식사할 수 있는 시간은 9시가 최선이었다.

실비아의 하루를 호르몬으로 번역해보자. 일터에서 쏟아지는 긴장되는 사건을 감당하느라 낮에는 피곤하지만 밤에는 초조해진다. 운동은 몸에 추가로 스트레스를 준다. 그래서 수면에 문제가 생긴다. 밤늦게 잠자리에 들면서 멜라토닌 분비가 늦어질 뿐만 아니라 배까지 부른 상태다. 늦은 밤에 음식을 먹으면 비정상적인 인슐린 급등으로 이

어지고(밤에는 인슐린 저항성이 높아서 지방으로 저장하라는 신호를 보내기 때문이다) 수면 패턴에 지장이 생긴다. 실비아는 코르티솔이 치솟은 상태에서 새벽 3시에서 5시 사이에 잠이 깨곤 했다. 그러면 오후 2시에서 4시 사이에 코르티솔 수치가 곤두박질치면서 극심한 피로가 몰려온다. 어떻게든 일에 집중하고 깨어 있으려고 단것을 찾는다. 그야말로 악순환이었다.

남 일 같지 않은가? 오랜 시간 일하고, 잠은 설치고, 견딜 수 없이 음식이 당긴다. 이렇게 서로 상관없어 보이는 증상을 진단하긴 어렵지만, 진단하기 힘든 수많은 증상이 호르몬과 연관됐을 수 있다. 우리가 정확히 '어떻게 호르몬을 교란'하느냐고? 사실 호르몬이 복잡한 만큼 호르몬을 망치는 원인도 복잡하기 짝이 없다. 아주 사소한 불균형도 신체 여러 부위에 심각한 교란을 일으킨다. 이런 증상은 광범위하며 그 원인을 정확히 꼽기는 힘들다. 게다가 기존 의학이 호르몬 불균형을 치료하는 방식도 복잡하다(인생에 쉬운 게 어디 있겠는가?).

암을 극복했던 40세 환자 메리를 다시 들여다보자. 메리가 나를 찾아오기 전에 무수히 많은 의사가 피로의 원인을 무수히 많이 꼽았다. 그들은 그녀에게 괜찮다고 했다. 점점 나이가 들고 있고 자녀 둘을 키우는 바쁜 엄마라서 그렇다고 했다. 내 에너지가 떨어졌을 때 동료들이 그랬던 것처럼 메리의 문제를 무시했다. 당신의 의사도 비슷한 얘기를 했을 것이다. 요즘에는 그리 드문 일이 아니다.

의사들이 했던 말 중에 엄밀히 말해 틀린 건 없다. 현대 의학은 경이롭지만 호르몬에 관해 아직 모르는 게 많으며 정확하고 믿을 수 있는 수치 검사 방법이 나와야 한다. 현재 호르몬 불균형을 검지하는 검사로는 큰 차이만 식별할 수 있다. 호르몬이 완전히 엉망진창이 됐을 때만 지표로 믿을 수 있다는 뜻이다. 심각한 불균형보다 피해가 덜하더라도 에너지 수준에 큰 영향을 주거나 다른 증상을 일으키는 사소한 불균형은 이런 검사로 감지할 수 없거나 과소 진단되기 쉽다(수많은 사람이 계속 피로를 느끼고 스스로 건강 염려증을 의심한다는 게 뭔가 이상하지 않은가?).

불균형이 극심했다면 검사 결과에 나타났겠지만 메리는 그저 코르티솔 수치가 약간 올라갔을 뿐이었고 결과에 나타날 정도는 아니었다. 하지만 기력이 떨어지고 정신을 차릴 수가 없었고, 뭔가 잘못됐다는 느낌이 들기엔 충분했다. 의사들이 제대로 된 진단을 내리지 못하니 메리는 '당신은 괜찮다' 또는 '나이가 들어서 그렇다' 같은 대답만 들었다. 나는 이렇게 감지하기 힘든 불균형을 자주 목격한다. 폐경이나 임신, 심지어 월경 전 증후군 등 호르몬 분비에 영향을 주지만 경종을 울릴 정도는 아닌 흔한 원인으로 발생하는 경우가 많다. 결국 피로는 치료하지 못한 채 계속된다.

에스트로겐 수치가 눈에 띄게 감소한 것을 메리의 의사들이 감지했다고 하자(메리의 실제 문제인 고코르티솔증은 아니다). 이럴 때는 보통 천연 에스트로겐이나 다른 호르몬 제품을 처방한다. 내가 보기에 이런 천연 호르몬에 수많은 위험이 존재하지만 치료법 자체는 문제의 근본, 즉 애초에 불균형을 일으킨 원인을 바로잡을 수 없다.

호르몬은 아무 이유 없이 불균형을 일으키지 않는다. 엇나가는 데는 다 이유가 있다. 우리 몸은 아름답고 복잡한 기계이며 보통 자가 면역 질환이나 암 같은 비정상적인 사건이 있어야 호르몬 균형이 깨진다. 하지만 아무도 이런 사실을 메리에게 설명해주지 않았다. 호르몬이 어떻게 작용하는지, 에너지 수준에 얼마나 중요한 역할을 하는지 알려주지도 않았다. 우리가 1장에서 살펴봤듯이 호르몬은 온몸에 걸쳐 상호 연결된 고속 도로를 이동하며, 이 도로 곳곳에는 진입로와 교통 신호가 존재한다. 하나라도 늦어지거나 멈추면 전체 시스템이 밀린다는 사실을 알려주는 이도 없었다.

아마 메리의 고속 도로는 정체됐을 것이다. 무슨 이유인지 몸이 지나치게 많은 코르티솔을 분비해서 교통 체증을 일으켰고 검사에서는 제대로 감지되지 않았다. 대단한 불균형은 아니라도 피로의 원인일 수 있다는 사실이 드러나지 않았다. 자동차가 일단 작동은 하지만 정상은 아니라고 말하는 것과 같다. 새 브레이크나 새 타이어가 필요할 수도 있다. 차가 완전히 망가지길 기다렸다가 고치고 싶은가?

호르몬 불균형이 나타나는 원인은 다양한 생활 습관과 환경 요인이 복합적으로 작용한다. 이번 장에서는 호르몬을 망치는 범인을 알아보고, 특히 에너지와 밀접한 관련이 있는 것에 집중할 것이다. 앞으로 알게 되겠지만 이런 원인 가운데 다수가 생활 방식과 음식, 환경, 심지어 유전자에 뿌리를 두고 있다. 이런 유형의 호르몬 불균형은 진단하기 어렵지만 생활 방식과 식단 변화로 쉽게 고칠 수 있다.

지난 100년 동안 급속도로 기술이 발전했지만 우리의 에너지는 엄청나게 떨어졌다. 자동차부터 휴대폰, 컴퓨터, 온라인 상거래에 이르기까지 편하게 살려고 이 모든 발전을 이뤘을 텐데 결과는 그 반대라니 아이러니한 일이다. 호르몬 불균형에 시달리는 사람들의 비율은 역대급이라고 해도 과언이 아니다. 뭐가 어떻게 돌아가는 걸까? 이런 변화의 이유를 살펴보자.

나를 망가뜨리는 스트레스

당신도 알고 나도 알고 옆집에 사는 이웃도 안다. 만성 스트레스는 좋지 않다는 걸. 앞서 한바탕 스트레스가 쏟아지면 부신에 과부하가 걸리고 코르티솔 분비량이 증가한다는 사실을 살펴봤지만(다음 장에서 더 자세히 다룰 예정이다), 만성 스트레스는 장기적으로 건강을 큰 위험에 빠뜨린다. 우리 몸에서 스트레스 요인이 항상 작동하면, 잠깐 활동했다가 기준치로 돌아가야 할 투쟁-도피 반응이 항상 활성화된다.

그러면 신체의 거의 모든 영역이 무너지며 불안과 우울, 소화 문제, 심장병, 체중 증가 등 다양한 문제로 고통받을 가능성이 커진다. 만성 스트레스는 호르몬 수용체를 망가뜨릴 수 있으며 결국 전구가 나가듯 에너지 폭발도 중단된다. 오늘날 생활 방식을 고려하면, 자신을 돌보지 않고 스트레스를 통제하지 않으면 치명적인 결과를 맞이할수 있다.

음식이 사람을 만든다

'음식이 사람을 만든다'라는 말을 들어봤을 것이다. 특히 호르몬에 있어 부정할 수 없는 진실이다. 일반적으로 호르몬 분비샘에서 코르티솔, 에스트로겐, 테스토스테론 같은 호르몬을 분비하려면 콜레스테롤이 필요하다. 콜레스테롤이 어디에서 오냐고? 그렇다, 음식에서 온다.

장 역시 음식의 영양을 탄수화물, 단백질, 지방의 형태로 추출하여 우리 몸에 에너지를 공급한다. 하지만 영양소마다 전달 방식은 다르다. 탄수화물은 빠르게 당으로 전환되어 에너지를 치솟게 하고, 지방은 에너지 전달이 가장 느리다. 이 세 영양소가 식단에 잘 반영되면 탄수화물과 지방은 주된 에너지 공급원으로 쓰이며 단백질은 몸을 성장하게 하고 근육을 키우고 회복하는 데 사용된다. 입에 무엇이 들어가느냐가 그만큼 중요하다. 호르몬이 제대로 기능하도록 도와주는 주 에너지원 외에도, 눈에 띄지 않는 핵심 요인이 몇 가지 있다.

단조로운 음식

내가 보기에 호르몬을 교란하는 주된 원인이다. 오늘날 우리가 사들이는 음식은 겨우 50년 전에 우리 조부모들이 먹던 음식과 전혀 다르다. 가공식품에는 소금, 당, 오메가-6 지방, 유전자 변형 식품GMO, genetically modified organism 같은 나쁜 재료가 가득하다. 다양한 음식과 식료품의 유통 기한을 늘리려고 이런 첨가물을 사용하지만, 그 과정에서 마이크로바이옴과 호르몬이 망가진다.

GMO란 무엇이며, 음식에 어떤 영향을 미치는가?

수천 년 동안 인간은 맛있는 음식을 얻으려고 식물과 동물을 변형했지만, 최근 기술이 급격히 진보하면서 더 나은 식품을 얻기 위해 한층 인공적인 수단을 동원했다. DNA를 조작하는 것이다.

기술 좀 혁신한다고 뭐가 문제일까? 안타깝게도 지면 관계상 온갖 논쟁을 다루기는 어렵지만, 문제는 유전자 변형 식품이 얼마나 좋거나 나쁜지 확실히 모른다는 데 있다. GMO가 장기적으로 신체에 미치는 영향을 확실히 밝힌 연구는 없지만, 이론적으로 음식의 전반적인 영양 가치를 심각하게 훼손하고 독성이 발생할 가능성이 우려된다. 최근까지만 해도 미국에서 GMO 표기 규정은 유럽에 비해 상당히 느슨한 편이었고, 2016년 연방 정부에서 유전자 조작 제품에 통일된 라벨을 붙이라는 법을 제정했다.[24] 쇼핑은 현명하게 하고, 유전자 조작 식품에 관한 최신 연구를 예의 주시하자.

고도로 가공된 식품 역시 포도당 수치를 치솟게 한다. 계속 이런 음식을 먹으면 포도당 수치가 높게 유지되고 인슐린 수치는 롤러코스터처럼 오르내린다. 우리는 전반적으로 가공된 유제품과 글루텐, 단 음식을 지나치게 많이 먹고 프리바이오틱 식이 섬유와 채소는 충분히 섭취하지 않는다(프로바이오틱스가 있어야 '유익균'이 성장하고 호르몬 수치를 조절할 수 있다).

설상가상으로 가공식품은 우리 뇌를 속이고 배고픔 신호를 보낸다. 좋아하는 배달 업체에서 팬케이크나 피자를 시켜 먹으면 맛있긴 하겠지만, 이런 음식에는 단백질 같은 필수 영양소가 부족하다. 단백질은 혈당을 안정적으로 유지하고 그렐린(먹으라고 신호를 보내는 호르몬) 수치를 줄여서 포만감을 느끼도록 도와준다.

알코올

듣고 싶지 않은 마음은 충분히 이해한다. 밤에 와인 몇 잔 정도는 괜찮다는 말을 듣고 싶을 것이다. 하지만 슬프게도 술은 에스트로겐 수치를 높인다. 여러 연구에 따르면 술을 마시는 여성은 아예 안 마시는 여성보다 에스트로겐 수치가 높다고 한다. 그리고 꾸준히 술을 마시는 사람은 유방암을 비롯한 에스트로겐 우위 문제를 겪는 비율이 높았다. 하지만 너무 충격받지 말자! 일주일에 세 잔 정도 적당히 마시면 호르몬을 망가뜨리지 않고도 와인(또는 테킬라!)를 즐길 수 있다.

당, 당, 당

당의 위험을 경고하는 사람은 내가 처음이 아니다. 미디어와 건강 전문가들의 활약으로 당이 얼마나 몸에 안 좋은지 널리 퍼져 있다('소다를 마시는 건 흡연이나 다름없다' 같은 창의적인 캠페인으로). 하지만 아직 갈 길이 멀다.

거의 모든 가공식품에 당이 들어가기 때문에 한번 습관이 들면 깨기 어렵다. 하지만 깨야 한다. 당은 인슐린 급등으로 이어져서 고속 도로에 교통 체증을 일으키고, 그 결과 수많은 호르몬의 불균형을 가져온다(주로 에스트로겐과 테스토스테론, 프로게스테론이다). 또한 당이 많이 함유된 음식은 식욕을 억제하는 호르몬인 렙틴 분비를 방해한다.

친구들이여, 여러분이 과자 한 봉지와 도넛 반 상자를 먹어 치우고 싶은 이유가 바로 이것이다. 당이 많은 음식을 계속 먹으면 인슐린 수치가 만성으로 높게 유지되고, 결국 몸에 인슐린 내성이 생겨서 인슐린 저항성을 일으킨다(나중에 WTF 계획에서 당을 지나치게 섭취하지 않는 법을 다룰 예정이다).[25]

일반 음식

가공식품을 피하고 자연식품을 먹는다고 해도 오늘날 농업 방식이 몸에 해롭게 작용한다. 비유기농 유제품과 채소, 고기, 그리고 생선에는 저마다 다양한 수준으로 호르몬이 가득하다. 생각해보자. 상업용 가축의 몸집을 키우기 위해, 소젖 생산을 늘리기 위해 성장 호르몬을 투여한다. 이런 호르몬은 우리의 음식과 음료에 들어가서 우리 호르몬을 망친다.

그래서 성장 호르몬을 맞지 않은 유기농 우유와 치즈를 선택하고 농약을 친 채소를 피하는 게 중요하다. 고지방식을 섭취한 양식 생선도 피해야 한다. PCB로 알려진 폴리염화바이페닐polychlorinated biphenyl을 비롯한 독성 물질을 함유했을 가능성이 크다. PCB는 화학 혼합물로 과거 냉각제와 윤활제에 사용됐지만 피부 발진, 간 손상, 심지어 동물의 암을 일으키는 등 건강에 해롭다는 사실이 밝혀지면서 미국에서 더는 생산되지 않는다. 하지만 안타깝게도 수역을 위주로 우리 주변 환경에서 지금도 발견된다.[26]

또 조심해야 할 화학 물질이 글리포세이트glyphosate로 작물과 식물

제초제로 널리 쓰인다. 이 물질은 농작물과 고기, 포장 식품(리츠 크래커나 오레오에서도 나왔다!), 심지어 물에서도 발견된다. 여러 연구가 상충하긴 하지만, 글리포세이트가 호르몬을 교란하며 생식 기능 저하, 암, 당뇨병 같은 다양한 문제로 이어진다는 사실이 여러 연구에서 드러나고 있다.[27] 이 물질은 신성한 장 세균에도 영향을 미친다. 현재 FDA에서 규제하는 물질은 아니지만 세계 보건 기구는 '발암 추정 물질 probable carcinogen'로 지정했다. 누가 이런 걸 몸에 넣고 싶겠는가?

중요한 건 타이밍이다

당신에게 최악의 적은 당신이다. 달리 얘기하면, 우리 몸은 거의 완벽한 기계로 작동하도록 설계됐다. 말 그대로 시계처럼 움직이며 충분한 에너지를 공급해서 하루를 헤쳐 나가게 하고, 밤에 잘 때도 쉬지 않고 일한다. 늦게까지 잠들지 않고 이상한 시간에 먹고, 만성 스트레스에 시달리면 자연적인 생체 리듬^{circadian rhythm}(몸속 모든 세포에 존재하는 24시간에 걸친 생체 주기)이 흐트러진다. 몸이 회복하려면 쉬어야 한다. 항상 음식을 대사하거나 스트레스받는 상태에서는 쉬지 못한다. 오늘날 생체 주기가 바뀌면서(지나친 휴대폰 청색광 노출, 도시 생활, 시간대를 넘나드는 여행, 늦은 식사 등) 세포와 호르몬 분비가 심하게 교란되고 있다(이 내용은 6장에서 자세히 살펴보자).

그래서 무엇을 먹느냐 못지않게 '언제' 먹느냐가 중요하다. 아마 여러분도 들어봤을 간헐적 단식IF, intermittent fasting은 정해진 날에 보통 8시간에서 12시간 사이의 제한된 시간대에만 음식을 먹는 것을 뜻한다. 간헐적 단식을 실천하는 사람들은 정오부터 오후 8시처럼 8시간 단위를 선택하는 경우가 많다. 말하자면 아침을 거르고 마지막 음식을 밤에 먹는 셈이다.

이 경우 일반적인 간헐적 단식의 규칙을 따르긴 했지만 우리 몸에 맞춰 최대의 효과를 끌어낸 건 아니다. 특히 당신이(대부분 그렇듯이) 저녁을 제일 푸짐하게 먹는다면 더 그렇다. 내가 환자들에게 권하는 더 구체적인 단식 방법은 각자 고유한 생체 리듬에 맞추는 것이다. 특정한 시간대에 제한적으로 먹는 습관은 염증을 줄이고 신진대사를 개선하는 등 긍정적인 효과를 가져온다. 이는 수면을 돕는 호르몬인 멜라토닌과 관련이 있는 것으로 보인다.

생체 리듬 연구의 세계적인 권위자이자 《생체 리듬의 과학The Circadian Code: Lose Weight, Supercharge Your Energy, and Sleep Well Every Night》을 쓴 소크 연구소 Salk Institute (미국 캘리포니아주에 있는 생명과학 연구소-옮긴이)의 사친 판다 Satchin Panda 박사는 생체 리듬에 관한 획기적인 연구를 진행했다. 우리 몸이 최적으로 작동한다면 마지막 식사를 끝내고 두세 시간 후에 멜라토닌이 분비되기 시작하고, 멜라토닌은 인슐린 분비를 중단하라고 췌장에 신호를 보낸다고 한다. 늦은 시간에 뭔가 먹으면 췌장이 그 음식을 처리할 수 없다. 밤이니까 그만 문을 닫으라고 멜라토닌이 췌장에 명령했기 때문이다. 몸은 쉬면서 회복할 생각이었는데 갑자기 음식을 소화해야 한다. 그 결과 인슐린 반응 장애 및 대사 증후군, 짐작하겠지만 체중 증가 등 건강에 다양한 영향을 미친다. 여러 연구에 따르면 혈당이 올라가면서 뇌 건강과 기억, 인지 능력에도 영향을 줄 수 있다. 게다가 이렇게 인슐린을 분비하고 멜라토닌을 방해하는 건 어려운 일이 아니다. 늦은 밤에 쉬면서 와인 한 잔만 마셔도 몸에 해로울 수 있다.

신체 내부 시계와 맞지 않는 시간에 늘 음식을 먹거나 잠을 자면 열리면 안 될 통로가 열린다. 밤이 되면 호르몬이 한산한 길을 돌아다니며 시스템을 복구하고 보수해야 하는데 고속 도로에 자동차가 들어차면 필연적으로 길이 막히고, 꼭 필요한 회복은 이뤄지지 않는다. 당연히 호르몬이 좋아할 리가 없다. 이 자연적인 생체 리듬을 되돌리고 복구하여 호르몬을 행복하게 하는 것이 내 계획의 중요한 목표다. 나는 생체 리듬의 중요성을 유념하면서 간헐적 단식의 장점을 취해서 잠들기 한참 전에 마지막 음식을 먹게 한다(식사 시간대는 12시에서 8시가 아니라 9시에서 6시 사이를 추천한다). 하지만 이 내용은 나중에 더 자세히 살펴보자.

3

주변 환경이 나를 망친다

우리가 사는 세상에 존재하는 무수한 화학 물질과 유전자 변형 식품은 우리 시스템, 특히 호르몬 균형을 망가뜨린다. 생각해보자. 당신이 운동(아주 건강한 활동)을 마치면 곧바로 물을 마실 것이다. 그것도 바로 플라스틱병에 담긴 물을. 일부 플라스틱병에는 파라벤을 비롯한 다른 화학 물질이 들어 있다. 특히 BPA(비스페놀 A)는 플라스틱과 플라스틱 첨가제에서 발견되며 에스트로겐 호르몬을 모방하는 물질이다. 업계에서 이 사실이 밝혀지면서 BPA가 없는 플라스틱 제품이 수없이 출시됐지만 최근 한 연구에 따르면 BPA가 함유되지 않은 플라스틱 제품도 대부분 에스트로겐과 비슷한 화학 물질을 배출한다.[28]

이 연구에서는 플라스틱 제품(예: 아기 젖병)이 수백 가지 이상의 화학 물질로 구성된다고(농약과 에스트로겐 모방 물질인 파라벤 포함) 했다. 플라스틱 제품에서 이런 화학 물질이 나와서 음식과 물에 침투하면[29] 단순히 역겨운 수준을 넘어 건강에 심각한 해를 끼친다. 주방과 화장실을 둘러보면 호르몬을 망가뜨릴 수 있는 화학 물질을 함유한 제품이 충격적일 만큼 넘쳐난다. 병, 플라스틱 랩, 플라스틱 음식 용기, 화장품, 약, 메이크업 제품… 예는 얼마든지 더 들 수 있다(101쪽 참고). 당신이 먹는 음식과 몸에 매일 닿는 제품을 생각해보자. 환경 호르몬에서 나온 이 가짜 에스트로겐은 고속 도로에 나온 도난 차량과 같다. 교통 흐름을 망치고 온몸에 불균형을 가져올 것이다.

미셸은 30대 디자이너였고 살이 빠지지 않아 고생했다. 예전에 살을 뺐던 방법을 모두 시도했지만 이제는 효과가 없는 것 같았다. 특히 허벅지 위주로 계속 살이 쪘다. 월경 전 증후군도 예전보다 훨씬 심해지는 걸 느꼈고, 이런 문제가 호르몬과 관련이 있는지 궁금해했다. 나는 미셸에게 다른 호르몬 증상과 관련된 질문을 했고 에스트로겐 우위일 가능성이 크다고 판단했다. 매일 에스트로겐 모방 복합체가 든 제품(메이크업 용품 등)을 사용하는 미국에서는 아주 흔한 증상이다. 더구나 미셸은 노화가 진행되고 있어서 과다한 에스트로겐을 전부 제거하는 건 한층 힘들었다. 프로게스테론을 투여해서 높은 에스트로겐 수치를 상쇄해서 될 일이 아니다. 정말로 에스트로겐 수치를 낮춰야 했다.

나는 미셸에게 화장실 캐비닛에서 BPA나 파라벤을 함유한 생활용품을 없애라고 했다. 또한 식단에 브로콜리와 루콜라 같은 십자화과 채소를 추가했다. 이런 채소에는 에스트로겐 균형을 맞춰주는 인돌-3

–카비놀indole-3-carbinol 같은 천연 복합체가 들어 있다. 그리고 호흡 연습으로 코르티솔 수치를 낮추게 했다. 아침에 15분간 호흡하면서 하루를 준비하고, 밤에도 15분간 긴장을 완화한다. 그 결과는? 미셸은 석 달 후 눈에 띄게 좋아졌다.

폐경 전후 증후군과 폐경

폐경 전후 증후군은 보통 폐경이 시작되기 몇 년 전인 40대에 시작된다. 이 기간에는 난소에서 분비하는 에스트로겐이 점점 줄어든다. 몇 년간 의사들은 폐경 증상(홍조, 성욕 감퇴, 체중 증가, 근육 손실, 기분 변화 등)을 완화하기 위해 호르몬 대체 요법HRT, hormone replacement therapy을 처방했지만, 다른 다양한 방식으로 증상을 개선하고 손실된 에스트로겐을 자연히 보충할 수 있다. 나는 HRT를 신중하게 생각하고 의사와 상의해야 한다고 본다. 의사는 몇 가지 검사를 한 뒤 당신에게 맞는 것을 정해줄 것이다. 내 환자들에게는 먼저 생활 방식과 식단을 바꿔보라고 권하고 있고, 경험상 환자들의 90%는 외인성 호르몬이 필요하지 않았다. HRT가 필요한 소수는 위험과 효과를 비교해서 신중하게 결정해야 한다.

세상에는 우리를 망칠 수 있는 게 많다. 살면서 받는 스트레스, 음식을 먹는 방식, 구매하는 제품은 모두 호르몬 건강에 커다란 영향을 미친다. 나 자신을, 그리고 지구를 아껴주자. 플라스틱과 BPA, 파라벤을 최대한 멀리하고 WTF 식단 계획을 지키면서 호르몬과 에너지가 망가지지 않게 최적화해야 한다. 이제 소위 부신 피로라고 불리는 또 다른 호르몬 불균형을 살펴보자.

제노에스트로겐

미디어와 클린 리빙clean living 운동 덕분에 우리를 둘러싼 해로운 제품과 재료에 대한 인식이 널리 퍼졌다. 하지만 제노에스트로겐(에스트로겐과 비슷한 작용을 하는 산업 화학 물질)에 대한 인식은 한참 개선돼야 한다. 우리 일상에는 물병부터 위생용품, 음식에 이르기까지 화학 물질이 놀라울 정도로 많이 존재한다. 따라서 내 몸에 뭘 바르고 집어넣는지 바짝 경계해야 한다. 조심해야 할 성분을 살펴보자.

- **BPA:** BPA는 물병과 음료수병, 젖병, 아이들의 장난감과 패스트푸드 포장에 이르기까지 수많은 플라스틱 제품에 사용되는 합성 에스트로겐이다. 심지어 무탄소 영수증에도 BPA가 들어 있다. 우리가 매일 주고받는 플라스틱은 사소해 보이지만 적은 양에만 노출돼도 영향을 받을 수 있다. BPA는 피부에 흡수되거나 소화되거나 흡입되기도 한다.[30] 채소와 과일 통조림을 담는 금속 캔도 알루미늄이 음식에 침출되는 것을 막기 위해 BPA를 사용한다.

  그럼 어떻게 해야 할까? 기본으로 돌아가자. 진짜 그릇(유리, 도자기, 스테인리스)에 음식을 담아 먹고 제대로 된 식기를 사용하자. 패스트푸드 버거는 아예 먹지 마라.

- **파라벤:** 파라벤도 내분비 교란 물질이다. 이 합성 복합체는 샴푸나 린스, 메이크업, 수분 제품 같은 수많은 헤어용품과 화장품에 자주 사용된다. 섬뜩하게도 파라벤은 인체에 쉽게 흡수된다. 한 연구에서는 악성 유방암 종양 99%에 1~5종의 파라벤이 검출됐다고 한다.[31] 또한 다양한 발달, 호르몬, 신경 장애로 이어질 수 있다. 메틸파라벤이나 부틸파라벤[32]처럼 '파라벤'으로 끝나는 성분을 항상 찾아보자. 다행히 점점 이런 화학 물질에 대한 인식이 높아진 덕분에 깨끗한 화장품과 욕실 용품을 찾기가 쉬워졌다(자세한 사항은 EWG.org를 확인해라).

3장

부신 피로의 원흉은
따로 있다

증상은 분명히 존재한다

나는 교통사고를 겪고 나서 이렇게까지 피곤한 이유를 고민했다. 의학 서적과 저널을 자세히 살펴봤지만 뭐가 잘못됐는지 전혀 알 수 없어서 절망에 빠졌다. 그래서 나도 구글에 내 증상을 검색했다(그렇다, 의사들도 공식적으로는 환자들에게 하지 말라면서 이런 짓을 한다! 그래도 습관적으로 하는 건 아니다). 내가 쏟아낸 질문은 다음과 같다.

- 피곤한 이유
- 불면증이 생기는 이유
- 단맛, 짠맛 중독이란?
- 나는 카페인 중독인가?
- 변비가 생기고 더부룩한 이유

나는 수백 가지 질문의 답을 찾아 웹사이트와 블로그, 포럼, 기사를 둘러봤다. 그러다 낯선 질환에 관한 글이 계속 눈에 띄었다. 바로 '부신 피로'다. 인터넷에는 온통 그 얘기였다. '당신도 부신 피로를 겪고 있나요?', '부신 피로 때문에 우울한가요?', '부신 피로에 좋은 비타민은?', 심지어 '부신 피로 다이어트'도 있었다. 2016년 부신 피로를 연구했던 연구원들이 구글에서 '부신 피로'를 검색했을 때 결과가 64만 개였고 두 단어와 연관된 결과는 154만 개에 달했다.[33]

그럼 난 왜 한 번도 부신 피로를 못 들어봤을까? 내 모든 증상이 그것을 가리키는데도 의료 연수를 받으면서, 부신과 그 기능(아드레날린, 알도스테론, 코르티솔 분비)에 대해 온갖 연구를 하면서도 왜 금시초문이었을까? 해부학 연구실에서 부신을 연구하던 기억이 생생하다. 나는 작은 장기를 가만히 들여다봤다. 부신의 무게는 종이 클립 네 개 정도에 불과하다. '이렇게 작은 게 우리 몸에서 어떻게 그렇게 많은 일을 할까?'라고 생각했던 기억이 난다.

하지만 부신 피로라는 단어는 처음 들었고, 내가 아는 건 부신 부전으로 불리는 심각한 질환인 부신 장애였다. 부신 부전은 부신이 제 기능을 못 해서 코르티솔을 충분히 분비하지 못하는 병이다. 하지만 이 질환은 드물고 환자가 움직이지 못할 정도로 심각해질 수 있는 질환이라 내 상황과는 달랐다. 안타깝지만 부신 피로는 웰니스와 건강 업계에서 상당히 유명한 유행어가 됐고, 무엇이 진짜이고 아닌지 여간해선 알기 어렵다.

동료들은 내가 인터넷으로 찾은 내용을 우습게 생각했고 내 질문을 가볍게 넘겼다. "그런 건 한 번도 못 들어봤어." 내 의사 친구가 말했다. 하지만 나는 항상 죽도록 피곤했고, 호르몬이 뭔가 잘못됐다는 사실을 '알고' 있었다. 추가로 조사해보니 양쪽 다 맞는 말이었다. '부신 피로'는 존재하지 않지만(생물학적으로는 그렇다) 부신 피로의 증상은 존재한다. 어떻게 그럴 수 있을까? 호르몬 축이 빌어먹을 정도로 복잡하게 얽혀 있어서 불균형의 원인은 보통 하나가 아니기 때문이다. 호르몬을 젠가 게임이라고 생각해보자. 모든 것이 고르게 쌓여 있으면 탑이 정교하게 유지된다. 하지만 호르몬 불균형이 단 하나만 발생해도 탑의 균형이 무너지고 다른 호르몬도 연달아 불균형을 일으키며 결국 모든 게 무너져버린다.

이런 상호 의존적인 축을 진단하기는 무척 어렵다. 따라서 의사들은 환자가 이런 증상을 보일 때 진지하게 받아들여야 하며 '괜찮아요, 좀 더 쉬면 돼요'라거나 '그냥 스트레스를 받아서 그래요' 같은 식으로 무시해선 안 된다. 증상은 분명히 존재한다. 겉보기에 상관없어 보이는 증상들을 더 넓고 복잡한 방식으로 진단해야 할 뿐이다. 환자들이 끊임없는 피로와 식탐, 만성 스트레스의 원인을 알고 싶어서 구글 박사에 의지하도록 방치해선 안 된다. 이제 뜬구름 잡는 소리는 그만하고, 부신과 호르몬 불균형의 진실이 무엇인지, 에너지(그리고 당신의 삶을!)를 되찾으려면 무엇을 해야 할지 알아보자.

부신 피로를 신봉하는 대체 의학계에서는 우리 배터리를 위험할 정도로 닳게 한 범인으로 '부신 탈진'을 꼽는다. 앞서 살펴봤듯이 부신은 신장 위에 있는 두 개의 작은 분비샘이며 코르티솔을 비롯한 몇 가지 호르몬을 분비한다. 당신이 스트레스를 받으면 순식간에 코르티솔을 혈류에 뿜어낸다. 부신 피로를 신봉하는 사람들은 오랫동안 스트레스를 받으면 코르티솔 분비샘이 마를 수 있다고 주장한다. 부신이 텅 비면 머리가 멍하고 에너지가 감소하며 우울하고, 달고 짠 음식이 당기며 어지러운 등 온갖 모호한 증상이 생긴다는 것이다.

실제로는 그 반대다. 간단히 말해서 스트레스를 받으면 부신은 코르티솔을 더 많이 분비하며, 스트레스받는다고 분비를 멈추는 게 아니다. 당신이 무슨 생각을 할지 알고 있다. '부신 피로가 진단명이 아닌 건 알겠지만 내 상태가 엉망이라는 사실은 바뀌지 않아. 틀림없이 뭔가 잘못됐어.' 증상은 진짜지만 진단은 진짜가 아니다. 지금 문제가 되는 건 코르티솔 불균형이다.

마리아는 30대 초반으로 세 자녀의 엄마이자 고된 일이 많은 재무 분석가였고, 극심한 피로를 호소하며 나를 찾아왔다. 그녀는 처음에는 부신 피로 이론에 혹했지만 '부신 피로' 전문가에게 치료받고 엄청나게 다양한 비타민을 복용해도 나아졌다는 느낌을 전혀 받지 못했다. 마리아의 검사 결과에는 혈당이 높다고 나왔다. 다른 호르몬 검사 결과는 음성이었지만(앞서 설명했듯이 뚜렷한 불균형만 검사 결과에 나타난다) 혈당이 높아졌다는 건 뭔가 잘못됐다는 뜻이었다.

나는 마리아의 비상 대응 시스템이 과도하게 돌아가는 건 사실이지만 그렇다고 '부신 피로'라는 뜻은 아니라고 설명했다. 부신은 서로 연결된 호르몬 고속 도로 체계의 일부이며, 호르몬 분비샘 하나가 고장 나면 모든 것이 영향을 받고 전반적인 건강이 나빠질 수 있다고 했다. 갑상샘이나 부신이 제대로 작동하지 않으면 시스템 전체에 문제가 있다는 뜻이며 하나로 특정할 수는 없다. 생각해보자. 뉴욕에서 출퇴근 시간에 한 도로가 밀리면 곧 더 넓은 지역이 밀린다. 그래서 호르몬의 전체 그림을 들여다보는 게 중요하며, 뒤집어 말하면 호르몬 불균형은 정확히 집어내기 힘들다.

그렇다면 마리아의 호르몬에 정확히 무슨 일이 일어난 걸까? 앞서 교감 신경계가 주도하는 투쟁-도피 반응을 살펴봤다. 교감 신경계는 뇌 수용체와 신경, 호르몬이 얽힌 네트워크이며 정상으로 작동하면 스트레스받을 때 무의식적인 반응(심장 박동과 호흡이 빨라지고 동공이 팽창하며, 에너지를 빠르게 높이려고 혈류에 포도당을 주입한다)을 끌어낸다. 위협으로 인지했던 존재가 사라지면 신경계 뒷부분(부교감 신경계)이 작동해서 모든 반응 속도를 늦춘다. 교감 신경계와 부교감 신경계가 조화로울 때는 협력해서 항상성을 유지한다.

마리아의 문제는 항상 교감 신경계가 활성화됐다는 것이다. 마리아의 몸은 이 상태를 끊임없는 비상사태로 받아들였다. 그 결과 다양한 방식으로 몸에 후폭풍이 몰아쳤다. 부교감 신경이 이제 쉬고 회복하라고 명령하는 '휴식과 소화 모드'에 들어가지 못하니 장이 제대로 작동할 수 없었다. 두렵고 스트레스받을 때 활성화되는 투쟁-도피 모드와는 반대다. 앞서도 살펴본 개념이지만 다른 호르몬에서 코르티솔을 훔쳐 오는 프레그네놀론 스틸 증후군 때문에 마리아의 호르몬은 엉망진창이었다. 더구나 장 세포와 면역 세포 간 소통 오류가 발생하면서 면역계도 고장 났다.

이런 '멈춤' 모드는 바쁜 여성들에게 드문 일이 아니다. 또 다른 환자인 말리카는 전 대학 운동선수였고 지금은 30대 워킹맘으로 운동할 시간이 없었다. 주로 앉아서 생활했으며 식단이라고 부를 만한 것도 없었다. 식사를 거르기 일쑤였고 아이들이 남긴 과자를 먹곤 했다. 일은 바빴고 시급한 메일이 넘쳐나서 항상 교감 신경이 활성화된 상태였다. 또 다른 운동선수인 티나는 20대였고 여전히 매일 (격렬하게) 운동했다. 하지만 오후 중반이 넘어가면 잠이 쏟아졌고, 남은 하루를 헤쳐 나가려면 커피 두세 잔이 '필요했다'. 격렬한 운동을 위한 연료는 부족했고 안 그래도 수면 부족과 스트레스 때문에 원래 높은 코르티솔과 아드레날린 수치가 자주 치솟았다. 이렇게 계속 교감 신경 호르몬이 넘치면 혈당이 높아지고 프레그네놀론 스틸(61쪽 참고) 현상이 일어날 수 있다(이런 과정이 실제로 일어나는지 확실하진 않지만, 기능적 건강 전문가들 사이에서는 인기 있는 이론이다). 확실한 건 이 여성들 모두 교감 신경계가 과도하게 작동했다는 것이지, 부신 피로가 아니었다.

이런 증상이 흔하긴 하지만 다행히 희망이 있다. 마리아에게(다른 환자들처럼) 2주 동안 WTF 계획을 실천하게 했더니 상당한 개선을 보였다. 에너지가 안정적으로 유지됐고 기분은 좋아졌으며 혈당도 떨어졌다.

마리아와 티나, 말리카는 20대와 30대였지만 40대, 50대, 그 이상의 여성들도 혹사당하는 교감 신경계의 영향을 받는다. 내 환자인 도나는 폐경 전후기였으며 건강한 음식을 먹고 꾸준히 운동하는 등 모든 면에서 모범을 보였지만 과도한 월경에 시달렸고 나이 들어가는 부모님 때문에 스트레스를 받아 제대로 잠을 자지 못했다. 월경은 거의 '영원히' 계속될 것 같았고 이상하게 음식에 민감해져서 몸이 붓고, 변비와 수면 문제가 생겼다. 당시 도나의 호르몬이 처한 상황은 거의 다 쓴 치약 튜브를 상상하면 된다. 튜브를 쥐어짜면 치약이 매끄럽게 나올 때도 있지만, 잘 안 나오거나 많은 양이 한꺼번에 튀어나오기도 한다. 교감 신경계가 이런 상태일 때 프레그네놀론 스틸이 발생하면 이상 증상이 따라온다.

부신 피로 때문에 보충제를 먹지 말자

아마 알고 있겠지만 FDA에서는 보충제 산업(시장 규모가 수십억 달러에 달하며 소비자가 건강을 위해 필요하다고 생각하거나 원하는 제품을 판매한다)을 규제하지 않는다. 안타깝게도 FDA의 감독이 없으니 이런 보충제가 얼마나 효과적인지, 복용했을 때 실제로 안전한지 아무도 정확히 말하지 못한다. 나는 부신의 기능을 도와준다는 소위 부신 호르몬 보충제를 복용하고서 찾아온 환자를 많이 만났다. 문제는 이런 보충제의 효능이 밝혀지지 않았으며(내분비 학회에 따르면 부신 피로는 실제 질환이 아니라는 점을 기억해라) 이롭기보다 해로울 수 있다.

해롭다니, 어떻게? 불필요한 보충제를 복용하면 정말로 필요할 때 부신이 호르몬을 분비하지 못할 수 있다. 더구나 이런 보충제를 복용하면 생명을 위협하는 부신 위기adrenal crisis로 발전할 위험이 커진다.[34]

2

현대식 생활에도
책임이 있다

　　그렇다면 교감 신경계에 과부하가 걸리는 일이 왜 이렇게 흔할까? 우리는 감각계를 매일 스트레스로 폭격한다. 가족, 일, 24시간 내내 쉴 틈 없이 쏟아지는 뉴스, SNS를 생각해보자. 어떻게 해야 쉬고, 놀고, 자신을 위해 시간을 낼 수 있는지 사실상 잊어버린 것이나 다름없다. 이런 원인은 끝없이 댈 수 있다.

　　몇 년 전 가족을 만나러 인도에 갔을 때, 우리가 들렀던 작은 마을마다 사람들이 삶을 바라보는 시각은 경이로울 정도였다. 마을 사람들은 티타임이 되면 현관에서 이웃을 만나 몇 시간이고 대화를 나눴다. 저녁을 먹은 뒤 시간을 내서 산책하고, 사람들과 어울리고 소통했는데, 여러 연구에 따르면 이런 활동은 전반적인 웰빙에 무척 큰 영향을 미친다. 이곳 사람들은 차에서 음식을 먹지도, 차가 막힌다고 경적을 울리지도, 바쁘게 거리를 지나가며 스타벅스 커피를 들이켜지도, 9시에 사무실에 남아 있지도 않았다.

하지만 미국 전역에서는 피로와 호르몬 문제가 급속한 확산을 보인다. 우리는 경쟁적이고 바쁘고, 정신없는 삶에 스스로 얽매여 있다. 정확한 통계 자료는 없지만, 일과 삶의 균형을 추구하고 매일 자신을 돌보는 것을 중시하는 다른 문화권에서는 이 정도로 문제가 되지 않을 것이다. 최근 연구 결과에 따르면 유럽인(프랑스, 독일, 스페인, 영국 등)들의 휴가와 연휴는 대부분 30일 이상이었고 미국인은 단 10일에 불과했다.[35] 휴식 시간이 이 정도라면 대서양 건너편 사람들의 스트레스는 우리와 얼마나 다를지 상상에 맡길 뿐이다.

부신 부전

부신 피로는 대체 의학계의 도시 괴담 같은 존재지만 부신 피로와 부신 부전을 혼동하지는 말자. 부신 부전은 부신이 코르티솔을 분비하지 못하는 실제 질환이다. '부신 기능 저하증'으로도 불리며 자가 면역 문제 때문에 발생하는 비교적 희귀한 질환이고 증상은 보통 천천히 나타난다. 체중 감소와 관절 통증, 구토, 설사 등을 동반한다. 다른 호르몬 불균형과 달리 상당히 정확한 검사로 진단할 수 있다.[36]

어떻게 대처할 것인가

코르티솔 불균형에는 기억할 점이 있다. 그 자체도 문제지만 다른 호르몬의 불균형을 일으키는 주된 원인이기도 하다. 따라서 코르티솔 수치를 개선하고 아드레날린 수치가 균형을 이루면 다른 호르몬 문제에도 도움이 된다.

코르티솔의 균형이 깨졌을 때 문제는 부신이 높아진 코르티솔 수치에 면역이 생긴다는 것이다. 2장의 내용을 기억하는가? 몸이 코르티솔을 많이 분비하는 건 쉬운 일이 아니며 다른 호르몬으로 가야 할 전구체를 빼앗는다. 더구나 호르몬을 분비할 때마다 신체 반응은 저조해진다. 코르티솔은 아드레날린과 함께 끊임없이 분비될 따름이다.

바꿔 말하면 코르티솔 균형이 망가진 사람들이 코르티솔 분비를 줄이고 코르티솔과 아드레날린의 폭격을 멈추면 효과를 볼 수 있다는 뜻이다. 나는 마리아와 도나, 티나에게 이 방법을 추천했다. 교감 신경계에서 코르티솔 분비를 멈추고 반대 시스템인 부교감 신경계를 활성화해야 했다. 이런 '휴식과 소화' 시스템은 심장 박동과 장관의 속도를 늦춰서 에너지를 유지할 수 있게 도와준다.

부교감 신경계와 교감 신경계의 균형을 이루는 게 중요하지만, 그렇다고 일대일로 맞춘다는 뜻은 아니다. 똑같은 시간 동안 부교감 모드에 돌입하는 것도 아니다. 그저 하루를 보내면서 조금만 부교감 신경을 깨우면 된다. 내가 즐겨 쓰는 방식은 부교감 반응을 활성화하는 주요 신경인 미주 신경을 자극하는 것이다. 심호흡 같은 단순한 방법으로도 쉽게 미주 신경을 일깨울 수 있다. 이렇게 연습해보자. 6을 세며 들이마셨다가 다시 6을 세며 내쉰다. 이렇게 세 번 길게 호흡한다. 차이가 느껴지는가? 이런 느리고 깊은 호흡은 광범위한 미주 신경을 활성화한다. 요가와 명상이 코르티솔 관리에 효과적인 이유가 바로 여기에 있다. 자동으로 호흡 속도를 늦추고 미주 신경을 자극하여 부교감 반응을 일깨우고 우리 몸에 치유 효과를 가져오기 때문이다.

이 부교감 신경계는 몸을 쉬게 하고 교감 신경계를 잠잠하게 할 뿐 아니라 소화와 회복 과정을 시작한다. 1장에서 장과 호르몬에 밀접한 관련이 있다고 한 말을 기억하는가? 계속해서 교감 모드가 켜져 있는 사람은 섭취한 음식을 소화하지 못해서 소화기에 문제가 생긴다. 그렇게 끊임없이 투쟁-도피 모드가 활성화되면 신체가 투쟁이나 도피를 준비하면서 혈류를 주 근육에 보내는 데 집중하기 때문이다. 뇌 기능과 회복 기능도 삐걱거린다. 심호흡으로 미주 신경을 자극하는 간단한 기술로도 호르몬 균형을 바로잡을 수 있다. 하지만 이것이 유일한 방법은 아니다(나중에 훨씬 자세하게 살펴볼 예정이다).

부신 피로는 건강과 웰니스 관련 웹사이트와 책에서 다루는 질환 가운데 특히 인기 있는 '핫 아이템'일지 모르지만, 광고를 믿지 마라. 그리고 제품이나 보충제, 온라인 프로그램에 빠져들기 전에 꼭 의사와 상의해야 한다. 실제로 심각한 일이 벌어질 때 시간을 낭비하지 않도록 확실한 진단을 받아야 한다. 건강은 정말 중요하고, 당신을 괴롭히는 증상이 빈혈이나 자가 면역 질환, 감염, 다른 호르몬 불균형, 아니면 심장과 폐 문제 같은 다른 질환일 수도 있다. 검사를 해서 피로의 진짜 원인을 확인해야 하고, 물론 전반적인 호르몬 시스템과 에너지를 개선할 수 있도록 생활 방식을 바꾸는 것(꼭 필요한 숙면 취하기, 식단에 식이 섬유 추가하기, 스트레스 줄이기 등 당신도 잘 아는 바로 그것)도 고려해라.

이제 또 다른 핵심 이슈로 넘어가서, 에너지를 심각하게 망칠 수 있는 염증을 살펴보자.

4장

에너지를 빨아먹는 거머리, 염증

염증은 두 얼굴을
가지고 있다

2년 전에 뉴욕으로 출장 가서 신으려고 킬힐 한 켤레를 샀다. 5번가를 당당하게 걸을 때 빨간 밑창이 돋보이는 하이힐 속에서 내 발이 예뻐 보였다(150cm가 될까 말까 하는 키라면 하이힐은 멋과 실용성을 동시에 노릴 수 있는 액세서리다). 한창 순간을 만끽하는데 인도 틈에 굽이 끼면서 균형을 잃었다. 발목이 몸과 반대 방향으로 꺾이면서 차갑고 거친 맨해튼 인도에 대차게 넘어졌다. 발목은 풍선처럼 부풀어 올랐고 만지면 뜨끈할 정도였다. 미친 듯이 아팠지만 걱정하지 않고 이부프로펜만 최소 용량을 복용했다. 고통과 부기는 면역계가 제대로 작동해서 낫고 있다는 뜻이었기 때문이다. 의료계에 몸담은 지 한참 지난 지금도 신체의 자연적인 치유 반응은 놀랍기만 하다. 나는 몸이 할 일을 할 수 있도록 발목을 최대한 높은 곳에 두고 쉬었다. 몇 주가 지났을 때는 안전보다 패션을 선택해서 다시 힐을 신었다(과연 인간은 배우는 게 있는가?).

발목을 접질렸을 때나 손가락을 베였을 때, 감기에 걸려서 목이 따갑고 부었을 때를 생각해보자. 통증과 부기는 신체의 방어 체계가 일하고 있다는 분명한 신호다. 고대 그리스인이 '내면의 불'이라고 했던 보호 면역 체계는 내부에 침입하는 크고 작은 위협(부상, 감염, 심지어 익숙하지 않은 음식까지)을 책임진다. 면역 반응이 일어나면 영향 지역으로 가는 혈류를 확대하고 감염에 대항하는 백혈구를 늘리며, 사이토카인 같은 물질을 분비해서 감염이나 외부 유기물과 싸우고 조직 재생을 돕는다. 그 결과는? 해당 영역이 부어오르고 염증이 생긴다. 통증을 느끼고 일시적으로 기능이 상실되기도 하지만 이런 감염은 좋은 감염이다. 면역계가 가동해서 다친 부위도, 부은 발목도, 따가운 목도 나을 것이다(충분한 휴식과 따끈한 차, 레몬, 넷플릭스의 도움으로). 염증은 당신의 면역계가 제대로 작용한다는 확실한 신호다.

하지만 염증의 속성은 복잡하다. 염증은 양이 딱 적당해야 한다. 너무 적거나 많으면 곤란하다. 다쳤을 때 급성 염증이 발생하는 건 정상적인 반응이지만 잠깐으로 끝나야 한다. 급성 염증은 좋다. 몸이 비상사태에 반응하고 면역계가 할 일을 마치고 나면 염증은 줄어든다. 하지만 염증을 유발하는 촉매(수면 부족, 스트레스, 부실한 식단)가 지나치게 많이 쌓이면 염증 반응이 최고조에 달한 상태로 계속 유지되거나 만성이 된다.

그때 면역계는 이로운 존재에서 해로운 존재로 바뀐다. 비상 대응 시스템이 꺼지지 않고 계속 불을 끄려 하고(먹은 음식이나 만성 스트레스가 면역 반응을 촉발할 수 있다) 절대로 쉬지 않는다. 이런 현대식 공격이 계속되어 면역계가 혼란에 빠져서 자가 면역 반응을 시작하면 몸은 실수로 체세포를 공격한다. 이쯤 되면 면역계는 약해지고 몸은 감염과 질병에 예민해진다. 섬뜩하게도, 우리는 이런 일이 일어나는지도 모를 때가 많다.

면역계에 상반되는 힘(도움이 되는 염증과 질병을 유발하는 염증을 생성하는 힘)이 있다는 사실은 무척 놀랍게 다가왔다. 이런 이분법이 에너지 3요소의 핵심이다. 면역계가 지나치게 오랫동안 경계 태세를 유지하면 에너지가 고갈된다. 우리가 보유한 에너지는 정상적인 신체 기능에 쓰이지 못하고 침입자와 위험에 대항하는 데 동원된다. 또한 면역계는 면역 반응으로 사이토카인을 생성하여 조직에 분비한다. 몸이 좋지 않을 때, 예를 들어 독감에 걸렸을 때 사이토카인이 분비되면 기운이 빠진다. 경계 대응 시스템이 너무 오랫동안 유지되면 다양한 문제가 쏟아지며 질병이나 만성 질환 등 장기적인 영향을 미치기도 한다. 그중에서도 가장 두드러지는 증상이 바로 피로다. 간단히 말해서 만성 염증은 '에너지 거머리'다.

에너지 3요소의 균형을 맞추자

지금쯤 여러분도 염증에 관해 많은 내용을 접했을 것이다. 최근 몇 년 동안 건강 분야에서 염증은 유행어였고, 만성 염증을 없애기 위한 책과 식단, 프로그램이 수없이 등장한 데는 그만한 이유가 있다. 우리 몸에 장단기적으로 너무 해롭기 때문이다. 선진국에서 염증은 조용한 살인자나 다름없다. 2014년, 60%에 가까운 미국인이 만성 질환을 최소한 하나 이상 보유했으며 45%는 둘 이상, 12%의 성인은 다섯 가지 이상의 만성 질환에 시달렸다. 세계적으로 다섯 명 가운데 세 명이 뇌졸중과 만성 호흡기 질환, 심장병, 암, 비만, 당뇨병 같은 만성 염증성 질환으로 사망한다.[37]

따라서 에너지 3요소의 목표 중 하나가 염증을 억제해서 에너지원을 되찾는 것이다. 골디락스가 곰 세 마리의 수프 중에서 뜨겁지도 차갑지도 않은 것을 골랐듯이, 염증 반응이 너무 미약하거나 오래가면 안 된다. '딱 적당해야' 한다. 중요한 건 균형이다. 바이러스와 독소로부터 몸을 지키고 상처를 치유할 수 있으면 충분하다. 하지만 사소한 염증이 '만성'이 될 정도로 지나치게 활성화되면 온갖 문제가 휘몰아친다. 호르몬을 무너뜨리고 장을 망치며, 당뇨병과 심장병, 비만, 고혈압, 암, 우울, 불안 같은 심각한 질환을 일으킬 수 있다. 에너지 3요소의 균형이 무너지고 제대로 돌보지 않으면 쉽게 질병의 3요소로 돌변한다. 게다가 염증은 '조용'하고 감지하기 힘들어서, 당신의 삶의 질을 좀먹고 있어도 이유도 모른 채 피로하고, 우울하고 아플 수 있다.

그럼 궁금증이 생긴다. 지금 내 몸에 염증이 있을까? 있고말고. 좀 더 나은 질문으로 바꿔보자. 혈관과 근육, 호르몬 균형을 망가뜨리는 만성 경도 염증이 있는가? 두통이나 부기, 관절 통증, 발진, 체중 증가, 알레르기, 천식, 기분 문제 등의 증상에 시달린다면 염증이 생겼을 가능성이 크다.

자가 면역 질환

천식, 알레르기와 복강병celiac disease, 류머티즘rheumatoid arthritis 같은 자가 면역 질환은 염증 기반 질환이며 에너지 3요소가 무너졌을 때 발생할 수 있다. 미국 국립 보건원 산하의 국립 환경 보건 과학 연구소National Institute of Environmental Health Sciences에서 실시한 2020년 조사에 따르면 이유는 밝혀지지 않았지만 미국에서 매년 자가 면역 질환 환자가 증가하고 있다.[38] 다른 조사에 따르면 천식 환자도 매년 증가한다. 미국 질병 통제 예방 센터CDC, Centers for Disease Control and Prevention는 2001년과 2011년 사이에 천식 발병률이 25% 증가했다고 보고했다. 특히 2001년에서 2009년 사이 흑인 어린이에서 발병률이 많이 증가했다(50%).[39] 과학자들이 원인을 밝히기 위해 계속 노력 중이지만, 무엇보다 염증을 일으킬 수 있는 음식을 삼가야 한다.

대부분 자신에게 염증이 있는지도 모르겠지만, 에너지가 바닥이라는 건 느낄 수 있을 것이다. 면역계는 당신의 행동과 입에 들어오는 음식을 처리하느라 항상 긴장하고 있고, 에너지는 면역계를 감당하느라 바빠서 다른 일을 할 여유가 없다.

그래서 우리는 피곤해진다. 면역계의 과로가 만성이 되면 일상적인 두통과 부기부터 알츠하이머, 심장병, 심지어 특정 암 같은 심각한 질환에 이르기까지 장기적으로 광범위한 증상을 일으킨다. 또한 염증이 있으면 동맥에 플라크(지방, 콜레스테롤, 칼슘, 세포 찌꺼기 등—옮긴이)가 쌓여서 심장병으로 이어지며 우울과 불안, 기타 기분 장애가 생기기도 한다. 지금쯤이면 메시지가 와닿았으리라 믿는다. 염증을 제대로 통제해야 에너지를 얻고 최대한 건강하게 살아갈 수 있다.

살이 베였을 때처럼, 다쳤을 때 치유할 수 있게 면역계가 만반의 준비를 갖추는 건 좋지만, 과부하가 걸릴 정도로 무리해서 만성 염증이 생기는 건 좋지 않다. 이런 만성 염증은 지나치게 운동하고 과하게 먹고, 심한 자극을 받는 생활 방식과 직결된다. 통증과 고통, 그놈의 피로에 이르기까지 '노화' 증상이 생기는 진짜 원인이기도 하다.

침묵의 염증에도 위험 신호가 있다

철저히 검사하지 않으면 어디서 염증이 생겼는지 정확히 알아내기 힘들지만, 염증의 조짐으로 볼 만한 증상이 몇 가지 있다.

내 환자 샐리는 다양하고도 전형적인 만성 염증 증상에 시달렸다. 그녀는 41세였고 바쁜 사내 변호사이자 두 자녀의 엄마로 쉴 새 없이 움직였다. 요리할 시간은커녕 법률 업무만 해도 벅찼고, 일하면서 당분이 높은 가공식품을 많이 먹었다. 밤에는 긴장을 풀기 위해 칵테일

염증의 조짐

- 관절이나 근육의 지속적 통증
- 끊임없는 피로와 무기력증
- 피부 트러블
- 체중 감량 불가
- 부기
- 브레인포그, 집중력과 기억력 저하
- 월경 전 증후군(여성)
- 심한 기분 변화와 우울, 짜증, 불만, 화
- 수면 장애
- 식품 민감증
- 알레르기, 천식, 습진
- 높은 혈당과 혈압
- 당뇨병, 심장병, 암, 알츠하이머, 궤양, 과민 대장 증후군을 비롯한 염증 질환 진단

염증의 주요 원인

- 스트레스(신체적, 감정적, 정신적)
- 수면 부족
- 당, 탄수화물, 가공식품 위주의 식단
- 트랜스 지방이 높은 식단
- 오메가-6 지방산 함량이 높고, 오메가-3 지방산이 부족한 식단
- 식품 알레르기와 민감증
- 알코올, 약 복용
- 지나치게 격렬한 운동
- 중금속, 농약, 공해 물질 등의 환경 독소
- 급성, 만성 질환(비만, 루푸스, 크론병 등)

한 잔(혹은 두 잔)을 즐기곤 했다.

샐리가 나를 찾아온 이유는 피로와 체중 증가, 불안 등 모호한 증상들 때문이었다. 나는 갑상샘 기능 검사, 당뇨병 검사를 비롯하여 고감도 C-반응성 단백질CRP, C-reactive protein 검사 같은 염증 표지 검사를 진행했다(395쪽의 진단 검사 목록 참고). 일련의 검사에서 일부 표지는 양성으로 나왔고, 염증이 있다는 건 놀랍지 않았다. 에너지 3요소의 핵심인 면역계의 균형이 깨졌다는 뜻이다. 에너지 3요소는 밀접하게 얽혀 있어서 한 가지 균형이 망가지면 전반적으로 불균형해진다. 샐리의 몸은 만성 염증에 호르몬 불균형으로 대응했다. 코르티솔을 지나치게 많이, 자주 분비해서 온몸에 호르몬 교란이 일어났고 결국 장 건강에 영향을 미쳤다. 하지만 만성 염증을 치료해서 전체 균형을 바로잡았고, 기분이 나아지면서 바쁜 하루를 보낼 에너지가 생겼다(이렇게 상호 작용을 하는 세 가지 시스템에 관해 7장에서 자세히 살펴볼 예정이다).

피로는 더 심한 피로로 이어진다

면역계와 에너지 수준은 대부분의 사람이 이해하지 못하는 방식으로 얽혀 있지만, 의료계에서 꾸준히 그 관계를 밝혀나가는 중이다. 한 연구에서 신체 특정 부위의 염증(이 연구에서는 간이었다)은 뇌 조직과 혈관에 염증을 일으킬 수 있다는 사실이 밝혀졌다. 그러면 뇌는 최적이 아닌 상태로 작동하며 피로와 불안, 심지어 우울감을 느끼기도 한다. 역사적으로 우리는 뇌가 다른 신체 부위의 염증에 면역을 보인다고 생각했지만, 이 훌륭한 연구에 따르면 뇌는 우리 방어 체계가 시작되는 지점이며 다른 신체 부위의 감염을 감지한다.[40] 원인이 저질 식단이든 수면 부족이든, 우리 몸은 전신에 퍼진 '불'을 끄기 위해 무리해서 일할 것이다. 일단 염증이 침입하면 중증도에 따라 일을 시작하도록 설계됐고, 염증이 생긴 응급 부위에 집중하여 다른 부위의 자원과 에너지를 고갈시킨다.

사람들은 다양한 자극에 각자 다른 고유한 반응을 보인다. 특정 음식은 많은 이에게 염증을 일으키는 주원인이다. 생각해보면 얼마든지 말이 된다. 음식은 외인성으로, 외부에서 몸으로 들어온다. 인류의 조상이 쉽게 구할 수 없었던 가공식품(도리토스나 가공육 등) 같은 낯선 음식을 몸이 경계하는 건 당연한 일이다. 우리 몸은 이런 식품에 부정적으로 반응하여 염증을 일으킨다. 유제품과 글루텐(밀과 밀 식품에 함유된 단백질), 알코올, 당, 그리고 오메가-6 오일은 모두 염증을 일으킨다.

어떤 음식이 몸에 염증을 일으키는지 진단하기는 힘들지만 다행히 생활 방식을 바꾸고 조정하면 염증을 대폭 줄일 수 있다. 의사들과 대형 제약회사들은 만성 염증을 완화하는 것을 노화와 장수의 '비밀'로 꼽았다. 개념 자체는 상당히 단순하다. 염증을 멀리하면 노화를 일으키는 질병도 멀어진다. 전통 의학에서는 약으로 염증과 싸우는 데 집중하지만, 여러 연구 결과 식단과 염증, 질환 사이에 직접적인 연관 관계가 드러났다. 올바른 음식을 먹으면 염증과 싸워 물리치고, 필요한 에너지를 얻어 더 오랫동안 건강하게 지낼 수 있다.

류머티즘 관절염을 앓는 46세의 부동산 변호사 엘라를 예로 들어보자. 매일 관절의 염증과 싸우던 엘라는 문득 무척 피곤하다는 사실을 깨달았다. 게다가 월경이 불규칙하고 고통스러웠고, 체중이 증가하고 머리는 멍했다. 이 모든 징후가 호르몬 불균형을 가리켰다. 증상이 일상생활에 지나치게 영향을 주는 바람에 지역 전문 대학에서 가르치던 미술을 접어야 했다. 엘라는 전통적인 치료를 시도했고(이부프로펜과 면역 억제제) 통증이 줄긴 했지만 피로에는 소용이 없었다. 나는 엘라에게 내 프로그램을 소개했다. 당분 섭취를 줄이고(엘라는 초콜릿광이었다) 유익한 지방산 섭취를 늘렸더니 염증 증상이 사라졌다. 피로도 상당히 개선돼서 그토록 좋아하는 미술 수업을 재개할 수 있었다.

그리고 살이 찐다

내 환자 제니퍼는 33세였고 엄청난 운동 요법에도 불구하고 계속 살이 쪘다. 피로는 나아지지 않았고 겉모습도, 기분도 원래 나이보다 더 늙은 것만 같았다. 염증은 대사 증후군과 체중 증가에 큰 역할을 한다. 몇 가지 기제에 따라 인슐린 저항성이 생기면 체중계의 숫자는 계속 올라간다. 최근 연구에 따르면 체중 증가 자체가 염증에 불을 붙이는 연료가 될 수 있고, 그 결과 살 빼기는 더 힘들어지며 추가로 살이 찐다고 한다. 지방 세포는 만성 염증을 일으키고, 체중 증가는 지방 조직의 형태로 염증을 부채질하기 때문이다.

어떻게 이런 일이 생길까? 체중이 증가하면 일부 지방 세포는 일반적인 용량을 넘어 증가할 수밖에 없고, 넘치는 열량을 지방으로 저장하려 한다. 그러면 이미 몸에 존재하는 염증을 활성화하고 추가한다. 이 시점에서 지방 세포는 그냥 지방 저장고가 아니라 작은 염증 공장이 되어 면역계를 활성화하라는 신호를 보낸다. 이럴 때 살을 빼면 지방 세포가 원래 크기에 가깝게 줄어들고 만성 염증을 일으키는 신호도 꺼진다.

최근에 진행된 몇 가지 연구에서 이 과정을 보여준다. 2008년 영국의 연구원들은 9년에 걸쳐 사람들의 체중이 증가하고 면역계가 활성화될 때 나타나는 화학 물질인 C-반응성 단백질(CRP)의 혈중 농도를 추적 관찰했다.[41] 그 결과 흥미로운 사실이 드러났다. 체중 증가는 염증 증가와 관련이 있었고 그 관계는 선형이었다. 체중이 증가하면 혈중 CRP 농도도 증가한다는 뜻이다. 체중을 감량하면 이롭다는 연구 결과도 몇 가지 있다. 2004년 웨이크 포레스트 대학Wake Forest University에서 진행한 연구 결과 저열량 식단으로 살을 빼려 했던 참가자들의 염증이 감소했다는 사실이 드러났다.[42] 이 상관관계를 밝히려면 추가 연구가 필요하겠지만, 체중 감량이 염증 감소로 이어진다면 만성 질환의 위험을 낮추는 데도 도움이 될 것이다. 어쨌든 분명한 건 염증은 체중 증가를 일으키고, 그러면 지방 세포가 늘어나서 염증과 인슐린 저항성을 키운다는 것이다. 끔찍한 악순환이다.

제니퍼는 운동을 너무 격렬하게 하는 바람에 코르티솔 수치가 높았다. 운동 수업 빈도를 줄이고 요가 같은 회복 운동을 섞어서 코르티솔 수치와 스트레스를 낮췄더니 제니퍼는 한결 나아지는 자신을 느꼈다. 우리는 염증 주기를 끊었고, 상당한 무게를 떨쳐낼 수 있었다.

만성 염증은 장이 새고 있다는 신호다

장에 염증이 생기면 소위 장 누수 증후군leaky gut syndrome이 발생한다. 장 누수 증후군은 소화뿐만 아니라 전반적 건강과 신경 생리에 영향을 미치며 다른 부위에 염증을 일으키는 주요 원인이다. 6장에서 장누수를 한층 자세히 다루겠지만 그 의미는 용어에 잘 담겨 있다. 장이점차 느슨해지고 구멍이 뚫리며, 음식물 입자가 장에서 빠져나와 혈류에 스며든다. 징그럽지 않은가? 면역계는 계속 장 경계를 지키면서 이런 음식물 입자를 침입자로 보고 공격한다.[43] 일반적으로 '침입자(예를들어 글루텐의 단백질)'가 지나가는 장 상피gut epithelia는 장 내벽을 형성하는 점막으로 아무것도 그 층을 지나가지 못하도록 막는 역할을 한다.[44]

하지만 침입자가 상피층을 지나서 고유판lamina propria이라는 내층에도달하면 염증이 시작된다. 이 치밀한 이음부는 감염이나 독소, 스트레스, 노화 같은 수많은 요인으로 손상될 수 있다. 이 연구에서는 정확히 어떤 원리로 이런 일이 일어나는지 밝히지 못했지만, 음식 알레르기와 불내성(특정 성분을 소화하고 흡수하지 못하는 질환-옮긴이)이 주요 원인이라는 사실은 알고 있다. 장이 새고 있다는 위험 신호를 살펴보자.

장이 새고 있다는 위험 신호

- 가스, 복부 팽만, 설사, 혹은 과민 대장 증후군
- 심한 월경 전 증후군, 다낭성 난소 증후군 등의 호르몬 불균형
- 류머티즘 관절염, 하시모토 갑상샘염, 복강병 등의 자가 면역 질환 진단
- 만성 피로 혹은 섬유 근육통fibromyalgia(원인을 알 수 없는 근육 통증과 감각 이상-옮긴이) 진단
- 우울, 불안, 주의력 결핍증ADD, 주의력 결핍 과다 활동 장애ADHD
- 여드름, 장미증(코가 빨갛게 충혈된 상태-옮긴이), 습진
- 천식
- 음식 알레르기, 음식 불내성[45]

그렇다면 흔한 알레르기 항원은 뭐가 있을까? 우리는 보존제와 농약, GMO, MSG가 들어간 오늘날의 편의 식품에 민감할 때가 많다. 이런 물질은 소화계에서 처리하기 힘들고 속을 거북하게 한다. 또한 당, 글루텐, 유제품, 가공된 콩, 땅콩, 달걀, 그리고 옥수수 같은 특정 식품도 식품 민감증을 일으킨다.

2

어떻게 바로잡을 것인가

어떻게 하면 염증을 줄일 수 있을까? 그 답이 식단과 생활 방식 변화에 달려 있다고 해도 이제 놀랍지 않을 것이다. 염증을 일으킬지, 피해 갈지는 우리가 매일 내리는 수천 가지 사소한 결정에 달려 있다. 몇 시에 일어나는가? 아침으로 무엇을 먹는가? 식사 시간은 몇 시인가? 아침 일과는 무엇인가? 어떤 운동을 하는가? 샐러드에 무슨 드레싱을 뿌리는가? 일터에 얼마나 오래 머무르는가? 집에 와서 쉬기 위해 무엇을 하는가? 사소한 선택이 커다란 영향을 미칠 수 있으며 몇 가지 핵심 요인을 활용하면 만성 염증을 피할 수 있다. 올바른 음식을 먹고, 잘 자고, 스트레스를 줄이면 된다.

무엇을 먹어야 할까

2013년에 한 획기적인 연구가 진행됐다. 55세에서 80세까지의 당뇨병, 고혈압, 고콜레스테롤 환자 7,447만 명을 약 5년에 걸쳐 관찰하는 '지중해식 식단을 통한 예방prevención con dieta mediterránea(지중해식 식단이 건강에 주는 이점을 연구한 임상 영양 연구-옮긴이)'이다. 피실험자들 가운데 57%가 여성이었다.[46] 이들은 과일, 채소, 생선, 콩과 식물, 올리브 오일, 특정 견과, 소프리토sofrito(마늘과 올리브 오일을 첨가한 토마토소스) 등이 포함된 지중해식 식단과 비슷한 음식을 먹었고 당과 소다, 마가린 같은 지방 스프레드, 붉은 고기와 가공육 등의 가공식품은 완전히 배제했다.

5년이 지났을 무렵 두 그룹은 심장병과 뇌졸중 비율에서 30%에 가까운 차이를 보였다. 지중해 식단을 따른 사람들은 염증 표지가 하락했고 끝분절telomere 길이가 더 길었다. 지중해식 식단을 따르지 않은 그룹보다 '노화'가 덜 진행됐다는 뜻이다. 끝분절은 신발끈 끝부분의 플라스틱과 비슷하게 DNA와 단백질 끝에 씌워진 보호 뚜껑으로 DNA와 단백질이 날카로워지는 것을 막는다. 끝분절은 살면서 자연스럽게 짧아지지만 짧아지는 속도는 사람마다 차이가 있다. 간단히 말해서 염증을 촉진하는 식단(고기, 정제된 흰색 곡물, 당 첨가물, 포화 지방과 트랜스지방이 많은 음식)을 지속하면 끝분절이 짧아지고 단명할 수 있다(실험 절차를 두고 논쟁이 존재하지만 연구 결과 자체는 오랜 기간 신뢰받고 있다).

나는 교통사고가 나기 전에 염증 촉진 식단에 해당하는 음식을 먹었다. 과일과 샐러드를 많이 먹었기 때문에 건강한 식단이라고 생각했지만 나도 모르게 가공식품과 당을 많이 섭취한다는 건 몰랐다. 스타벅스 라테와 그래놀라 바는 내 주식이었다. 뉴욕 사람답게 베이글을 정말 좋아했다. 하지만 이런 음식은 장을 만성, 혹은 '침묵의' 염증 공장으로 바꾼다. 정제 탄수화물이나 당을 통해 혈당을 올리고 자유기free radical(동식물의 체세포가 대사할 때 생성하는 활성 산소-옮긴이)와 염증 촉진성 사이토카인 같은 만성 염증을 일으키는 화학 물질을 확대한다.

항염증 효과가 있는 음식이 무엇인지 공부해서 식단에 추가했더니 며칠 만에 놀라운 차이가 눈에 보였다. 나는 이제 단순한 변화(과당이 높은 콘 시럽, 흰색 당, 글루텐, 흰색 밀가루를 먹지 않는 것)가 큰 효과를 일으킨다는 사실을 알고 있다. 염증을 낮추고 에너지를 높이려면 무엇을 먹어야 할지 간단히 살펴보자.

식이 섬유가 답이다

염증 상태를 바꾸려면 음식이야말로 가장 효과적인 수단이다. 100세를 넘긴 사람들은 자연 식단을 따르고 채소를 많이 섭취하는 것으로 알려져 있다. 따라서 오래 살고 싶으면 식이 섬유가 핵심이다. 특히 채소에 함유된 항산화 물질과 폴리페놀은 자유기와 싸우고 염증을 진정해준다. 그동안 연구하면서 배운 게 하나 있다면, 장을 치유하고 염증을 낮추려면 식이 섬유 섭취가 무척 중요하다는 점이다. 대부분의 장 세균은 하행 결장distal colon(장 끝부분)에 존재하므로 음식물이 여기까지 도달해야 한다. 하지만 대부분의 음식(단백질, 탄수화물, 지방)은 하행 결장에 도착하기 전에 소화된다. 식이 섬유는 하행 결장까지 도달하기 때문에 유익균이 먹을 수 있다.

특정 세균을 먹이는 게 왜 중요할까? 이 세균은 면역계를 진정하고 반응을 둔화하는 데 필수적인 단쇄 지방산short-chain fatty acid(탄소 수가 6개 이하로 길이가 짧은 지방산-옮긴이)을 생성하기 때문이다. 이 단쇄 지방산은 자가 면역과 알레르기를 예방하는 조절 T 세포regulatory T cell에 신호를 보낸다.

식이 섬유를 충분히 섭취하지 않으면 굶주린 세균은 장 세포와 세균 사이에 존재하는 내벽인 뮤신mucin을 먹는다(그 결과 장 누수 증후군이 발생한다). 가장 좋은 공급처는 발효성 식물 섬유(발효성 섬유: 인간의 장이 처리할 수 없지만 일부 세균이 소화할 수 있는 섬유질-옮긴이)에서 얻은 복합 탄수화물이다. 브로콜리 줄기, 아스파라거스 밑동, 케일 줄기, 오렌지 과육 등 채소와 과일의 질긴 부분에 함유된 셀룰로스 섬유(다당류인 셀룰로스를 주성분으로 하는 섬유-옮긴이)를 많이 섭취해야 한다. 채소에는 호르몬 균형과 항염증 효과(1인 2역을 한다!)를 보이는 파이토뉴트리언트phytonutrient(말 그대로 식물 호르몬)가 풍부하게 들어 있다. 채소와 과일의 섬유질은 오래된 에스트로겐에 달라붙어서 시스템에서 씻어내고, 결국 전반적인 호르몬 평형을 개선한다. 에스트로겐 우세증으로 고통받는 남성과 여성 모두에게 유익하다.

또한 채소는 장에서 유익균이 섭취하는 프리바이오틱 식이 섬유를 공급한다. 이 섬유는 아스파라거스와 치커리, 뿌리채소, 리크, 마늘에서 풍부하게 발견된다. 하루에 채소를 최소한 3접시(이상적으로는 최대

9접시) 먹는 것을 목표로 삼아라. 하루 두 번 잘 익힌 채소를 먹는 식으로 천천히 시작해서(처음 시작하는 사람들은 식이 섬유에 익숙하지 않기 때문에 익히면 소화에 도움이 된다) 매일 조금씩 추가하면 된다.

염증을 일으키는 음식을 차단해라

사람마다 특성이 다르고 음식에 따라 다르게 반응하겠지만 대부분 가공 유제품과 글루텐, 알코올, 가공 스낵, 오메가-6 오일, 가공 콩류 같은 음식은 염증을 일으키고 호르몬을 조종할 수 있다. 철저히 검사하지 않으면 염증이 어디에서 왔는지 정확히 짚기 힘들지만 음식에서 공공의 적 1위는 당이다.

당을 버려라

당과 정제 탄수화물을 섭취하면 포도당과 인슐린이 날뛰면서 염증을 일으키고 그 결과 산화 스트레스 oxidative stress (체내 활성 산소가 급격히 증가해서 인체에 나쁜 영향을 일으키는 상태-옮긴이)를 일으킨다. 간단히 말하면 인슐린 저항으로 염증 폭발이 일어난다는 뜻이다. 당은 음식 중에서 염증을 가장 많이 일으키는 음식이다. 당에는 과당, 포도당, 젖당의 세 가지 종류가 있다. 전부 천연이며 음식에서 섭취하지만 각 당을 대사하는 방식은 다르다.

그중에서도 과당은 세 가지 중에서 제일 심하게 염증을 일으킨다. 과당이 과일에서 자연히 발견된다는 걸 기억하자. 여기서 핵심 단어는 '자연'이다. 문제는 과일에서 분리해서 과당이 높은 옥수수 시럽을 제

조할 때 발생한다. 천연 과일을 먹을 때 섭취하는 과당은 그만큼 해롭지 않다. 한번 라벨을 들여다보기 시작하면 소다, 사탕, 심지어 맛을 첨가한 요거트에 이르기까지 충격적으로 많은 음식에 과당이 들어 있다는 사실이 눈에 띌 것이다.

정제 밀가루와 글루텐을 다시 생각해라

밀가루에서 '정제'라는 단어는 겨와 배아를 제거하여 유통 기한을 늘리는 가공 과정을 가리킨다. 하지만 천연 비타민과 미네랄, 식이 섬유도 이 과정에서 제거된다. 정제당처럼 정제 밀가루 역시 인슐린을 날뛰게 한다. 글루텐은 밀에 포함된 단백질이다. 특히 글루텐이 정제되면 '당과 비슷한' 특성 때문에 염증을 일으킬 뿐 아니라 장을 자극한다(복강병은 글루텐으로 유발되는 자가 면역 반응이다). 통밀을 고집하고(나는 통곡물에서 발아한 호밀과 보리를 즐겨 먹는다), 글루텐이 없다면 메밀과 퀴노아, 귀리, 현미도 좋다.

유제품을 멀리해라

나는 유제품을 먹고 자랐고(우유가 몸에 좋다고 하니까) 아이스크림을 사랑했다. 하지만 의사로서 과학의 영향을 받았다. 음식 알레르기와 불내성, 면역 문제에 시달리는 환자들을 연구하고 치료하는 과정에서 유제품이 많은 이에게 다양한 방식으로 뜻밖의 염증을 불러온다는 사실을 깨달았다. 유제품은 성인에게 유전을 비롯한 많은 요인에 따라 여러 가지 기전으로 염증을 일으킨다. 유제품에 알레르기가 없어도 염증 반응을 보이는 사람들도 있다. 전 세계 인구가 높은 비율로 유당 불내증을 보인다. 우유 단백질을 완전히 소화하지 못한다는 뜻이다.

우유와 유제품은 왜 이렇게 우리를 불편하게 할까? 유제품에는 문제를 일으키는 단백질이 많고, 그중에서도 카세인casein, 카소모르핀casomorphin, 부티로필린butyrophilin이 주요 범인이다. 《중국 연구The China Study》의 저자 T. 콜린 캠벨T. Colin Campbell은 카세인 섭취량 증가가 암 발병률 상승과 관련 있다고 주장했다.

유제품이 염증을 일으킬 수 있으니, 스스로 염증이 있다고 생각하면 한 달 동안 식단에서 유제품을 제외할 것을 추천한다. 한 달 후에도 몸이 좋아지지 않으면 다시 추가해도 좋다. 유제품이 거슬리지 않으면 얼마든지 섭취해도 된다. 그래도 일반 우유나 저지방 제품은 금물이다. 유제품을 먹으려면 생우유나 발효 우유, 지방을 제거하지 않은 전유 제품을 적은 양(하루에 최대 80~120칼로리)만 섭취해라. 생우유와 전유가 좋은 이유는 소에서 나오는 자연 상태에 가장 가깝기 때문이다. 세균을 죽이기 위해 가열하는 저온 가열pasteurization 방식도 우유의 영양을 파괴한다. 다만 생우유에는 리스테리아, 살모넬라 등 식중독을 일으키는 미생물과 위험한 세균이 있을 수 있으니 조심하자. 따라서 출처의 품질과 생우유 소비에 대한 지방 정부의 법규를 확인하고, 임신했다면 비살균 우유는 아예 섭취하지 않는 편이 현명하다.

한 달 동안 유제품 없이 살아본 뒤 실제로 컨디션이 좋아졌다면 유제품을 식단에서 빼는 게 좋다. 유제품을 먹지 않고 한 달이 지나도 별 차이가 느껴지지 않는다면 발효유, 전유, 혹은 생 유제품을 소량 추가하고 몸이 어떻게 반응하는지 살펴보자.

비타민 D와 B를 섭취해라

비타민 D는 염증을 낮추는 핵심 요인이며 위장 건강에 중요한 역할을 한다. 비타민 D는 체내 호르몬처럼 수백 가지 유전자를 끊임없이 켰다 껐다 하면서 건강에 영향을 미친다. 안타깝게도 비타민 D 결핍은 정말 흔하며, 세계 보건 기구에서는 비타민 D 결핍과 염증 관련 질환에 연관 관계가 있다는 사실을 발견했다. 실제로 치아와 침샘, 식도, 위에는 비타민 D 수용체가 존재하며, 비타민 D 수치가 낮으면 위를 비우고 담즙을 분비하는 과정이 느려지고 에너지 3요소를 요동치게 해서 염증과 호르몬 교란을 일으킨다. 연구에 따르면 비타민 D 결핍이 수많은 주요 질환의 공통분모로 작용한다. 예를 들어 비타민 D 수치가 낮은 어린이들은 천식과 알레르기 같은 질환에 더 많이 노출되는 경향이 있다는 사실이 밝혀졌다.

유제품이 아니면 비타민 D를 어디에서 섭취해야 할까? 햇빛으로 비타민 D를 합성할 수도 있지만 특히 피부가 어두우면 양이 모자랄 때가 많다. 기름기가 많은 생선이나 강화우유에도 비타민 D가 있으며 하루에 최소한 5,000IU를 섭취할 것을 추천한다.

비타민 B 역시 염증과 관련이 있다. 비타민 B가 어떻게 도움이 되는지는 아직 모르는 부분이 많지만, 최근 연구에 따르면 B6, 엽산(B9), B12 같은 비타민 B가 호모시스테인homocysteine(알츠하이머와 심장병과 연관된 염증 단백질) 수치를 낮춰준다고 한다. 대규모 무작위 연구를 통해 비타민 B의 진정한 효과를 밝혀야겠지만, 비타민 B 역시 C-반응성 단백질이라는 염증 요인을 낮추는 것으로 보인다. 종합하자면 비타민 B를 식단에 추가하는 편이 안전하다.

건강한 지방을 먹어라

수십 년 전만 해도 지방은 대부분 기피 대상이었다. 하지만 이 생각은 한물갔다. 일부 지방은 전반적인 건강에 필수적이며 꼭 섭취해야 한다는 사실이 밝혀졌다. 하지만 당연히 모든 지방이 같지는 않다.

음식은 자연에 가까운 것을 먹을수록 몸에 좋다. 그러니 지방을 판단할 때는 얼마나 천연인지 따져야 한다. 코코넛, 아보카도, 올리브 오일(지중해식 식단의 핵심) 등 여성 호르몬과 테스토스테론을 활성화하고 좋은 HDL, high density lipoprotein(고밀도 지단백, 혈중 콜레스테롤을 간으로 보내서 심혈관 질환을 방지하는 지단백질-옮긴이) 콜레스테롤 형성을 촉진하는 건강한 식품을 선택해야 한다. 콜레스테롤은 건강한 세포막을 형성하며 모든 스테로이드 호르몬(프로게스테론, 에스트로겐, FSH 등)의 전구물질이다. 지방이 부족하면 적절한 호르몬 균형을 이룰 수 없다. 채소 오일, 땅콩 오일, 카놀라 오일, 콩 오일, 목화씨 오일, 해바라기씨 오일, 마가린, 쇼트닝, 기타 '스프레드' 등 고도로 가공된 오일은 피해야 한다. 모두 염증을 일으키는 오메가-6 지방을 함유한 식품이다.

고도 불포화 오메가-3 지방을 함유한 기름기 많은 생선이나 어유를 식단에 추가하면 호르몬 균형을 바로잡고 염증을 줄일 수 있다. 채식주의자라면 해조유에도 오메가-3가 풍부하며, 이보다 적지만 치아시드, 아마, 호두도 좋다. 나는 어유보다 독소와 폴리염화바이페닐을 확실히 피할 수 있는 해조유를 선호한다.

온종일 카페인을 달고 살지 말자

지나친 카페인은 코르티솔 수치를 높이고 갑상샘을 둔화한다. 게다가 위산 역류와 장 장애를 유발한다. '지나치지 않게' 유의하라는 것이지 커피나 차를 한 잔도 마시면 안 된다는 뜻은 아니다. 유전자 구성에 따라 카페인 대사를 잘하는 사람도 있다. 하지만 호르몬, 장, 염증을 고치려고 적극적으로 노력한다면 카페인을 줄이거나 아예 끊어보자. 특히 생체 리듬을 해칠 수 있는 오후에는 섭취하지 않는다.

올바른 프로바이오틱스를 섭취해라

누구나 프로바이오틱스(요거트 같은 음식에 들어 있는 '유익한' 균)란 단어를 들어봤을 테고, 어떻게 장을 건강하게 해주는지도 알 것이다. 하지만 장내 유익균이 염증에도 도움이 된다는 사실을 아는가? 유익균은 널리 성장하고 번성해야 한다.

하지만 보충제 산업은 악명 높을 정도로 규제가 미비하기 때문에 프로바이오틱스를 선택할 때는 주의해야 한다. 한 연구에서 프로바이오틱스 제품 14종을 검사한 결과 한 가지 제품에서만 라벨에 표시한 균종이 나왔다. 그러니 약에 의존하기 전에 피클, 발효 채소, 사우어크라우트sauerkraut(독일식 김치-옮긴이), 김치, 미소, 나토, 템페tempeh(인도네시아의 콩 발효 음식-옮긴이), 식물성 케피르(카프카스 산악지대에서 주로 마시는 발효유, 여기서는 식물성 제품을 케피르 방식으로 발효시키는 것을 뜻한다-옮긴이), 사과 식초 등 천연 프로바이오틱스 음식부터 먹는 게 좋다. 프로바이오틱스 음식은 마트의 냉장 코너에서 구매하자. 실온에서는 프로바이오틱스가 살아남지 못한다.

아답토젠을 추가해라

인도에서는 아유르베다만 고집하든 일반 서양 의학과 혼합하든, 정도는 다르더라도 대부분 아유르베다 의학을 신봉한다. 3000년이 넘는 역사를 지닌 고대 인도 의학인 아유르베다는 신체를 좀 더 전체론적인 시각으로 바라보며 건강이 몸과 마음, 정신의 상호 연계성에 뿌리를 둔다고 본다. 서양인들은 무엇보다 '아답토젠adaptogen' 허브를 치료에 활용하면서 아유르베다식 기본 신념의 장점을 점차 깨닫고 있다 (아답토젠은 식물이 환경과 외부 스트레스에 적응하여 살아남는 능력을 뜻한다). 나는 내 몸을 바꿀 때 이런 허브를 조합해서 도움을 많이 받았다.

로디올라rhodiola, 아슈와간다ashwagandha, 인삼, 포스파티딜세린phosphatidylserine, 마카maca 같은 허브는 신체를 강화하고 안정화해서 스트레스의 영향을 줄이는 효과가 있다. 또한 아답토젠은 전신의 스트레스 저항력을 개선하고(특정 장기나 시스템에 한정하지 않는다) 신체의 균형과 조화를 이루고, 만성 염증을 완화한다. 또한 항염증 효과가 있고 신경과 소화기관을 진정하며 신체 스트레스를 줄이고 항상성을 촉진하는 덕분에 전통적으로 변비 같은 소화 문제에 쓰였다. 또한 신체적, 정신적 집중력을 키우고 아유르베다 의학에서 아마ama라고 부르는 독소를 줄이며 전반적인 소화 건강을 개선한다.

특히 마카는 미네랄과 지방산 함량이 높고 호르몬 조화에 큰 효과를 보인다. 많은 여성이 마카를 섭취한 이후로 월경 전 증후군이 완화됐고 생식 능력과 피부가 개선됐으며, 남성은 정자 생산이 늘고 성욕이 증가했으며 수면의 질이 높아졌다. 참고로 스무디에 넣으면 맛이 좋다. 아슈와간다와 로디올라는 갑상샘과 부신 기능을 개선하여 시스템 균형을 키우고 에너지를 키워준다.

아슈와간다와 로디올라가 무엇인가?

아슈와간다(발음이 헷갈리는 사람이 많을 것이다. ä-shwə-'gän-də라고 읽는다)는 고대 아유르베다에서 사용된 허브로서 면역계를 강화하고 몸과 정신, 감정 건강을 개선하기 위해 오래전부터 처방됐다. 또한 아답토젠을 함유했으며 항염증, 스트레스 완화 효과가 있다. 아슈와간다의 수많은 효과를 간단히 살펴보자.

- 항염증 효과가 있다(가지속 식물인 건 사실이다. 가지가 싫다고 꺼리지 말자).
- 아답토젠 물질로서 만성 스트레스로부터 몸을 지켜준다.
- 중추 신경계를 이완한다.
- 자유기로부터 신체를 보호한다. 즉 암과 싸우는 것을 돕는다.
- 면역계를 활성화한다.
- 불안과 우울을 해소하고 기분을 안정화한다.
- 학습 기억을 개선하고 날 선 신경을 누그러뜨린다.

로디올라도 아답토젠 허브이며 전통적으로 피로, 집중력 저하, 기억력 감소를 개선하고 활력을 높이는 강장제로 썼였다. 스트레스와 염증, 면역을 비롯한 다양한 분야에 효과를 보인다. 라디올라의 효과를 살펴보자.

- 피로가 감소한다. 특히 신체적, 정신적 '번아웃'에 좋다.
- 스트레스 완화에 좋다.
- 산소 부족에 따른 손상을 복구한다.
- 면역 기능을 강화한다.
- 성적 에너지를 확대한다.
- 신체 기능을 보조한다.
- 정신력 향상에 도움이 된다.
- 염증 감소에 효과적이다.

나는 에너지와 염증 때문에 필요하다고 생각할 때는 언제든 일정 기간 아답토젠을 사용하지만, 그 이후 일주일 정도 끊고 여전히 필요한지 판단한다. 이런 식으로 보충제 복용을 최소화하면서도 필요한 부분을 취한다(보충제는 적을수록 좋다는 진리를 따른다).

3

좀 더 눈을 붙여라

인정한다. 나는 교통사고가 나기 전에는 '슈퍼맘'이 되어 모든 걸 다하려 했고 밤에는 6시간 이하로 잤다. 잠이 부족하면 몸에 염증이 무르익고, 충분히 자면 항염증 효과가 생긴다. 2010년 애틀랜타 주 에모리 의과 대학 Emory School of Medicine에서는 수면 시간이 짧고 품질이 낮으면 염증 표지 수치가 높아지는 연관성을 밝혔다.[47]

스트레스를 없애라

불가능한 건 알지만, 적어도 스트레스를 낮추려 노력해보자. 최근까지만 해도 스트레스가 건강과 질병에 왜 그토록 큰 영향을 미치는지 비교적 불확실했지만, 이제 심리적인 만성 스트레스가 신체의 염증 반응에 영향을 준다는 사실을 알아냈다. 스트레스는 면역 세포의 유전자를 변형해서 감염이나 트라우마와 싸우게 한다. 코르티솔이 만성적으로 과다하면 다른 요인을 바로잡더라도 에너지 3요소가 망가질 수 있다. 원래 마른 사람들도 코르티솔을 걱정해야 한다. 예를 들어 예일 대학 연구원들은 코르티솔 수치가 높고 마른 여성들은 복부 지방이 과다할 가능성이 크다는 사실을 밝혔다(그들은 '스트레스성 뱃살'이라고 했다).[48]

앞서 얘기했지만, 스트레스는 염증을 악화하는 최악의 요인이다. 개인적으로 코르티솔은 인과응보나 마찬가지다. 잠을 적게 자고 커피를 지나치게 많이 마시고, 일터에서도 자녀들과도 스트레스를 받는 와중에 오랜 시간 격렬한 유산소 운동을 하면서 위기에 빠졌다. 에너지 3요소를 바로잡는 가장 중요한 단계는 수면과 명상, 요가를 통해 코르티솔을 통제하는 것이었다. 놀랍게도 글쓰기와 봉사, 강의 등으로 창의력을 발산할 때 분비되는 기분 좋은 화학 물질 역시 코르티솔에 대응하는 데 큰 도움이 됐다.

일과에 마음챙김과 침묵을 추가하면 정말로 변화가 생긴다. 새로운 연구에 따르면 면역계는 뇌와 직접 연결돼 있으며 염증을 줄이면 우울증과 불안증 같은 질환을 치료하는 데 도움이 된다. 이런 연구 결과는 매일 마음챙김과 명상을 하면 항염증 효과가 있다는 사실을 뒷받침해준다. 요가나 산책, 심지어 좋은 책도 코르티솔 수치를 낮춰준다.

모든 자극과 도시에서 벗어나 자연 풍경에 둘러싸이면 특별한 기분이 들고, 감각이 진정되고 중추 신경계가 이완된다. 한 연구에서는 땅과 직접 접촉하면(풀밭이나 해변에서 맨발로 걸으면) 백혈구와 사이토카인을 비롯한 염증 조절 분자에 영향을 미친다는 사실을 밝혔다. 이렇게 자연에서 접지하면 수면을 개선하고 코르티솔을 조절하며 스트레스를 완화할 수 있다. 접지는 말 그대로 피부가 흙에 닿는다는 뜻이지만 자연에 물리적으로 노출되기만 해도 똑같은 진정 효과가 생기고 생리적으로 염증이 줄어든다. 발밑에서 땅을 느끼면서 진정 효과를 얻을 뿐만 아니라 발바닥으로 땅의 전자를 흡수해서 염증 반응에 영향을 줄 수 있다. 염증을 피하는 다른 방법을 몇 가지 살펴보자.

올바른 방식으로 운동해라

운동을 조심해라. 고통 없이는 얻는 것도 없다고 했던가? 사실 그렇지 않다. 예전에 운동이라면 사서 고생하는 성격이던 내게는 인정하기 힘든 사실이었다. 하지만 일주일에 대여섯 번씩 오랫동안 하던 유산소 운동을 그만두고 만성 코르티솔 증가를 방지하기 위해 좀 더 짧은 운동과 요가를 시작했다. 지금도 가끔 달리긴 하지만 예전처럼 자주 심하게 하지는 않는다. 충격적이게도 유산소 운동을 줄이자 몸매가 더 좋아졌다. 스트레스받으며 생활하는 사람이 매일 자신을 한계까지 밀어붙이면 갑상샘 기능이 떨어지고 코르티솔과 염증이 증가한다. 하지만 인터벌 트레이닝(저강도 운동과 고강도 운동을 번갈아 하는 것)은 인간 성장 호르몬 분비를 확대하여 노화를 늦출 수 있다.

현재 환경을 점검해라

내분비 교란 물질, 혹은 호르몬 교란 물질은 에너지 3요소에 큰 타격을 준다. 호르몬에 영향을 미칠 뿐만 아니라 발달과 생식, 신경, 면역에도 부정적인 효과를 가져온다. 또한 염증과 장내 미생물 불균형을 일으키기도 한다. 안타깝게도 호르몬 교란 물질은 사방에 있다. 우리가 아는 내분비 교란 화학 물질은 빙산의 일각에 불과하다. 전체를 따지면 교란 물질은 870종에 달하며 끊임없이 추가로 발견되고 있다! 우리는 이 사실을 인지하고 가장 해로운 게 무엇인지 알아야 한다. 최소한 납, 파라벤, 프탈레이트phthalate(플라스틱에 첨가되는 화학 물질), BPA를 피해라. 이런 물질을 함유한 가해자는 플라스틱, 방향제, 주방 세제, 세탁 세제, 세안제, 청소 세제, 화장품, 데오도란트, 치약, 면도 젤, 로션 등이다.

작은 것부터 시작하자. 불소, 감미료, 첨가물이 없는 천연 치약을 찾아보자. 샤워할 때는 도브 같은 자연 제품을 사용하고 샴푸와 린스도 천연 제품을 사용한다. 천연 재료로 전성분을 채우는 회사가 점점 늘어나고 있으니, 당신이 쓰는 제품에 향료나 발색제, 파라벤이 없는지 확인하자.

내 목표는 당신의 기운과 에너지를 최대한 끌어올리는 것이고, 이 목표를 달성하려면 염증을 줄이는 것이 핵심이다. 염증을 감지하기는 쉽지 않지만 식단과 생활 방식을 조금만 바꿔도 놀라울 정도로 염증을 '줄이고' 에너지를 '높일' 수 있다. 어찌나 에너지가 넘치는지 섹시한 하이힐을 신고 신나게 다음 회의에 달려갈 정도로, 오랫동안 건강하게 그 킬힐을 신을 수 있을 정도로.

5장

모든 길은
장으로 통한다

1

장이 면역력을 결정한다

"인정하긴 싫지만 전 프라푸치노 때문에 죽어가는 것 같아요." LA에서 바쁘게 살아가는 디자이너 에밀리가 내 진료실에 마주 앉아 말했다. 나라면 그렇게 노골적인 단어는 안 쓰겠지만 안타깝게도 에밀리의 말이 맞다. 그 맛있는 음료가 그녀의 건강을 망치고 있었다. 한 달 전에 진료받으러 온 에밀리는 전반적인 피로, 복부 팽만, 괴상한 발진 등 서로 상관없어 보이는 여러 가지 증상을 호소했다. 이미 위장병 전문의인 내 남편의 진료를 받은 상태였다. 남편은 대장 내시경과 검사를 한 뒤 고개를 갸웃하며 에밀리를 내게 보냈다. 의사로서 뭔가 잘못됐다는 건 알았지만 더 해줄 게 없었기 때문이다. 나는 음성으로 나온 면역 글로불린 E$^{IgE, immunoglobulin E}$ 매개 식이 알레르기 검사(알레르기 항원을 규명하는 검사-옮긴이)를 포함해서 몇 가지 검사를 한 뒤 일주일 동안 섭취한 음식과 음료를 기록하라고 했다.

느낌상 에밀리가 먹는 게 문제의 원인 같았다. 의학의 아버지로 통하는 히포크라테스는 2000년 전에 통찰력을 발휘해서 이런 글을 썼다. '모든 병은 장에서 시작된다(히포크라테스가 90살까지 살았던 걸 보면 뭔가 알았던 게 분명하다).' 나는 이 말을 덧붙이고 싶다. 모든 에너지도 장에서 시작된다.

에밀리가 진료실에 돌아와서 내민 일기에는 온종일 건강하게 먹으려고 노력한 흔적이 보였다. 아침에는 요거트를, 점심에는 몸에 좋은 샐러드를, 저녁에는 닭이나 생선을 먹었다. 식사 중간에 간식을 먹거나 탄수화물에 탐닉하는 법도 없었다. 다만 한 가지가 눈에 띄었다. 거의 매일 오후 세 시에 '제발 졸지 말자'며 스타벅스 모카 프라푸치노를 마셨던 것이다. 여기서 속지 말자. 이건 단순한 커피가 아니다. 모카 프라푸치노 그란데 사이즈에는 설탕이 52g 들어간다. 미국 심장 협회 American Heart Association에서 정한 여성 일일 권장량이 그 '절반'이다. 에밀리는 건강을 해치는 음료에 많은 돈을 쓰고 있었다.

지난 10년 동안 수많은 연구를 통해 장이 전반적인 건강에 어떤 역할을 하는지 밝혀졌다. 우리는 음식과 건강이 어떻게 복잡하게 연결되는지 이해해야 한다. 음식이 만병통치약은 아니지만 병을 멀리하는 데 도움이 되는 건 확실하다. 게다가 장(그리고 장 세균)은 필요한 영양분을 흡수하고 바이러스를 비롯한 외부 침입자를 쫓아내서 건강을 지킬 뿐만 아니라, 수십억에 달하는 미생물로 구성된 정교한 장 생태계는 면역계를 지탱하고 에너지를 통제하게 해준다.

장 염증

장에서 살아 숨 쉬는 호르몬을 두고 최근 흥미진진한 연구가 많이 진행됐고, 미생물과 면역계에 밀접한 관련이 있다는 사실이 밝혀졌다. 또한 면역계의 70~80%는 장에 존재한다. 장 미생물은 음식과 바이러스, 세균, 독소가 위장관을 지날 때 가장 먼저 마주치는 존재다. 위장 세포에 호르몬 변화를 감지하는 수용체가 있어서, 장은 호르몬과도 끊임없이 소통한다. 호르몬 불균형의 90%는 장 건강이 원인이라는 말도 있다.[49]

장내 미생물학권위자인 스탠퍼드 대학 미생물학 부교수 저스틴 소넨버그 박사Dr. Justin Sonnenburg는 이렇게 말했다. "장 미생물은 전체 면역계의 설정값을 결정한다. 호흡기 감염, 백신에 대한 반응, 자가 면역 질환 진행 속도에도 영향을 미칠 수 있다. 그만큼 우리 장의 면역계는 무척 중요하며 장뿐만 아니라 몸 전체에 영향을 미친다는 사실을 꼭 기억해야 한다."[50]

장 내부에서 면역계와 장내 미생물은 끊임없이 소통하고 협력해서 병원체와 음식 입자, 독소 따위를 물리친다. 하지만 이 소통에 문제가 생기거나 끝나기도 하며 그 원인은 간단하다. 우리가 음식을 먹으면 장 세균이 음식을 감지해서 면역 세포에 메시지를 보낸다. 장 세균과 면역 세포는 음식을 두 가지로 분류한다. 이미 잘 아는 '승인' 대상이거나(품질 관리를 하듯이) 낯설어서 '거부'하는 침입자다.

좀 더 쉽게 이해하기 위해 장이 알아보는 음식부터 살펴보자. 예를 들면 당신이 지난번에 먹었던 '천연' 식품 블루베리가 있다. 아이스크림이나 머핀이 아니라 있는 그대로 맛있는 여름 블루베리 말이다. 얼마나 현명한 선택인가! 어쨌든 블루베리가 위와 장에 들어오면 세균 부대는 블루베리를 검사하고 무엇을 떼어 몸에 보낼지 결정한다. 이 품질 검사 시스템에서는 우리가 모르는 복잡한 소통을 거쳐 블루베리를 인식하며, 장은 면역계와 소통하면서 블루베리를 계속 움직이게 한다. 블루베리는 '승인'됐고 좋은 영양분은 모두 추출됐다. 이 영양분은 혈류를 타고 필요한 곳으로 이동한다.

이제 에밀리가 프라푸치노를 마시면 어떻게 되는지 알아볼 차례다. 프라푸치노가 소화기로 이동하면 장 세균은 그 재료를 상당 부분 알아보지 못하거나 우유, 설탕, 맛을 첨가한 시럽(휘핑크림도 있다) 등 일부를 알아본다. 하지만 독소라고 판단한다. 무엇이 경보를 울리냐고? 시럽이나 우유 속 화학 물질 같은 가공식품은 모두 그 대상이다. 그 결과 장 세균은 면역계에 뭔가 외부 물질이 들어왔다고 '경고를 보낸다'. 면역 세포는 그 지역에 몰려와서 해로운 물질을 제거하고 열량, 설탕, 탄수화물, 단백질을 흡수한다.

이 유제품이나 방부제는 사람에 따라 장벽을 자극해서 면역계에 또 다른 경보를 보내며, 면역계는 당황해서 그곳에 증원군을 투입한다. 당신이 맛있는 머핀과 프라푸치노를 삼키면 이 과정이 반복된다.

머핀의 가공 재료가 들어오면 소화기는 낯설다고 분류하고, 면역계에서 확인차 또 다른 병력을 보낸다. 이렇게 대응 체계가 끊임없는 공격을 받으면 장에 극심한 염증이 생길 수 있다. 시스템을 복구하고 쉬게 하지 않으면 밤늦게까지 일할 것이다. 당신이 귀한 수면 시간을 날리는 동안 장벽과 세균, 장, 면역계는 계속 과로한다. 도저히 쉴 수 없어서 만성 염증이 시작된다. 계속 불량 가공식품을 먹고 재료를 알아볼 틈도 없으면, 음식에서 영양분을 추출하기는커녕 놀라운 일이 진행된다. 쉴 틈 없이 위기에 대응하느라 면역 반응 팀은 기진맥진했고 아무것도 복구되지 않는 환경으로 변한 것이다.

이것이야말로 오늘날 식단의 핵심이다. 화학 물질, 알코올 등의 독소와 발색제 같은 인공 첨가물, 공해가 섞이면서 장에 염증을 일으키는 최악의 시나리오가 완성됐다.

매일 같이 이런 음식을 먹는 바람에 면역계를 망가뜨리는 유전 소질genetic predisposition(질병이 발생할 위험이 유전적으로 커진 상태-옮긴이)이 추가되거나 장 세균이 바람직한 다양성을 확보하지 못하면 시스템이 망가지고 음식을 소화하지 못하며 수많은 문제가 시작된다. 그 결과 피로, 부기, 자가 면역 질환이 발생한다. 당을 비롯한 독소(항생제, 비스테로이드 소염제NSAID, nonsteroidal anti-inflammatory drug, 글리포세이트 등)가 지나치면 장 세균이 망가진다. 결국 장벽에 금이 가거나 구멍이 나서 장이 손상되고, 세균이 혈류로 '누출'되면 염증이 확산해서 면역계로 뻗어나가기도 한다. 이런 상태를 '장 누수'라고 한다.

그러면 속이 더부룩하고 죽도록 피곤해진다. 에밀리에게도 이런 증상이 있었고, 내가 보기에는 장이 새고 있었기 때문에 치료하지 않으면 심각한 소화 문제, 피부 문제와 만성 질환을 일으켜서 건강을 좀 먹을 것 같았다. 게다가 소화기 전문가들은 장 누수 환자 중 다수가 더욱더 심각하고 돌이킬 수 없는 소화기 질환으로 발전할 것으로 확신한다.

2

장내 미생물
정원을 가꾸자

면역계가 장과 협력한다는 걸 알았으니 조금 더 깊이 파고들어보자. 장에 사는 세균만 100조 마리로 추정된다. 달리 말하면 체세포의 5배에서 10배에 달하는 세균 세포가 존재한다는 뜻이다.[51]

이 마이크로바이옴은 수천, 수만 년 전부터 우리와 함께했다. 그리고 이 생태계에는 유익균과 유해균이 존재한다. 그 사실이 놀라울 수도 있다. 보통 세균이라면 병을 일으키는 해로운 존재고, 항생제나 항균제로 싸워야 할 대상으로 보기 때문이다. 특히 요즘 세정제는 '항균' 효과가 있다고 광고한다. 비누, 손 소독제, 물티슈, 심지어 치약까지 해로운 균을 물리친다고 주장한다.

하지만 지난 몇 년간 진행된 획기적인 연구에서 일부 세균은 우리 몸에 좋을 뿐만 아니라 건강에 꼭 필요하다는 사실이 밝혀졌다.[52] 유익균이 유해균을 이기는 한, 세균은 24시간 내내 제 역할을 다하므로 에너지는 넘치고 소화기는 건강하고, 정신은 명료하며 집중력은 예리해진다. 정확히 어떤 일을 하냐고? 일부 세균은 효소를 분비해서 음식물을 분해하고, 또 다른 세균은 기분을 좋게 해주는 신경 전달 물질인 세로토닌 같은 필수 복합체와 비타민을 공급한다('직감 gut feeling'이라는 표현은 허튼소리가 아니다. 세로토닌을 비롯한 신경 전달 물질의 85%가 장에서 생성되니까. 장의 마이크로바이옴이 불균형하면 면역과 기분, 에너지가 망가질 수 있다). 일부 세균은 배가 고프거나 부르다고, 오후 4시에 간식이 '필요하다고' 메시지를 보내며 신진대사를 조절한다. 장내 미생물군은 면역계를 위해 수없이 많은 일을 하며, 우리는 최대한 건강해지려면 마이크로바이옴을 어떻게 최적화해야 하는지 이제야 조금씩 이해한다.

안타깝지만 최근 연구에 따르면 평범한 미국인의 장내 마이크로바이옴은 우리 조상은 물론 비서양 문화권보다 다양하지도, 풍부하지도 않다.[53] 서양 문화와 식단, 생활 방식 때문에 미생물군의 다양성이 줄어들었다는 믿음이 번지고 있다. 마이크로바이옴의 세균 함량 감소가 서양에서 비만, 자가 면역 질환, 위장병 등의 각종 질환이 증가한 것과 관련이 있다는 사실도 밝혀졌다. 또 다른 연구에 따르면 서양인의 마이크로바이옴에서 복잡한 장내 식물 섬유를 처리하는 특정 세균이 비서양 문화권이나 선사시대보다 감소했다고 한다.[54] 서양식 식단은 지방과 당 함량이 높고 식이 섬유 섭취가 낮다고 추정된다. 좌식 생활은 물론 강박에 가까운 위생 습관과 항생제 남용도 도움이 되지 않는다.

이런 현대식 생활 방식이 안전하긴 하지만, 이 안전의 단점은 섬세한 장내 미생물군 균형이 깨진다는 것이다.

면역계와 소통하는 장 세균이 부족하면, 시스템이 고장 나서 장 누수를 비롯한 만성 질환과 병으로 이어질 수 있다.[55] 우리 몸이 꾸준히 잘 작동하려면 세균이 풍부해야 한다.

장 누수 증후군

장 누수가 정확히 무엇일까? 이것이 실제 질환인지 의료계에서는 아직도 논쟁의 여지가 있지만, 그 존재를 뒷받침하는 과학적 근거가 늘어나고 있다. 최소한 장 투과성intestinal permeability은 인정받는 추세다. 장을 입에서 항문으로 이어지는 두껍고 단단한 관이라고 생각해보자. 이 관은 탄성이 상당히 좋은 편이다. 이물질이 다른 신체 부위에 통과하지 못해야 하기 때문이다. 면역계가 허락하지 않는 이상 무엇도 장기나 혈류에 들어가지 못한다. 이 관은 외부 물질(예를 들어 음식물)이 다른 신체 부위와 혈류에 못 들어가게 막고, 미생물과 영양분은 통과시킨다. 하지만 만성 염증은 장벽에 틈이나 구멍을 내서 상대적으로 큰 입자를 투과한다. 이런 현상을 '장 투과'라고 한다. 비전문가들은 장 누수라고 부르기도 한다. 장벽은 독소와 음식, 약물, 스트레스로도 손상될 수 있다. 이런 입자는 바이러스처럼 외부 침입자로 간주되어 공격받는다.

장 누수를 일으키는 범인

- 충전재, 안정제 같은 화학 물질이 들어간 가공식품
- GMO를 포함한 음식(물론 논쟁의 여지가 있지만 제일 흔한 식품이 옥수수와 콩이다)
- 지나친 소금과 설탕
- 유제품과 글루텐 같은 식품에 대한 민감증
- 이부프로펜과 항생제 같은 특정 약품
- 환경 독소
- 화장품
- 대기 오염
- 플라스틱과 금속
- 세척제

복부 팽창과 소화 불량, 경련, 가스 따위로 고생한 적 있는가? 음식 알레르기와 불내성은 복부 팽창이나 불편감을 일으키며 장 누수 증후군의 위험 신호로 꼽힌다. 장 누수가 장 증상을 일으키는 게 아니라는 주장도 있다. 예를 들어 장 누수 증후군 환자 가운데 다수가 소화 문제를 겪지 않는다. 그보다는 피부 트러블과 브레인포그, 불안, 자가 면역 질환, 관절 통증처럼 언뜻 상관없어 보이는 증상으로 문제가 드러난다.[56] 어쨌든 장 누수 증후군은 공식적인 의료 진단은 아니지만 어떻게든 피해야 한다.

장과 뇌는 서로 연결되어 있다

앞서 뇌와 장은 연결되어 있고 장이 신진대사와 면역계, 뇌 건강에 영향을 미친다는 사실을 이제 막 알아가고 있다고 언급했다. 예를 들어 뇌와 장은 말 그대로 근육층 신경얼기myenteric plexus(뇌 신호의 영향을 받는 신경 섬유와 신경 세포의 네트워크)로 연결되어 장벽의 막을 형성한다는 사실을 알아냈다. 이런 의미에서 보면 장은 신경계의 일부이기 때문에 뇌는 장 기능에 쉽게 영향을 미친다. 또한 장에 '염증이 생기면' 뇌가 감지해서 슬프거나 불안한 감정이 생긴다는 과학적 근거도 늘어나고 있다. 장 세균은 분자를 생성해서 단것을 당기게 하거나 걱정스러운 기분을 일으키기도 한다.

스트레스와 감정은 장 건강을 조절하며 그 반대로도 작용한다. 불안과 스트레스, 우울은 소화에 영향을 주어 복통과 영양 흡수 불량, 위장 문제로 나타난다. 장 미생물군이 불균형하고 장이 새면 신경 전달 물질에 영향을 줘서 우울과 기분 장애, 과민증, ADHD, 브레인포그, 불안이나 극심한 피로가 생긴다. 심지어 자폐와 당뇨병, 알츠하이머 같은 심각한 질환과 장 건강의 관계를 밝힌 연구도 있다.

면역계가 맞닥뜨리는 문제는 과활성overactivity과 저활성underactivity이다. 저활성은 대단히 심각한 장애로 보통 태어날 때 발견된다. 이 장애가 있으면 성인이 될 때까지 생존하기 힘들다. 우리는 자가 면역 장애라고 불리는 과활성 상태를 주로 살펴볼 예정이다. 자가 면역성은 음식과 환경 알레르기, 천식, 습진을 비롯하여 크론병, 하시모토병, 당뇨병 같은 질환으로 이어진다. 면역계가 저활성 상태일 때는 자주 아프거나 바이러스, 진균, 효모 감염이 일어나기 쉽다. 장과 면역계는 밀접하게 연결돼 있으므로 장을 초기화하면 대부분의 자가 면역 문제가 개선되거나 사라진다.

점검

당신은 장내 미생물군은 안녕한가?

우리 장에는 유익하거나 해로운 미생물 균체와 세균이 가득하다. 유익균이 유해균보다 우세하면 평형이 유지되어 소화관도 건강하고 온몸이 잘 작동한다. 평형이 깨졌다는 건 어떻게 알 수 있을까? 아래 증상이 있는지 확인해보자.

✓ 소화 문제: 팽창, 변비, 소화 불량 등
✓ 우울이나 불안
✓ 브레인포그
✓ 피로
✓ 피부 문제: 습진, 건선, 무좀
✓ 신진대사 문제: 체중 감량 불가, 체중 증가, 당뇨병
✓ 알레르기
✓ 천식
✓ 자가 면역 질환
✓ 자주 아픔

위 증상 중에 두 가지 이상이 해당한다면 어떤 형태로든 장내 미생물군의 균형이 깨졌을 가능성이 크다. 장내 미생물군 불균형을 일으키는 일반적인 원인을 다시 짚어보자.

- 항생제
- 피임
- 비스테로이드 소염제(아스피린, 이부프로펜, 항염증제)
- 정제 설탕과 탄수화물, 가공식품이 많은 식단
- 발효 섬유질이 낮은 식단(통곡물, 과일, 채소)
- 만성 스트레스
- 신경 장애 및 질환
- 과도한 위생과 세정

여성의 장

최근 연구에 따르면 장내 미생물군은 에스트로겐 수치 조절에 중요한 역할을 한다. 심지어 에스트로볼롬이라는 에스트로겐 전용 미생물 그룹도 존재한다. 이 에스트로볼롬은 에스트로겐을 대사하는 미생물로 구성되며, 장내 세균 불균형dysbiosis(마이크로바이옴 불균형)이 생기면 에스트로겐 분비가 줄어들거나 늘어난다.[57] 에스트로겐이 지나치게 많거나 적으면 신체 기능이 무너지고 자궁 내막증, 다낭성 난소 증후군, 유방암 등 에스트로겐 관련 질환으로 발전할 위험이 커진다. 폐경기 여성의 경우 비만, 심혈관 질환 발병률이 높아지고 어떤 형태든 기능 장애가 있다면 골다공증이 발생할 수 있다.[58] 그러니 여성들이여, 부디 에스트로겐 균형을 유지하길 바란다.

무엇을 피할 것인가

마이크로바이옴을 활기차고 건강하게 유지할 자연적인 방법이 많다. 목표를 달성하기 위해 무엇을 먹고 또 피해야 하는지 알아보자. 먼저 나쁜 것부터 쫓아내야 한다.

장 문제를 일으키는 범인 중 1위는 단연 정제당이다. 가능하다면 당이 첨가된 음식을 먹지 말자. 내가 말하는 기준은 5g 이하다. 미국 심장 협회의 허용 수준인 25g보다 훨씬 적으며, 협회 기준은 내가 보기에 지나치게 높다. 왜냐고? 당은 장에 서식하는 병원균(유해균)과 효모균, 진균을 키운다. 말 그대로 나쁜 세균의 먹이인 셈이다. 설탕은 위장균에 급격히 흡수되어 빠르게 에너지를 공급하고 금세 나가떨어지게 한다. 같은 맥락에서 아스파탐 같은 인공 감미료도 무조건 피하자(식물에서 천연 추출된 고품질 스테비아는 설탕 대체품으로 사용해도 좋다). 과일이나 고구마 같은 비가공 음식에 존재하는 자연 발생 당은 괜찮다.

장 건강을 생각할 때 항생제도 고민해야 한다. 항생제는 우리를 아프게 하는 유해균을 죽이려고 복용하지만 결국 유해균뿐만 아니라 유익균까지 죽인다. 여러 연구에서 항생제가 마이크로바이옴을 '어지럽히고' 심지어 일부 종은 멸종시킨다는 사실이 밝혀졌다. 이렇게 장에 '핵폭탄'이 떨어지면 회복하기 어렵다. 그러니 항생제를 복용할 때는 꼭 필요한지 확인해야 한다. 한 차례 항생제를 복용했다면 질 좋은 자연식품으로 유익균을 보충해야 한다. 특히 프리바이오틱스와 프로바이오틱스 음식을 섭취하자(보충제가 아니다). 요즘 인기를 끄는 손 소독제에도 같은 개념을 적용할 수 있다. 코로나19 때문에 손 소독제와 세정제, 표백제를 남용하면 마이크로바이옴이 손상된다. 자녀가 있거나 주변에 아이가 있으면 흙으로, 혹은 흙이 있는 곳에서 놀라고 해라. 연구에서 확실하게 밝혀진 건 아니지만 같은 이유로 흙은 어른에게도 좋다. 지나치게 소독하지 말자!

코로나19 이후 바이러스 대응

의사와 건강 전문가들은 오랫동안 지나친 소독의 위험성을 경고했다. 유해균과 함께 유익균까지 죽이면서 장내 미생물군이 위험해졌기 때문이다(우리 면역계의 최소한 70%가 장에 존재한다는 사실을 기억하자). 하지만 코로나19가 터지면서 이 사고방식은 폐기돼버렸다. 워낙 낯선 병이었기 때문에 과학계는 독감보다 감염성이 훨씬 높다는 것 말고는 어떻게 전염되는지 제대로 설명하지 못했다. 그래서 사람들에게 마스크를 쓰고, 만지는 건 전부 닦고, 집에만 있으라고 했다. 갑자기 다들 소독하지 못해 안달을 냈다. 최악의 위기가 지나기 전까지 소독제를 상자째로 사들이는 한편, 마스크를 썼고, 집 밖으로 나가길 무서워하는 고립주의자가 됐다. 그렇다면 팬데믹이 끝난 지금, 무엇으로 장 건강을 지켜야 할까? 나는 상식이라고 대답하고 싶다. 경계를 늦추면 안 되지만 경계가 지나치면 딜레마에 빠질 수밖에 없다. 지나치게 소독하고 씻어 대면 코로나19 같은 바이러스와 싸우도록 면역계를 도와주는 유익균까지 죽일 수 있다. 나는 손 소독제보다는 물과 비누로 손을 씻는 편을 선호한다(20초 규칙). 소독제에는 유독 성분이 포함되기 쉽기 때문이다. 그리고 물론 올바른 음식을 먹어서 유익균을 죽이지 않고 더 많이 생성해야 한다.

장 건강을 위해 꼭 피해야 할 것들을 더 살펴보자.

- 비스테로이드 소염제: 이부프로펜과 아스피린은 장벽을 손상한다고 알려졌으며 장 누수를 방지하려면 피해야 할 물질이다.
- 일반 유제품: 마트에서 샀거나 유기농이 아닌 우유, 치즈, 요거트도 금물이다. 유제품은 마이크로바이옴을 해치기 쉽고, 특히 유제품 민감성이나 알레르기가 있는데 진단받지 않았다면 더 위험하다. 여러 연구에서 우유와 염증의 상관관계가 드러났고, 알다시피 염증은 만성 질환으로 이어진다.
- 가공식품: 일반적으로 봉지나 상자, 캔에 들어 있고 성분이 세 가지 이상이면(도리토스, 심지어 케첩까지) 장 장애를 일으킬 수 있다. 음식이 고도로 가공될수록 위장관에서 외부 침입자나 위협으로 볼 확률이 높다.
- 글루텐: 밀 단백질은 가공식품에서 많이 발견된다. 심각한 글루텐 불내증인 복강병이 아니더라도 유전적으로 글루텐에 취약한 사람들은 장 누수 증후군이 생기기 쉽다.
- GMO: GMO가 장에 미치는 영향은 아직 논의가 진행 중이다. 하지만 GMO를 꼭 배제해야 한다는 확실한 근거는 나오지 않았다.

3

무엇을 먹을 것인가

식이 섬유가 핵심이다

그동안 연구하면서 배운 게 하나 있다면 장을 치유하려면 식이 섬유가 중요하다는 점이다. 식이 섬유는 말 그대로 장 세균을 키우는 먹이다. 수렵 채집 사회에서는 식이 섬유를 하루에 200g 섭취했지만 일반적인 현대 식단으로는 겨우 15g이 전부다. 장이 건강해질 만큼 충분히 섭취하지 못하는 셈이다.

4장에서도 간단히 소개했지만 장 세균은 장의 끝부분에 해당하는 결장에 몰려 있기 때문에 음식물이 거기까지 도착하는 게 중요하다. 하지만 우리가 먹는 음식의 영양소(단백질, 탄수화물, 지방)는 대부분 결장에 도달하기 전에 소화된다. 반면 식이 섬유는 결장까지 도착해서 유익균의 먹이가 된다. 결장에 서식하는 이 특정 세균은 단쇄 지방산을 생성하므로 잘 먹여야 한다. 단쇄 지방산은 조절 T 세포에 추가로 신호를 보내서 자가 면역과 알레르기를 방지하기 때문이다. 우리 몸에 흡수된 단쇄 지방산은 면역계를 진정하고 면역 반응을 줄이는 중요한 역할을 한다. 식이 섬유를 충분히 섭취하지 않으면 어떻게 될까? 굶주린 세균이 장 세포와 세균 사이에 존재하는 벽인 뮤신을 먹는다. 그러면 무시무시한 장 누수가 발생한다.

그렇다면 식이 섬유를 무엇으로 섭취할 수 있을까? 가장 좋은 원천은 발효성 식물 섬유에 함유된 복합 탄수화물이며 유익균의 성장을 촉진하는 음식인 프리바이오틱스와 장에 이미 존재하는 프로바이오틱스로 나뉜다. 프로바이오틱스는 많이 접했지만 비교적 낯선 프리바이오틱스는 프로바이오틱스의 먹이이며 프로바이오틱스의 효과를 높여준다. 프리바이오틱스를 섭취하려면 채소와 과일의 질긴 부분에 들어있는 셀룰로스 섬유소를 많이 먹어야 한다(브로콜리 줄기, 아스파라거스 밑동, 케일 줄기, 오렌지 과육 등). 프리바이오틱스가 특히 풍부한 음식을 살펴보자.

프리바이오틱스가 풍부한 음식

• 참마
• 감자
• 기타 덩이줄기(식물의 땅속줄기이며 영양분을 저장해서 뚱뚱해진 부분으로
  감자, 토란 등이 있다-옮긴이)
• 생강
• 리크(녹색과 흰색 부분)
• 과일과 채소의 섬유질 부분
• 꼬투리 열매, 콩류

경이로운 발효 식품

최근 인스타그램과 건강 인플루언서 사이에서 사골국이 다시 인기를 끌고 있다. 사골국의 기원은 히포크라테스에서 거슬러 올라가며 환자들에게 치료제로 처방했다고 한다. 하지만 직설적으로 말해서 사골국은 과대평가되고 과장됐다. 온갖 주장에 따르면 사골국은 영양이 풍부하면서도 열량은 낮고 단백질이 많고, 콜라겐을 비롯한 미네랄, 비타민이 풍부해서 관절 건강 증진, 항염증, 체중 감량 등 수많은 효과를 준다고 한다. 하지만 사골국이 유행하고 있고 당신이 좋아하는 유명인이나 운동선수, 인스타그램 인플루언서가 먹는다고 해서 그들의 주장처럼 마법의 영약이라는 뜻은 아니다.

사실 다른 음식보다 사골국으로 단백질, 콜라겐, 비타민을 섭취하는 게 몸에 좋다는 증거는 거의 없다. 사골국 팬들은 장 세균에 엄청난 효과를 준다며 열광한다. 쥐를 대상으로 한 연구에서 그런 가능성을 밝혀내긴 했지만 인간도 같은 효과를 볼 수 있을지는 모른다.[59] 이들이 주장하는 효과는 식물에서도 쉽게 찾을 수 있다. 예를 들어 케일을 살펴보자. 생케일 한 컵에 들어 있는 칼슘(90mg)은 사골국 한 컵에 든 양(9~14mg)보다 훨씬 많다. 병아리콩 한 컵의 단백질(11g)은 사골국 한 컵에 있는 양(10g)보다 조금 많다.

그래서 내 의견은? 글쎄, 그다지. 효과가 증명된 식품에 집중하는 편이 낫다. 프리바이오틱 섬유가 풍부한 식물을 먹자. 장을 풍요롭게 하는 영양소를 원한다면 '준비된' 프로바이오틱스가 들어 있는 발효 식품과 음료를 섭취해라. 미안하지만 맥주는 아니다.

- **발효 식품과 배양 식품**: 사우어크라우트, 김치, 미소, 나토, 템페
- **발효 유제품(소화할 수 있다면)**: 요거트, 케피르, 코티지치즈, 사워 크림(생크림을 발효해 신맛이 나는 크림-옮긴이), 크렘 프레슈(젖산을 첨가해 발효한 크림-옮긴이)
- **장에 좋은 그 밖의 음식**: 코코넛, 소화 효소, L 글루타민(비필수 아미노산으로 DNA, RNA 합성과 독소 배출에 도움을 준다-옮긴이), 알로에 베라, 사과 식초, 터머릭, 코엔자임 Q10(체내에서 합성되는 보조 효소로 항산화 작용을 한다-옮긴이), 마그네슘, 아침에 처음 마시는 물, 식사 20분 전에 마시는 물

하지만 이 모든 건 주인공이 아니다. 무엇보다 기본을 숙지하는 게 제일 중요하며, 특히 '흙을 가까이해서' 마이크로바이옴을 강화하고 다양성을 확보해야 한다. 좋은 프로바이오틱스 섬유와 프리바이오틱스를 강조하는 WTF 계획을 실천하자.

프로바이오틱스

프로바이오틱스나 발효 식품에는 영양소와 파이토케미컬(식물에 함유된 화합물로 체세포 손상을 억제한다고 한다-옮긴이)이 풍부하다.

유명인이 출연해서 요거트나 다른 프로바이오틱스 음료를 찬양하는 광고가 종종 눈에 뜨인다. 실체가 있는 것 같긴 하다. 시장에는 프로바이오틱스 제품이 넘쳐나고, 효험을 증명하는 연구가 딸린 것도 많다. 하지만 궁극적으로는 대부분 진짜 효과가 검증되지 않았고, 따라서 돈 낭비다. 프로바이오틱스 상품은 규제가 없다시피 해서 무엇이 충분하거나 지나친지 측정할 수 없다. 프로바이오틱스 제품 라벨에 표시된 세균 함유량은 부정확할 때가 많다. 사실 프로바이오틱스 제품을 사서 실제로 입에 뭐가 들어가는지 알기란 불가능에 가깝다. 한 연구에서 프로바이오틱스 제품 14종을 실험한 결과 라벨에 명시된 세균 종을 포함한 제품은 하나뿐이었다.[60] 게다가 식단이나 생활 방식은 바꾸지 않고 특정 프로바이오틱스를 섭취한다는 건 황무지에 소를 푸는 것이나 마찬가지다. 애초에 그런 제품을 먹을 필요가 없다. 콤부차나 코코넛 케피르(천연 프로바이오틱스를 함유한 발효 음료이며 케피르 그레인(유당을 발효하도록 우유에 넣는 균-옮긴이)만 있어도 직접 만들 수 있다)만 마셔도 효과를 볼 수 있다. 직접 만들기 번거로우면 케비타KeVita라는 브랜드를 추천한다.

미생물군 정원을
풍요롭게 가꿔라

수면과 스트레스 조절, 간헐적 단식은 모두 장을 회복하고 되돌리는 데 도움이 된다. 수면이 왜 중요할까? 면역계와 장을 처음처럼 복구하려면, 유일하게 검증된 방법이 바로 잠이다. 단적으로 말해서 장을 치유하고, 호르몬을 되돌리고 체중을 감량하려면 무엇보다 휴식이 필요하다. 이렇게 회복을 노린다면 며칠 푹 잤을 때 최고의 결과를 얻을 수 있다(이제 그 알람을 꺼라!). 보통 수면 시간은 8시간을 넘겨야 한다. 사실 나는 9시간은 자야 한다고 생각한다!

스트레스도 장에 부정적인 영향을 줄 수 있다. 스트레스를 받으면 부신 피질 자극 호르몬 방출 인자[CRF, corticotropin-releasing factor]라는 호르몬이 분비된다. 이 펩티드(2개 이상의 아미노산이 결합하여 형성된 화합물-

옮긴이)는 스트레스 신호를 보내는 분자로 우리 몸의 스트레스 반응을 조절한다. CRF는 장에 큰 영향을 미치며 염증과 장 투과, 내장 과민성 visceral hypersensitivity, 통증 인지, 장 운동성 증가로 이어질 수 있다. 이런 호르몬이 분비되면 시상하부–뇌하수체–부신이 부신을 자극해서 코르티솔을 생성하게 한다. 쥐로 실험한 결과 스트레스에 노출되면 특정 세균이 과도하게 성장하고, 스트레스받은 쥐의 대장에서는 미생물 다양성이 감소했다.

정원이 계속 번성하려면

장기적으로 꼭 지켜야 할 원칙은 다음과 같다.

1. 당을 최소화한다. '간식' 양을 10~15% 또는 200칼로리로 제한해라 (예를 들어 다크 초콜릿칩 1~2접시).
2. 매일 식이 섬유를 섭취해라. 열량이 아니라 식이 섬유를 계산해라.
3. 발효 음식, 식이 섬유가 풍부한 음식을 더 섭취해라(또 식이 섬유다). 사정상 발효 음식을 먹지 못하면 프로바이오틱스 보충제를 복용해라.
4. 더 자고 스트레스를 줄여라.
5. 조금 더러워져도 괜찮다!

한편 장 미생물군이 건강하면 스트레스에 만성으로 노출됐을 때 생기는 손상을 예방할 수 있다. 장 건강을 촉진하는 프로바이오틱스 식품을 먹고 장에 해로운 요인을 멀리하면 뇌의 스트레스 반응이 진정되고 기분과 여드름까지 개선된다. 연구에 따르면 매일 프로바이오틱

스 보충제를 복용한 건강한 성인은 위약을 복용한 그룹에 비해 기분이 나아지고 우울, 불안, 스트레스 비율이 감소했다.

궁극적으로는 신체의 자가 포식(음식이 들어오지 않을 때 발생하는 일종의 세포 청소 작용) 기전이 활성화돼야 한다. 이렇게 생각해보자. 집에 손님이 쉴 새 없이 오가면 청소할 시간이 별로 없을 것이다. 나가버린 복도 형광등을 고칠 시간도 부족하다. 우리 몸도 같은 식으로 반응한다. 우리 몸은 수리하고 회복할 시간이 필요한데 많은 물질이 들어오면 정기적으로 청소할 수가 없다. 간헐적 단식이 바로 그 수단이며 장을 재충전하고 체중 감량을 도와준다.

간헐적 단식은 엄청난 관심을 끌고 있는 주제고, 여러 연구에서 효과가 입증됐다. 단식은 정해진 시간 동안 몸을 쉬게 해서 장이 회복하고 쉴 수 있게 한다. 나는 일종의 간헐적 단식을 일주일에 2~3일 실천할 것을 추천한다(264쪽부터 시작되는 WTF 계획 참고). 장과 전반적인 염증에 충격적일 정도로 효과를 발휘한다! 간헐적 단식이 노화와 염증을 방지하고 장을 쉬게 하는 핵심이라고 생각하는 사람들도 있다.

식이 섬유를 풍부하게 섭취하고, 장을 망가뜨리는 흔한 요인을 제거하고 당과 가공 글루텐 섭취량을 줄이고 나서 다음 단계로 간헐적 단식을 시작하면 된다. 다만 한꺼번에 너무 많은 일을 시도하지는 말자. 간헐적 단식을 더 자세히 알고 싶다고? 다행이다. 다음 장에서 다룰 테니까!

생체 리듬 단식이란 무엇인가

아무도 몰랐던
에너지의 샘이 있다

내 아버지의 고향은 서부 인도의 작은 도시 팔레즈 Palej로 전기가 들어오지 않는 곳이었다. 거리는 가스등으로 환히 빛났고 집마다 초를 밝혔다. "촛불만 켜고 할 수 있는 일은 별로 없어. 그래서 해가 지고 두세 시간이 지나면 잠자리에 들었지. 해가 뜨면 햇살이 들이치니까 곧장 일어났어. 그 시절에는 암막 커튼이 없었거든." 아버지는 우리가 어렸을 때 이런 얘기를 자주 하셨다. 말수가 적은 분이었고 어린 시절 얘기는 거의 안 하셨기에, 일단 이야기를 시작하시면 우리는 늘 귀담아들었다. 아버지와 네 형제는 가끔 테라스에 나가서 별빛 아래 잠이 들고, 아침에 태양이 떠오르면 깼다고 했다.

전기가 발견되기 전에 인간은 수천 년 동안 이렇게 살았다. 태양이 뜨면 같이 일어나고 어두워지면 잠자리에 들었다. 우리가 자연과 공유하는 아름다운 자연 리듬이며, 인간의 내부 시계는 이런 생체 리듬에 맞춰 설정되기 때문에 지금도 다양한 방식으로 이런 리듬에 따라 살아간다.

지구의 모든 유기체에는 낮과 밤에 적응하는 '시계'가 있다. 이것을 '하루 주기circadian'라고 하며 라틴어로 circa는 '주변'을, dies는 '낮'을 뜻한다. 우리의 내부 시계는 수면과 기상 주기를 조절하고, 신체 자원을 최대한 활용하기 위해 대략 24시간마다 반복된다. 토머스 에디슨이 전구를 발명하기 전에는(그리고 스티브 잡스가 아이폰을 발명하기 전에는) 불을 제외하면 태양이 유일한 조명원이었기 때문에 인간은 자연의 낮과 밤 주기에 따라 행동하고 활동했다. 내 아버지가 어렸을 때 가족들이 그랬던 것처럼 말이다.

최근 몇 년간 우리는 생체 리듬이 무엇이고 건강과 어떤 관련이 있는지 알아냈다. 예를 들어 이 내부 시계가 '시신경 교차 위핵suprachiasmatic nucleus'이라는 뉴런으로 구성됐고, 이 뉴런은 시상하부에 위치하며 수면과 기상 주기에 영향을 미친다는 건 오래전부터 알고 있다. 하지만 '모든 장기의 모든 세포'에 개별적으로 시계가 들어 있고 중추 생체 리듬 시계가 없어도 작동한다는 사실은 최근에서야 밝혀졌고 아직 완벽히 이해하지는 못했다. 2017년 노벨 의학상은 '생체 리듬을 조절하는 분자 메커니즘을 밝힌'[61] 세 명의 과학자 제프리 C. 홀Jeffrey C. Hall, 마이클 로스배시Michael Rosbash, 그리고 마이클 W. 영Michael W. Young에게 돌아갔다. 이들은 작은 초파리를 대상으로 생물체의 일상 리듬을 제어하는 유전자를 분리하여 단백질이 낮에는 축적되고 밤에는 분해된다는 사실을 밝혀냈다.

이 연구 결과는 모든 세포에 뇌와는 독립적인 내부 시계가 존재한다는 사실을 보여준다. 피부와 근육, 위장관, 심장, 간에 작은 타이머가 있고 모두 정해진 시간에 맞춰 일한다고 생각해보자. 또한 모든 세포의 미토콘드리아(활동에 필요한 에너지를 생산하는 미세 세포 기관)가 생체 리듬과 맞물려 있기 때문에 '무엇을' 먹느냐에 못지않게 '언제' 먹느냐도 중요하다.[62] 살아 있는 유기체가 다 그렇듯 우리 몸의 세포도 해가 뜨고 지는 것에 반응하며, 그 주기에 따라 내부 시계를 설정한다.

이제 이 아름다운 타이밍을 어떻게 망치는지 살펴보자. 수면 패턴과 식사 시간은 끊임없이 바뀌고 내부 시계를 망가뜨리는 낯선 환경에 계속 노출된다.[63] 사방에 널린 형광 물질과 컴퓨터, 휴대폰, TV, 자동차 대시보드 화면에서 나오는 LED 조명은 낮과 밤을 기반으로 우리 몸을 움직이는 자연 주기를 교란한다. 산업화 시대에는 시간대가 다른 먼 나라로 여행할 수 있고 24시간 내내 통신과 소식을 주고받을 수 있으며, 야간조로 일하는 것이 가능하다. 실제로 많은 이가 이렇게 일한다.

이런 산업 '발전'은 현대로 진입하려면 꼭 필요하지만 의도하지 않은 결과가 뒤따랐고, 이것이 자연 주기에 어떤 의미인지 최근에서야 알게 됐다. 이런 교란이 몸에 얼마나 영향을 주는지 확실히 밝혀지진 않았지만, 여러 연구에서 건강과 장수에 중요한 역할을 한다는 사실이 드러났다. 학계에서는 지금도 생체 리듬이 일상 에너지와 체중, 장 건강, 정신 건강, 의사 결정 능력에 어떤 영향을 미치는지 파헤치고 있다.

이 사실을 뒷받침하는 증거가 앞으로 몇 년 동안 수없이 발견되겠지만 우리는 당장 대응해야 한다. 초조해하지 말자. 이 문제를 해결할 계획이 있다. 에너지를 끌어 올릴 답은 이미 당신 안에 있으며, 식사와 수면 주기를 생체 리듬과 연결해서 최적화하면 된다. 하지만 먼저 생체 리듬이 우리 건강에 얼마나 중요한 존재인지 살펴보자.

2

생체 리듬은
정확히 어떻게 작용할까

　모든 세포에는 저마다 자연 생체 리듬에 따라 작동하는 시계가 있다. 온몸에 퍼져 있는 수많은 생체 리듬 시계는 눈에 존재하는 뉴런에서 직접 정보를 받아 시간을 설정하며, 이 뉴런은 앞서 언급한 뇌의 시신경 교차 위핵으로 이어진다. 또한 생체 시계는 태양으로부터 직접 정보를 받기도 한다. 이런 사실이 왜 중요할까? 최근까지만 해도 시신경 교차 위핵으로만 생체 리듬을 조직하는 줄 알았지만, 이제 세포 수준에서도 일어난다는 사실이 밝혀졌다. 예를 들어 쥐를 대상으로 한 연구에서, 망막 뉴런이 없는 쥐도 조직에 존재하는 독립적인 생체 시계 덕분에 생체 리듬을 유지할 수 있었다. 멋지지 않은가?

　이런 자연 리듬이 역할을 제대로 하면 조화를 누릴 수 있다. 즉 낮에는 활동적이고 생산적이며 밤에는 쉬면서 몸이 회복에 집중한다는 뜻이다. 하지만 문제가 발생한다. 현대의 생활 방식이 중추 시계와 각 세포에 존재하는 시계를 교란하는 바람에 제때 매끄럽게 작동하지 못하고, 우리 몸은 조화를 벗어나 기력을 소진한다. 밤이 늦어도 안 자고 새벽 2시까지 인스타그램을 확인하거나 자정에 간식을 먹으면, 휴식하고 복구해야 하는 자연 주기를 방해하게 된다. 몇 시간은 걸리는 일을 한 시간에 하려 한다고 상상해보자(쉴 틈 없이 손님을 맞아야 하는 상황을 기억하는가?). 스트레스는 스트레스대로 받고 거의 불가능하지 않을까? 분명히 뭔가 잘못될 것이다.

하지만 생리적 시계를 망가뜨리고 잠을 충분히 안 자면 우리 몸도 이렇게 된다. 몸이 스스로 회복할 시간을 주지 않으면 일을 마무리할 수 없다. 몸이 다음 날에 활동하려면 우선순위를 정해야 하지만 준비할 수가 없다. 회복이 끝나지 않으면 피로와 에너지 부족, 장기적으로는 질병으로 이어진다.

교대 근무자들의 생체 리듬이 깨지고 있다

38살 케이트는 지역 병원의 산전 병동에 근무하는 성실한 간호사였다. 하지만 그 성실함이 그녀의 발목을 잡았다. 오랜 근무 시간(일주일에 세 번 12시간 교대 근무)과 스트레스가 심한 환경은 피로와 변비를 일으켰다.

"저는 제 일과 아기들을 사랑해요. 하지만 시간대가 너무 정신없고 에너지를 많이 빼앗기는 것 같아요. 무슨 방법이 없을까요?" 답답함이 묻어나는 목소리로 케이트가 물었다. 야간 근무나 시간 외 근무를 하는 사람이 수백만 명에 달하며 사회가 지속하려면 이들의 헌신이 꼭 필요하지만(순찰하는 경찰, 계속 대기해야 하는 응급 구조원, 미로 같은 터널을 관리하는 지하철 승무원 등) 다들 건강이 위험하다. 2004년 노동 통계국 Bureau of Labor Statistics 자료에 따르면 1,500만 명의 미국인이 저녁조, 야간조, 교대조, 기타 고용주가 정한 불규칙한 일정으로 근무하고 있다. 수면 재단Sleep Foundation에 따르면 미국의 정규직 임금 근로자 가운데 약 15%가 낮이 아닌 시간에도 교대 근무를 한다고 한다. 그 일이 얼마나 숭고하든, 일하면서 다른 사람들의 생명을 얼마나 많이 구했든 이들은 생체 리듬을 꾸준히 교란하면서 서서히 생명을 갉아 먹는다.

생체 리듬과의 조화가 깨지면 수많은 문제가 발생한다(교대 근무를 안 하더라도 불면증에 시달린다면 경험할 것이다). 우리는 자면서 인간 성장 호르몬을 분비한다. 깊이 잠들었을 때 회복을 돕기 위해 분비되는 호르몬이다. 잠이 모자라면 몸이 회복하도록 도와주는 인간 성장 호르몬이 충분히 분비되지 않는다. 밤늦게 음식을 먹으면 위는 회복에 쓸 에너지를 소화에 동원한다. 그 결과 소화도 잘 안되고(위산 역류와 소화 불량이 찾아온다) 장기적으로는 장에 병이 생긴다.

피곤한 뇌는 하루에 필요한 에너지의 양을 잘못 해석해서 실제보다 배고프다고 생각하도록 우리를 속인다.[64] 먹는 양은 늘어나고 선택하는 음식의 질은 떨어진다. 뇌의 의사 결정 부문이 제대로 작동하지 않기 때문이다(최근에 피곤했던 때를 생각해보자. 칩과 쿠키에 계속 손이 가지 않았는가? 음식을 계속 먹으면 기분이 나아지고 정신이 들 것 같다고 생각했는가? 최선을 다해 잘못된 결정을 내린 결과다). 밤늦게 음식을 먹으면, 신체는 밀어닥친 음식물을 처리하기 위해 어쩔 수 없이 인슐린을 분비하고 결국 장 건강을 해치게 된다.[65]

무엇보다 믿을 만한 연구에서 과도한 업무 일정은 암과 수명 측면에서 대단히 부정적인 결과를 가져온다는 사실이 밝혀졌다. 세계 보건 기구에서는 최근 교대 근무를 발암 물질로 지정했을 정도다.[66] 이 시간대에 근무할 수밖에 없는 사람들에게 이런 위험을 지적하면 마음이 불편하겠지만, 사실을 인지하고 최악의 결과를 차근차근 피해 나가야 한다(햇빛이 날 때 음식을 먹고 최대한 물리적으로 밤에 자는 것이 중요하다).

현대적 생활이 수명을 깎는다

오늘날 혁신이 가져온 편리한 생활은 단순히 교대 근무의 해악을 넘어 생체 리듬에 막대한 영향을 미친다. 주위를 둘러보자. 아마 당신은 이 책을 아이패드로 읽고 있을 수도 있다. 바로 옆이나 테이블 위에 휴대폰이 있는가? 조명을 켜놓고 독서하는 중인가? 배가 고파서 냉장고에서 간식을 꺼내 먹고 싶다고? 냉장고 문을 여는 순간 불이 켜진다.

대부분의 디지털 기술에 사용되는 청색광이 우리를 폭격하고 있다. 망막의 멜라놉신melanopsin이라는 단백질은 뇌의 중추 생체 시계를

'설정'하고 멜라토닌을 분비하는 중요한 역할을 하는데, 청색광 스펙트럼이 이 역할을 방해한다. 적색광이나 녹색광, 심지어 전구에 사용되는 황백색광과 달리 청색광은 뇌에 깨어 있으라는 신호를 보내며 수면 호르몬인 멜라토닌 분비에 영향을 주기 때문이다.[67]

사실 생체 리듬에 가장 큰 혼란을 초래하는 건 멜라토닌이다. 보통 밤에 분비되어 졸리게 해서 회복을 시작하도록 도와주지만, 청색광에 노출되면 분비를 중단하거나 미룬다. 청색광이 나오는 컴퓨터와 태블릿, 휴대폰이 수면을 망치긴 하지만 생체 리듬 교란으로 건강에 미치는 영향은 단순히 수면을 훨씬 넘어선다. 청색광에 한 시간 노출되면 멜라토닌 분비가 세 시간 늦어지며 멜라토닌 분비량을 최대 50%까지 낮춘다.[68]

밤에 인공조명에서 일하면 종양 성장을 억제한다고 알려진 멜라토닌 수치가 낮아지기 때문에 암이 발병할 위험이 커진다. 교대 근무를 하지 않아도 시스템이 망가질 수 있다. 시차증이나 지나친 청색광, 인공조명은 우리 몸을 기능하게 하는 세포에 손상을 입힌다.

청색광이 건강에 전반적으로 어떤 영향을 미치는지 이제 막 파악하기 시작했지만, 인공조명은 직접 쳐다보지 않고 조명이 켜진 방에 앉아 있기만 해도 신체가 감지할 수 있다. 망막과 체세포가 방의 빛을 감지하고 연쇄 반응을 일으키면서(반응을 억제하기도 한다) 잠이 오지 않게 하고 회복 담당자에게는 휴가를 준다. 한마디로 청색광은 천천히 우리의 생명력을 갉아먹는다.

오늘날 정신없이 바쁜 생활 방식도 수면 시간에 영향을 주고 심각한 문제를 일으킨다. 6시간만 자는 건 아예 안 자는 것 못지않게 해롭고, 수면 손실은 인지 능력과 면역계, 에너지, 장 건강, 심지어 DNA에도 영향을 준다. 또 다른 놀라운 통계를 살펴보자. 수면 시간이 5시간 이하인 남성의 테스토스테론 수치는 6~10세 연장자와 비슷한 수준이다(이 연구에서는 여성을 포함하지 않았지만 성별과 상관없이 이런 호르몬 손상이 진행될 가능성이 크다).

청색광, 불규칙한 수면 패턴, 시간대를 넘나드는 여행, 그리고 수면 시간 부족은 그야말로 재앙을 불러오는 조합이다.

3

대체 생체 리듬
단식이 뭘까

현대적 생활 패턴이 건강을 어떻게 망치는지 충분히 겁을 줬으니(다 파헤친 건 아니다!) 이제 조금 안심했으면 한다. 시스템을 재정비할 간단한 방법을 살펴보자.

1. 매일 같은 시간에 잠들고 일어나라. 멜라토닌을 꾸준히 분비하는 데 도움이 된다.
2. 수면이 휴식이 될 수 있도록 거의 매일 7~9시간 정도 자라.
3. 저녁에 청색광을 최대한 줄여라(TV를 보거나 휴대폰을 들여다보거나, 밝은 마트를 돌아다니지 않는다).
4. (마지막을 위해 핵심을 남겼다) 내가 제안하는 생체 리듬 단식 프로그램을 실천해라. 알다시피 전반적인 건강에 장이 무척 중요

하지만, 생체 리듬을 지키지 않으면 장이 건강해질 수 없다.

'6시 이후에 먹는 건 다 엉덩이로 간다!'라는 말은 옛날부터 주부들이 그냥 생각 없이 한 말이 아니다. 잠시 음식을 중단하면 전반적인 건강에 큰 도움이 되며, 장을 쉬게 하는 '장 휴식'이 바로 그런 역할을 한다. 장 휴식이란 잠들기 두세 시간 전부터 음식 섭취를 중단하고 아침 늦은 시간까지 단식하는 것을 뜻한다. 수많은 연구에서 이 시간대(늦은 아침에서 늦은 오후나 이른 저녁까지)에 한정해서 식사하면 인슐린 수치와 수면에 이롭다는 사실이 밝혀졌다. 다들 알다시피 푹 자면 몸이 스스로 회복하는 데 도움이 된다. 여러 연구 결과 밤에 금식하면 세 시간마다 포도당이 4%씩 감소한다는 사실이 드러났다. 즉 잠들기 세 시간 전부터 금식하면 장기적으로 당뇨병과 심장병, 비만 위험이 줄어든다는 뜻이다(내 할머니는 다 알고 계셨나 보다. 잠자기 세 시간 전에는 먹지 말라고 항상 말씀하셨다).

간헐적 단식은 몇 년 전부터 큰 인기를 끈 유행어다. 2019년에는 구글에서 식이요법 검색어 순위 1위를 차지하기도 했다![69] 그럴 만한 이유는 충분하다. 그만큼 몸에 좋기 때문이다. 몸이 음식 섭취를 쉬게 해주면 허리둘레와 건강에 엄청난 효과를 가져온다는 사실을 수많은 데이터가 뒷받침해준다. 여러 연구에 따르면 간헐적 단식은 인슐린 저항성을 낮추고 에너지를 높이며, 인지력과 기억력을 향상하고 신경 성장 인자neurotrophic growth factor(뉴런의 성장과 보호를 촉진하는 단백질)를 생성한다.[70] 여러 그룹을 대상으로 연구한 결과 간헐적 단식은 심혈관 기능과 인지력 향상, 혈당과 체중 감소에 도움이 된다. 간헐적으로 단식하면 세포의 스트레스 대응력이 향상된다. 한 연구에서는 갑자기 단식을 시작하면 세포가 미약한 스트레스를 받아서, 나중에 질병으로 이어질 수 있는 다른 스트레스에 강해진다는 사실을 밝혀냈다. 이런 연구는 보통 규모가 작고 단기적이라는 한계가 있다. 단식을 얼마나 자주, 오래 해야 큰 효과를 볼 수 있는지 인간을 대상으로 자세히 파악한 연구는 거의 없다. 하지만 간헐적 단식의 효과를 확인하는 홍미진진한 연구가 계속 진행되고 있다. 2019년 12월 〈뉴잉글랜드 의학 저널New England Journal of Medicine〉에서는 다양한 연구 자료를 검토하여 간헐적 단식의 건강 효과를 확인했고, 단식하다 음식을 먹으면 'DNA 복구, 미토콘드리아 생성, 염증 감소 등 수많은 변화를 일으킬 수 있다'[71]고 했다. 정확히 무슨 뜻인지 자세히 살펴보자.

단식 프로그램의 목표

모든 단식 프로그램의 목표는 신체의 자가 포식autophagy 기능(말 그대로 스스로를 먹는다는 뜻)을 강화하는 것이고, 앞서 살펴봤듯이 신체가 스스로 청소하고 재생하는 방식이다. 자가 포식은 항상 소극적으로 일어나며 그 속도를 높이는 것이 중요하다. 자가 포식을 측정할 방법은 없지만(사람마다 진행되는 시간대가 다르다) 케톤증(포도당 대신 지방을 연료로 사용하는 대사 상태)이 자가 포식을 유발하는 것으로 보인다. 대부분 케톤증과 자가 포식은 16시간을 기점으로 시작된다(공복 운동으로 자가 포식을 일찍 시작할 수 있다). 이 상태에서 우리 몸은 손상된 세포를 청소해서 더 새롭고 건강한 세포를 재생하는데, 그러려면 음식이 못 들어오게 막아야 한다. 이렇게 열량의 원천을 막으면 케톤증이 시작된다.

글루카곤(인슐린과 반대로 혈당을 증가시키는 호르몬—옮긴이) 수치가 낮아지면 자가 포식이 시작된다. 조광기가 빛의 강도를 조절하듯이 자가 포식으로 생존을 위한 회복 모드에 진입하는 것이다. 청소를 얼마나 철저히 하는지, 자가 포식 세포를 들여다보면 어린 세포와 차이가 없을 정도다. 주사기 없이 노화 방지 시술을 하는 셈이다! 자가 포식이 언제 진행되는지 확실하진 않지만, 단백질과 당 보존량에 따라 실제 자가 포식은 14시간이나 16시간, 18시간, 최소한 24시간을 기점으로 꼭 활성화된다.

식사를 오래 중단할수록 좋지만(물론 합리적인 범위에서) 엄밀히 자가 포식에 도달하지 않았더라도 단식은 엄청난 효과를 가져온다. 〈뉴잉글랜드 의학 저널〉에서는 간헐적 단식을 했을 때 '대사 전환metabolic switching'이 시작된다고 했다. 단식하지 않을 때는 포도당을, 단식할 때는 지방산을 에너지원으로 번갈아 가며 사용하게 된다. 이것이 간헐적 단식의 마법이다. 식사를 한두 번 거르면 자연적으로 열량을 제한하면서 보호 기전이 시작되고, 다양한 세포 활동을 활성화한다.[72]

신체는 단식할 때나 자가 포식 상태일 때 미토콘드리아 기능(에너지 창조)과 스트레스 저항성, 항산화 방어 체계를 강화해서 대사 전환에 적응하는 것으로 보인다. 달리 말하면 단식에서 섭식으로 전환할 때 몸이 회복하고 예전보다 강해진다는 뜻이다. 단식할 때 케톤keton(지방이 간에서 분해될 때 생기는 산성 물질)이 증가하면서 포도당 수치가 감소하며 세포는 계속 성장하고 복구한다. 〈뉴잉글랜드 의학 저널〉에서는 간헐적 단식을 꾸준한 운동과 병행하면 장기적으로 정신 기능, 신체 기능, 장 미생물군 개선과 체중 감량, 염증 감소, 질병 회피 등의 효과가 있다고 꼽았다.[73] 한마디로 단식할 때마다 신진대사가 '강해진다'는 뜻이다. DNA가 회복되고 미토콘드리아의 생산 기능(예: 에너지 창조)이 활발해지며 자가 포식이 활성화되고 염증은 감소한다. 이렇게 단식에 적응하는 반응은 인간뿐만 아니라 모든 종에서 나타난다. 하지만 세상 사람들은 대부분 이 효과를 누리지 못한다. 단식을 안 해봤으니까!

나는 간헐적 단식의 효과를 나와 환자들에게서 직접 경험했다. 내 환자 줄리아가 완벽한 사례였다. 줄리아는 바쁜 음악가였고 항상 비행기나 기차, 자동차를 타고 공연하러 다녔다. 쉴 새 없이 활동하다 보니 체중 증가와 무기력증, 고혈압에 시달렸다. 그리고 진저리를 내며 나를 찾아왔다. "간헐적 단식 얘기는 정말 많이 들었고 저도 해보고 싶은데 뭐가 좋은지 헷갈려요. 너무 종류가 많아요!" 줄리아가 진료실에 앉아서 한 말이다.

나는 이렇게 대답했다. "몸에 지나친 스트레스를 주는 단식도 있어요. 줄리아처럼 바쁜 사람은 극단적으로 안 해도 돼요. 매일 어떤 음식을 먹는지 살펴보고 당신에게 맞는 방식을 찾아보죠." 줄리아의 생활 방식에 어떤 단식이 맞는지 논의한 후 스트레스를 조절하면서(단식을 시작하고 호르몬 균형을 잡을 때 제일 중요한 요인이다) 하루에 12시간씩 단식을 시작해보자고 했다. 추가로 과일과 천연 당을 제외한 당은 식단에서 완전히 빼기로 했다. 매일 자연에서 산책도 시작했다.

단식은 암을 억제한다

앞서 소개한 〈뉴잉글랜드 의학 저널〉 연구에서는 여러 임상 실험을 통해, 아직 실험 단계긴 하지만 간헐적 단식이 암을 억제할 가능성이 크다고 밝혔다. 그중 한 실험에서 공격적인 뇌암(교모 세포종glioblastoma) 환자를 추적 관찰한 결과 간헐적 단식이 암 성장을 억제하고 환자들의 생존율이 높아졌다는 사실이 드러났다. 다른 유력한 연구에서 간헐적 단식은 인슐린 유사 성장 인자 1IGF-1, insulin-like growth hormone factor 1와 암을 키우는 성장 호르몬에 보내는 신호를 줄였다. 또 다른 연구에서는 암세포가 성장하는 과정에서 정상 세포를 보호하는 특정 전사 인자transcription factor(DNA의 특정 부위에 결합하여 유전자 발현을 촉진하거나 억제하는 단백질-옮긴이)의 활동이 현저히 증가했다.[74] 2016년, 유방암 이력이 있는 여성들을 대상으로 밤에 평균 13.5시간을 금식했을 때 시간이 흐르면서 어떻게 되는지 추적한 결과 놀랍게도 유방암 재발률이 36% 감소했다.[75]

2주 동안 좋은 음식을 먹고 12시간씩 단식하고, 매일 산책한 결과 줄리아의 컨디션은 훨씬 좋아졌다. 교대 근무를 하는 케이트도 일정에 맞춰 간헐적 단식을 실천하면서 새로운 인생이 시작됐다.

종교적 단식

현대 문화권에서는 지금까지 이런 단식의 장점을 전혀 누리지 못했다.[76] 하지만 옛날 종교나 신앙에서 단식을 실천하는 경우가 많다. 이슬람교와 기독교, 유대교, 불교에는 저마다 특정한 단식 의례가 있다. 최근 학계에서 단식이 건강에 이롭다고 하는 걸 보면 흥미로운 일이다. 이런 종교적 행사 덕분에 단식의 건강 효과가 밝혀지기도 했다. 예를 들어 한 달 동안 라마단(새벽부터 일몰까지 음식과 물 섭취를 금지하는 종교 행사)에 참여하는 이슬람교도를 연구한 결과 간헐적 단식이 면역계와 심장 건강을 개선하고 당뇨병 위험을 줄인다는 사실이 드러났다.[77]

인기 있는 간헐적 단식 방법을 살펴보자. 여러분도 들어봤을 16/8은 16시간 동안 음식 섭취를 중단하고(보통 오후 8시부터 다음 날 정오까지) 물과 블랙커피만 허용한다. 구체적인 계획에 따라 간소한 간식을 먹기도 한다. 무척 인기가 높은 단식법이지만 단식을 처음 시작한다면 이 방법은 추천하지 않는다. 보통 미국인은 15시간 범위에서 식사하므로 12시간 단식(보통 오후 7시에서 오전 7시까지)부터 천천히 시작할 것을 추천한다. 그러면 체내 시계에서 단식을 받아들여 주기상 추가로 효과를 볼 수 있다.

나는 이것을 생체 리듬 단식이라고 부른다. 12시간 단식에 적응하면 졸업해서 14시간이나 18시간까지 단식 시간을 늘릴 수 있다. 24시간을 넘어가는 단식은 장기 단식prolonged fasting으로 본다.

간헐적 단식의 네 가지 실수

간헐적 단식을 하다 보면 초보적인 실수를 하기 쉽다. 나도 그랬으니까! 음식이 미친 듯이 당기는 순간도 오기 마련이다. 무엇을 피해야 하는지, 무엇을 해야 순조롭게 진행할 수 있는지 알아보자.

1. 오랫동안 지나친 강도로 해선 안 된다. 말 그대로 몸을 굶주리게 하기 때문에 간헐적 단식이 익숙하지 않으면 피로와 식탐으로 이어지고 호르몬에 부정적인 영향을 미칠 수 있다.

2. 당 섭취량을 줄여야 한다. 단식을 진행하면서 먹는 시간대에 지나치게 당을 섭취하면 몸이 당과 탄수화물 롤러코스터에 탄 것이나 다름없다. 그러면 신체 기능이 떨어지고 극심한 허기와 식탐으로 초조해진다.

3. 단식할 때 식탐에 굴복해서 과식하지 않는다. 단식 시간대에는 내가 제시하는 40칼로리 간식(282쪽 참고)을 활용해서 급격한 허기를 달래자.

4. 나와 맞는 단식법을 선택해야 한다. 만성 질환과 임신, 성별, 나이 같은 개인적인 건강 문제를 고려하라.

4

간헐적 단식도 좋지만
생체 리듬 단식은 더 좋다

앞 장에서 장 건강이 얼마나 중요한지 살펴봤지만 한 가지 중요한 요인을 생략했다. 장내 유익균도 우리 몸의 생체 리듬과 조화를 이루고, 시간대에 따라 더 활발하거나 덜 활발하다. 따라서 밤 중에 음식을 먹거나 넷플릭스를 보느라 늦게까지 자지 않으면 좋았던 관계가 영향을 받는다. 교대 근무자의 사례에서 살펴봤듯이 자연적인 식사 주기가 망가지면 밤에 일할 때는 졸리는 화학 물질이 분비되고, 낮에 자려고 할 때는 자극성 물질이 분비되어 잠이 오지 않는다.

간헐적 단식이나 장 휴식이 우리 몸에 얼마나 좋은지 살펴봤지만, 아 주 큰 퍼즐 조각을 놓치고 있다. 생체 리듬이 장에 무척 중요하듯, 이 리 듬을 간헐적 단식 일정에 제대로 반영해야 최대의 효과를 얻을 수 있다.

단식의 유형과 시간제한 섭식

인간은 진화하면서 계속 단식을 실천했고 필요해서 하는 경우도 많았다. 수렵 채집 생활을 하던 조상들에게 음식은 손 닿는 곳에 24시간 존재하지 않았다. 음식을 얻으려면 사냥하고 채집해야 했고, 오랫동안 못먹을 때도 있었다. 따라서 우리 몸은 어느 정도 음식 없이 지내는 데 익숙하며, 우리 조상들은 매일 세 번 꼬박꼬박 음식을 먹지도, 오후에 간식을 먹지도 않았을 것이다.

시대가 변했지만 최근 시간을 정해서 단식하는 식이요법이 인기를 끌고 있다. 이런 식이요법에서는 매일(혹은 일주일에 며칠) 12시간에서 24시간 동안 단식하고 물이나 열량이 거의 없는 음료만 섭취한다. 우리가 활력을 되찾으려면 수면이 필요하듯 소화관과 장기도 쉬어야 한다. 간헐적 단식에는 다양한 접근법이 있지만 격일 단식과 섭식 시간대 제한으로 요약할 수 있다. 격일 단식은 정해진 날에 거의 먹지 않고 다른 날에 좀 더 많이 먹는 방식이다. 제한적 섭식에서는 하루 중 먹는 시간대를 제한한다. 유명한 간헐적 단식 방법을 몇 가지 살펴보자.

- **5:2(단식 요법):** 영국에서 인기 있는 방식으로 매주 5일은 일반식을 먹고 이틀은 열량을 500칼로리로 제한하는 방법이다.
- **1일 1식(전사 요법**warrior diet**):** 20시간 동안 단식한 뒤 푸짐하게(건강하게) 식사한다.
- **16/8:** 린 게인 프로토콜leangains protocol이라고도 하며 아침을 건너뛰고 식사 시간대를 8시간(예를 들어 오후 1~9시)으로 제한한다. 마지막 식사와 첫 식사 사이 16시간 동안 금식한다.
- **먹고 쉬고 먹기:** 1~2주에 한 번, 저녁 식사부터 다음 날 저녁까지 24시간 금식한다.

하나 덧붙이자면 단식은 먹는 시간대를 제한하지만 하루 음식 섭취량을 제한하는 열량 제한법도 있다. 보통 일반인이 섭취하는 열량보다 25~50%를 덜 섭취한다. 열량 제한은 건강하게 장수할 수 있는 과학적인 방법이다. 생각해보면 간헐적 단식도 일종의 열량 제한법에 해당한다. 하지만 간헐적 단식이 더 유익한 것으로 보인다. 최근에 진행된 연구에서 열량 섭취를 25% 줄인 그룹과 5:2 단식을 실천한 그룹을 추적 관찰한 결과, 단식 그룹의 인슐린 민감도가 높았고 허리둘레도 더 많이 감소했다.[78]

단식하는 기간뿐만 아니라 시간대도 고려해야 한다. 생각해보면 음식 섭취를 중단해야 할 시간대가 존재한다. 하지만 사람들은 대부분 그 사실을 간과한다. 무엇이든 24시간 내내 할 수는 없다. 단식이 몸에 좋다는 걸 보여주는 연구는 많지만, 단식으로 '다양한 효과'를 보려면 생체 리듬과 맞춰야 한다. 즉 이른 시간에 단식을 시작해서 늦지 않게 마쳐야 한다. 예를 들어 WTF 계획에서 음식을 먹는 시간대는 오전 9시~오후 6시나 오전 8시~오후 8시로 설정한다.

간헐적 단식이 좋다는 증거가 더 필요한가? 생체 리듬 전문가인 사친 판다 박사는 한 어미에게서 나고 나이와 성별이 같은 쥐들을 연구했다. 한 그룹은 24시간 내내 고지방 고설탕 먹이를 주었고 다른 그룹은 같은 먹이를 주되 먹는 시간대를 8시간으로 제한했다. 두 그룹이 섭취한 열량은 똑같고 60%는 지방, 20%는 설탕, 나머지는 단백질에서 섭취했다. 18주가 지났을 때 8시간 동안 먹이를 먹은 쥐들의 체중은 평균

에너지 파괴자

저녁 늦게 음식을 먹으면 세포에 엄청난 피해를 주기 때문에 무조건 피해야 한다. 세포는 밤에 음식을 먹어서 생기는 포도당에 익숙하지 않다. 한밤중에 심하게 스트레스받거나 음식을 소화하느라 코르티솔 분비가 급증하면, 몸은 그 코르티솔을 생성하느라 바빠서 휴식 시간에 쉬지 못한다. 자연적인 생체 리듬에 맞춰 활동하면 호르몬 균형이 개선되고 장기적으로 건강이 좋아질 것이다.

보다 28% 덜 나갔다. 판다 박사는 정확도를 높이기 위해 실험을 세 번 반복했고 비슷한 결과를 얻었다. 또한 단식 그룹의 쥐들은 참을성이 늘었다(혈액의 케톤 덕분으로 보인다).

아직 증거가 부족하다고? 나는 생체 리듬 단식을 많은 환자에게 추천했고 대부분 변화에 열광했다. 예를 들어 매들린은 온종일 피곤하고 힘이 없었고 직장에서는 예민했다. 심장 전문의 보조에게 이런 짜증은 금물이었다. 나는 매들린에게 일주일에 사흘씩(운동하지 않는 날) 간헐적 단식을 하게 했다. 먼저 오후 8시 이후부터 오전 8시 이전까지 아무것도 먹지 않는다. 다음 날 아침에 블랙커피는 마실 수 있지만 정오에 점심을 먹을 때까지 기다린다. 또한 밤 9시나 9시 반에는 잠자리에 들어서 8시간 동안 숙면하게 했다.

몇 달 후에 매들린이 경과를 확인하러 진료실에 왔다. "어떻게 됐어요?" 난 매들린의 생각을 기대하며 물었다. "샤 선생님! 굉장해요! 매일 일찍 잠들고 보니까 이만큼 자야 했다는 걸 알겠더라고요. 간헐적 단식은 벌써 엄청난 효과를 봤어요. 이제는 아무 때나 내키는 대로 먹지 않아요. 저한테는 이 방식이 정말 잘 맞아요. 무엇보다 일하면서 인내심이 닳는 일도 없고 온종일 에너지가 넘쳐요. 새사람이 된 것 같아요!" 난 그런 말이 듣고 싶었다. 행복한 환자를 보면 나도 행복해진다.

만족한 고객은 내 집에도 있다. 내 남편 악샤이^{Akshay}다. 몇 년 전 남편은 39살에 커리어의 정점을 찍었지만 유난히 피곤해했다. 물론 중년이 되면서 우울해진 것도 있지만 활발했던 평소의 자신이 아니라고 느꼈다. 남편은 내 말에 따라 생체 리듬 단식을 시작하면서 판단력이 예리해지고 인생을 바라보는 시각도 나아졌다. 게다가 살도 빠졌다. 그렇게 남편의 삶이 변화한 지도 3년에 접어들어 체중을 18kg 감량했고, 기분이 좋아졌으며 활력이 넘친다. "난 의사인데도 직접 해보기 전에는 장 건강과 에너지의 관계를 제대로 몰랐던 것 같아." 그가 감탄하며 말했다. 무엇보다 멋진 건 이 계획으로 남편이 정신적, 영적으로 자신과 가까워졌고 우리 부부도 한층 친밀해졌다는 점이다. 남편은 머릿속이 맑아지면서 내 기분과 욕구에 귀를 기울여준다. 아주 괜찮은 부작용이다!

당신의 생체 리듬 유형은?

당신은 저녁형 인간인가, 아침형 인간인가? 사람들은 보통 자신이 어느 한쪽에 속한다고 주장하지만, 저녁형 인간이 된 이유는 너무 늦은 시간에 커피를 마시거나 TV를 보거나, 전자책 리더기를 사용하거나 스마트폰을 들여다보면서 어떤 형태로든 수면을 방해하는 빛에 노출됐기 때문이다. 그 결과 건강에 문제가 생긴다. 사실 사람들의 생체 리듬은 대부분 비슷하다. 스스로 저녁형 인간이라고 '생각하는' 이유는 외부 자극 때문이다. 하지만 실제로 늦게까지 깨어 있다가 늦게 자야 하는 사람들도 일정에 맞춰 식사 시간대를 뒤로 미룰 수 있다.

생체 리듬도 나이를 먹는다

평생 생체 리듬은 일정하게 유지되는 편이다. 하지만 나이가 들면서 바뀔 수 있다. 생체 리듬은 타이밍과 품질, 지속 시간 측면에서 수면에 영향을 미친다. 나이가 많은 성인은 적게 자는 편이고 예전보다 잠자리에 드는 시각과 깨는 시각이 이르다(그래서 얼리버드 특가가 인기를 끄나 보다!). 밤에는 이들의 인지 기능이 떨어지는 것으로 보인다.[79]

5

여성의 단식은 다르다

자세한 내용은 나중에 다룰 테지만 생체 리듬 단식이 어떻게 작용하는지 전반적으로 살펴보고 자연적인 생체 시계를 최적화하는 방법을 알아보자. 일단 간헐적 단식은 남성과 여성에게 다르게 작용한다. 이 책을 읽는 여성이라면 살면서 최소한 한 번 이상(열 번일수도 있고) 나처럼 급격한 다이어트로 고생한 적 있을 것이다. 나는 처음에 간헐적 단식이 흔한 '살 빼는 단식'으로 보여서 금방 그만뒀다. 여성의 단식 방법은 달라야 한다는 걸 깨닫기 전이었다.

여성의 몸은 굶주림과 영양 부족을 감지하도록 설계됐기 때문에 허기와 신체 스트레스에 매우 예민하다. 여성의 몸은 아이를 낳기 위해 임신과 양육에 필요한 영양을 얻으려 한다(모두 진화론적 가설에서 나온 주장이다). 간헐적 단식을 시작했다가 월경이 끊기거나 불규칙해지고, 주기상 다른 문제가 생기는 여성이 많다. 간헐적 단식이 몸에 지나친 스트레스를 준다는 신호다. 나는 환자들에게 월경 주기에 변화가 생기면, 지금 하는 단식이 너무 극단적이거나 맞지 않아서 몸이 보내는 신호라고 설명한다.

나는 처음에 다른 사람들을 따라 간헐적 단식을 시도했다. 곧바로 뛰어든 것이다. A+를 받는 모범생이 되고 싶었고 지나치게 공격적으로 시작하는 바람에 처참하게 실패했다. 사흘째 되던 날 이미 피곤했고 식탐이 걷잡을 수 없이 강해졌다. 잠을 제대로 못 잤고 운동하기도 힘들었다. 결국 신체 기능이 망가질 정도까지 갔다. 나는 일주일 정도 따라 했다가 그만두고 말했다. "이거 뭔가 이상한데."

당시에는 여성이 경험하는 간헐적 단식이 남성과 다르다는 사실을 몰랐다. 여성이 결과를 얻기가 더 까다로울 때도 있다. 생리적인 면과 체중 면에서 효과를 볼 수는 있지만 가끔 다르게 접근해야 한다. 사실 간헐적 단식의 방법이 잘못되면 여성의 호르몬 불균형을 초래한다. 우리는 굶주림 신호에 극단적으로 민감하기 때문이다.[80] 몸은 굶주림을 감지하면 배고픔 호르몬을 활발하게 분비한다. 그래서 단식을 중단하면 걷잡을 수 없이 허기가 몰려온다. 이는 우리 몸에 있을지 모르는 태아(임신하지 않았을 때도)를 보호하는 방식이다. 열정이 넘치고 바쁜 여성들은 이 배고픔 신호를 눈치채지 못하는 경향이 있다. 심지어 의도적으로 무시했다가 실패해서 나중에 폭식하고, 또 적게 먹었다가 다시 굶주린다. 그 결과는? 배란이 중단될 수 있다. 1장에서 언급했던

GnRH 교란을 기억하는가? 여성의 GnRH 박동은 간헐적 단식 같은 스트레스 요인에 매우 민감하게 반응한다.

하지만 내가 보기에 사람들은, 심지어 가임기 여성도 먹을 때 건강하게 먹으면 가벼운 단식 정도는 괜찮다고 생각하는 듯하다. 동물 실험 결과에 따르면 오랫동안 공격적으로 단식했을 때(48시간에 가깝게) 암컷 쥐는 2주 후 월경 주기가 끊기고 난소가 축소됐고 수컷 쥐는 테스토스테론 분비가 감소했다.[81] 하지만 구체적으로 인간 여성을 대상으로 단식을 연구한 적은 없고, 상당히 과격하게 단식을 진행한 쥐 실험 결과에 의존할 수밖에 없다. 이 연구가 인간에게도 적용할 수 있다고 보기는 어렵다.

내가 직접 단식하고 환자들의 단식을 지켜보면서 깨달은 건 단식이 여성의 호르몬 균형을 망치고 생식 능력에 문제를 일으키기도 하지만, 확인되지 않은 부작용보다는 효과가 훨씬 크다는 사실이다. 그러니 여성들의 몸과 호르몬이 익숙해지도록 저강도로 천천히 해야 한다. 가장 좋은 방법은 '점점 세게' 진행하는 것이다. 내 몸에 적합한 단식 방법을 찾을 때까지 점진적으로 맞춰가라는 뜻이다.

매일 단식하지 말고 '먹는 시간대'를 설정하면 호르몬을 위축하지 않고 간헐적 단식의 효과를 볼 수 있다. 일주일에 사흘씩(연속으로 사흘은 아니다) 12시간에서 16시간 정도 단식하는 방법을 추천한다. 그 사흘 동안 제한된 시간대(예를 들어 오전 10시에서 오후 7시)에 건강한 식사를 해야 한다. 일반적으로 아침을 미루기만 해도 목표를 달성할 수 있다. 단식하는 날에는 평소보다 짧게 운동하자. 평소보다 '짧아야' 한다면 내 경우에는 고강도 인터벌 트레이닝이나 좀 더 강도가 약한 요가 같은 운동을 의미한다.

유산소 운동을 격렬히 하는 날(한 시간 이상 달리기, 자전거 타기, 인터벌 트레이닝, 신진대사 자극 운동metabolic conditioning(웨이트와 유산소 운동을 결합하여 체력과 신진대사 발달을 추구하는 운동-옮긴이))에는 평소처럼 먹는다. 단식에 익숙해지면 조정할 수 있다. 물은 충분히 마시자. 차와 커피도 괜찮다.

2~3주 후에 익숙해지면 단식을 좀 더 자주 하거나, 주말에 단식 시간을 늘리고 주중에는 짧게 하는 식으로 도전해도 좋다. 이 계획이 모두에게 적합하진 않겠지만, 많은 여성이 효과를 봤다는 사실을 기억하자. 나는 수백 명에게 생체 리듬 단식을 처방했고 경이로운 결과를 얻었다. 생체 리듬 단식은 기억하기 쉬워서 바쁜 사람들도 얼마든지 할 수 있다. 내 환자 중에는 장 휴식을 게임처럼 한다는 사람도 있었는데 (좋아, 오늘은 16시간 동안 단식해볼까?) 이런 방식은 동기 부여에 큰 도움이 된다. 최적의 단식 시간대가 정해진 건 아니지만 이상적으로 최대 16시간까지 오래 할수록 효과가 커진다. 하지만 이런 단식은 꾸준히 하기 힘들기 때문에(그래서 16/8 단식이 유행으로 그치기도 한다) 나는 매일 16시간씩 단식하는 건 거의 권하지 않는다. 너무 오래 금식하지 않도록 주의하자. 그러다 모든 노력이 허사가 되기 쉽다. 대부분 12시간만 해도 효과를 볼 수 있다.

그 밖의 주기와 생체 리듬 단식

이런 단식을 진행할 때는 여성에게 고유한 호르몬 주기가 있다는 사실을 염두에 둬야 한다. 이렇게 호르몬이 변동하기 때문에, 나는 환자들에게 저조했던 호르몬이 점점 증가하고 에스트로겐이 우세한 전반기(첫날~14일, 난포기follicular phase)에는 간헐적 단식을 공격적으로 해도 된다고 말한다. 일주일에 두세 번 16시간씩 단식하고 더 격렬하게 운동하고, 질 좋은 탄수화물을 섭취해도 좋다. 올랐던 호르몬이 떨어지고 프로게스테론이 우세한 후반기(15~28일, 황체기luteal phase)에는 단식과 운동 강도를 줄이고 탄수화물 섭취를 제한한다. 간헐적 단식을 하면서 주기가 조금이라도 바뀐다면 당장 그만둬라. 2주 후에 증상이 정상으로 돌아온다면 단식 시간대를 12시간으로 조절해보자.

오후 8시부터 오전 8시, 혹은 오후 7시부터 오전 7시를 기준으로 음식을 피하는 것이 좋다. 오전 10시에서 오후 8시까지만 식사하는 14시간 주기로도 큰 효과를 얻을 수 있다. 이런 12시간이나 14시간 단식은 유행과는 살짝 거리가 멀지만, 앞으로 먼 길을 가야 하고 급격한 식이 요법보다 새로운 생활 방식을 원한다면 이 시간대가 훨씬 쉽고 관리하기 편하다. 12시간 단식에 익숙해지면 일주일에 두세 번씩 오후 8시부터 다음 날 정오까지 단식하는 16시간 금식으로 확대할 수 있다.

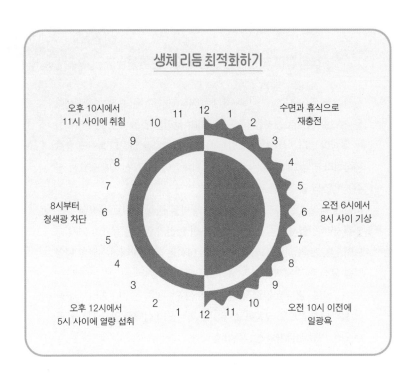

생체 리듬 최적화하기

오후 10시에서
11시 사이에 취침

수면과 휴식으로
재충전

8시부터
청색광 차단

오전 6시에서
8시 사이 기상

오후 12시에서
5시 사이에 열량 섭취

오전 10시 이전에
일광욕

　누구나 직장과 가족, 사회생활로 바쁘다는 건 나도 안다. 오전 8시에서 오후 8시까지만 먹는 게 가능한 여성도, 불가능한 여성도 있을 것이다. 당신의 일정에 안 맞으면 가능한 방향으로 바꾸고 세 가지 원칙을 고수하자. 첫째, 단식 시간대는 12시간은 돼야 한다. 둘째, 이 시간대는 최대한 생체 시계에 가까워야 한다. 셋째, 잠들기 세 시간 전부터 먹는 것을 중단해라. 큰 파티나 행사 때문에 시간대를 지키기 힘들 때를 대비해서 쉬어가는 날도 만들었다. 그 파티 날을 휴식일로 단식 일정에 포함하고 맘껏 즐겨라!

섭식 장애가 있으면 간헐적 단식은 금물일까?

신경성 식욕 부진anorexia nervosa(흔히 거식증이라고 한다-옮긴이)은 생명을 위협할 정도로 심각한 심리 장애이며 살찌는 것을 극도로 두려워하는 특징이 있다. 식욕 부진이 있는 사람은 섭취하는 열량과 음식 종류를 제한하다가(말 그대로 굶는다) 심각한 저체중이 되고, 신체에 필요한 필수 영양소와 굶주림을 무시한다.

사람에 따라 간헐적 단식을 맘 놓고 강박을 즐길 기회로 생각할 수도 있겠지만, 간헐적 단식을 올바르게 하면 안전과 영양은 문제가 되지 않으며 건강에 엄청난 효과를 가져온다. 여성은 섭식 장애에 취약한 편인 만큼 음식 관련 문제를 겪은 적이 있다면(폭식, 건강 식품 집착증orthorexia 포함) 적어도 혼자서 간헐적 단식을 해선 안 된다. 친구나 반려자와 함께 올바른 방향으로 진행하고, 무엇보다 당신의 상태를 알고 지침을 줄 수 있는 의료 전문가와 상담해야 한다.

단식을 진행할 때는 맞는 길로 가고 있는지 중간중간 확실한 신호를 확인해야 한다. 잠은 잘 자고 있나? 에너지는 어떤가? 식탐과 허기는? 매달 월경 주기는? 예전보다 기분이 좋아졌는가? 아니면 더 안 좋은가? 스스로 관찰하면서 다음 단계로 넘어갈지, 아니면 시간을 변경해서 좀 더 맞춰나갈지 판단하면 된다.

6

이럴 때는
단식하지 말자

마지막으로, 모든 이가 단식을 해도 되는 건 아니다. 앞서 여성이 단식을 지나치게 하면 곤란해질 수 있다고 했다. 그리고 간헐적 단식이 임신에 미치는 영향에 관한 연구가 많지 않기 때문에, 임신했거나 모유 수유 중이거나 임신을 계획하는 여성에게는 단식을 권하지 않는다. 무엇보다 안전이 우선이다. 심장병이나 당뇨병 같은 만성 질환도 마찬가지다. 약을 먹고 있다면 단식을 시작하기 전에 무조건 의사와 상의해야 한다.

우리 몸은 완벽한 피조물이며 밤에 수리하고 회복하도록 설계됐다. 그 강점을 활용해서 에너지를 되찾고 오랫동안 건강하게 살아갈 확률을 높이자. 생체 리듬 단식의 원리를 이해하면 건강과 장수에 얼마나 중요한지 알게 될 것이다. 이 자연 주기야말로 신체가 스스로 회복하고 에너지를 최상으로 유지하며 질병을 피해 가는 핵심이다. 당신이 피곤하다면 신체의 자가 회복 시스템이 어긋났는지도 모른다. 시스템과 싸우지 마라. 식사 시간대를 제한해서 시스템과 협력하자. 그러면 금방 기분이 나아지고 에너지가 생긴다고 장담한다!

간헐적 단식 요약정리

- 바쁜 사람에게 가장 좋은 간헐적 단식 방법은 생체 리듬 단식이다. 매일 8시간에서 10시간 동안 먹는다. 간헐적 단식이 처음이라면 12시간 단식, 12시간 식사 정도로 천천히 시작해라. 반드시 지켜야 할 규칙은 없으며, 자기 몸을 존중하고 귀를 기울이기만 하면 된다.
- 단식 주기를 변형해라. 어느 날 12시간 동안 금식했으면 그다음은 14시간이나 16시간으로 바꿔도 좋다. 호르몬이 적응하기 쉽고 스트레스가 덜 가는 방법이다.
- 열량 섭취는 오후 12시부터 오후 5시 사이에 집중한다. 잠자리에 들기 세 시간 전부터는 먹지 말고, 먹을 수 있는 시간대에 과식하지 말자. 식단과 식사 시간은 미리 계획한다. 일정이 허락한다면 오전 8시에서 10시 사이에 단식을 깨고 12시에 점심을 먹은 뒤 3시에서 6시 사이에 저녁을 먹는 게 좋다.

- 영양이 풍부한 음식이 최고다. 견과, 씨앗, 과일(베리), 채소, 기름기 없는 단백질(발아 콩 두부), 통곡물, 콩을 먹어라. 식이 섬유가 풍부하고 가공되지 않은 자연 음식에 집중하자. 특히 붉은 고기와 당, 트랜스 지방, 정제 탄수화물은 금물이다.

- 단식 시간에 배고프면 물이나 열량이 없는 음료(커피와 차)로 허기를 달래보자. 땅콩버터 한 숟갈, 얇게 자른 아보카도, 견과 한 줌 등 당이 없고 40칼로리 이하인 음식을 먹어라.

- 단식 시간이 끝날 때쯤에 하는 공복 운동은 단식이 신진대사에 가져오는 효과(예를 들어 대사 전환)를 극대화한다. 또한 자가 포식을 활성화해서 세포를 재생한다. 적당하거나 격렬한 운동이 끝났을 때 식사해라(공복 운동이 힘들면 먹고 나서 운동하면 된다).

- 단식하는 동안 꾸준히 수분을 보충해라. 하루에 2.4~2.9ℓ는 마셔야 한다.

- 몸 상태를 계속 확인해라. 다음 질문 중에 하나라도 걱정되는 게 있으면 단식을 중단하고 의사와 상담해라. '에너지가 안정적인가?', '월경 주기는 일정한가?', '식탐과 허기는 어떤가?', '잠은 잘 자는가?'

- 간헐적 단식은 '빨리 살을 빼는' 방법이 아니다. 올바른 마음가짐으로 간헐적 단식에 임하자. 분명한 단식 목표를 세워라.

- 충분히 쉬어야 한다. 밤에 최소한 7시간 자라(더 많이 자야 한다). 낮에 20분 정도 토막 잠을 자면 놀라운 효과를 얻을 수 있다. 짬을 낼 수 있으면 낮잠으로 에너지를 재충전하자.

7장

모든 것을 합치면

무엇이 에너지를
크게 바꾸는가

아마 여러분도 조앤과 비슷할 것이다. 조앤은 여러 잡지를 구독했고(탁자에 쌓여 있을지도 모른다) 건강 블로거와 인스타그램 인플루언서를 팔로우하며 최신 건강 뉴스에 뒤처지지 않으려 애썼다. 항상 새로운 식단을 찾으려 하고 음식을 조심했지만, 젊은 시절 에너지를 되찾게 해준다는 온갖 식단을 1년에 몇 달씩 시도해도 장기적인 효과를 본 건 없었다. 여전히 피곤했지만 '에너지를 되살려줄 무엇인가'를 찾고 싶어서 나를 찾아왔다.

"샤 선생님, 넘치는 정보 때문에 너무 혼란스러워요. 서로 모순되는 것도 많고요. 어느 날은 글루텐이 나쁘다고 했다가 다음 날에는 다시 괜찮대요. 케톤이 한참 인기를 끌더니 장기적으로는 별로 좋지 않다는 글을 읽었어요. 뭘 먹어야 할지 생각하는 게 피곤해요. 매일 새 연구가 나와서 지난번 연구를 뒤집고, 새로 나온 식이요법은 지난주 것보다 좋다고 해요. 이걸 어떻게 따라가죠?"

못 따라간다. 하지만 그럴 필요가 없다. 앞서 장과 면역계, 호르몬이 모두 연결되어 있다는 사실을 살펴봤다. 우리 뇌는 호르몬과 연결되고 호르몬은 장과, 장은 면역계와 연결되어 서로 복잡하게 얽힌 혼잡한 고속 도로를 왕복한다. 이렇게 연결됐다는 건 알겠는데, '어떻게 최적화해야 할까?' 어쨌든 그게 우리의 목표다. 사람의 마음을 얻으려면 배를 채워줘야 한다는 속담을 아는가? 나는 그 속담을 빌려서 몸이 건강해지려면 장을 살려야 한다고 말하고 싶다. 올바르게 식사하고 장 미생물군을 튼튼하고 균형 있게 유지하면 에너지 3요소 역시 그 중요한 균형을 이룰 수 있다.

모든 게 연결돼 있으니, 식단도 그 연결망에 동참해야 한다. 많은 이가 장이나 호르몬을 건강하게 하려고, 혹은 염증을 줄이려고 음식을 먹는다. 서양 의학과 미디어에서는 모든 시스템을 별개로 치료해야 한다는 믿음을 심어준다. 하지만 나는 건강과 에너지를 최대로 끌어올리려면 에너지 3요소 전체에 이로운 식단 계획이 필요하다고 믿는다. 앞서 살펴봤듯이 코르티솔이 불균형하면 면역과 장에 문제가 있기 마련이다. 식단은 전체 시스템에 맞춰 다양한 측면을 고려하고 시간을 정해야 한다. 에너지 3요소에 맞춰 식단을 조정하면 다양한 치유 효과를 볼 수 있다. 면역계를 활성화하고 장 건강을 촉진하며 에너지가 솟구칠 것이다.

나는 에너지에서 무엇보다 좋은 식단이 중요하다고 강조한다. 나 자신과 환자들의 경험에 비췄을 때 가장 큰 변화를 일으킨 건 올바른 음식이었다. 음식 못지않게 중요한 건 수면과 운동, 스트레스 조절이다.

2

이것만은 꼭 먹자

에너지 3요소가 순조롭게 작동하려면 필요한 요인이 몇 가지 있지만, 가장 크게 변화를 일으키는 건 '음식'이다. 당신이 입에 집어넣는 것은 에너지 수준과 전반적 건강을 결정하는 가장 중요한 변수로 작용한다.

에너지 3요소를 위해 내가 권하는 음식은 지중해식 식단에서 추천하는 음식과 상당히 비슷하다. 우연이 아니라 염증을 낮춘다고 증명됐기 때문이고, 요즘 상황에 맞춰 조금 변형했다. 지중해식 식단과 내가 WTF 계획에서 추천하는 식단은 주로 식물 위주이며 올리브 오일과 견과, 채소에서 건강한 지방과 식이 섬유, 천연 당을 섭취한다. 유제품과 고기, 디저트는 거의 들어가지 않고 와인을 적당히 마신다. 〈뉴잉글랜드 의학 저널〉을 포함한 수많은 연구에서 이 식단을 뒷받침한다. 지중해식 식단은 심장병 예방 효과가 여러 번 증명되기도 했다. 그뿐만 아니라 연구에 따르면 식물성 식단은 가격도 저렴하고 체질량 지수와 고혈압, 혈당, 콜레스테롤 수치를 위험 부담 없이 낮출 수 있는 방식이다.

지중해식 식단은 만성 질환에 필요한 약물 수를 줄이면서 심장병 사망률을 낮춰준다. 재림교 건강 연구Adventist Health Studies(고유한 식단과 건강한 습관으로 건강하고 장수한다는 제칠일 안식일 재림교도의 생활 방식을 연구하는 장기 연구 프로젝트)에서는 채식주의자들이 비채식자에 비해 당뇨병 발병률이 약 절반이라는 사실을 밝혔다.[82] 식생활 지침 자문위원회Dietary Guidelines Advisory Committee(연방 정부 내의 자문 위원회)는 식물성 식단이 비식물성 식단에 비해 심혈관 질환 및 사망 위험을 낮추는 데 영향을 미친다는 사실을 발견했다(다시 말하지만 식단의 90%가 식물로 구성된다면 고기와 생선도 괜찮다). 무척 놀랍지 않은가? 식단에 꼭 포함해야 할 음식들을 살펴보자.

조용한 영웅, 식이 섬유

그동안 연구하면서 하나 배운 게 있다면, 장이 제대로 일하려면 식이 섬유가 필요하다는 것이다. 식이 섬유는 보통 배변 활동을 돕는 보충제로 알려졌고 그렇게 매력적으로 들리는 단어는 아니다. 하지만 그

인식을 바꾸고 싶다. 미국 문화에서는 단백질을 엄청난 스타로 떠받들고 식이 섬유는 지방 공연 매니저 정도로 취급한다. 내가 식이 섬유 얘기를 꺼내면 환자들은 착각하고 묻곤 한다. "무슨 브랜드가 좋아요?" 음료에 무슨 가루를 추가하라는 뜻이 아니다. 진짜 음식에 들어 있는 식이 섬유를 섭취해야 한다. 가장 좋은 원천은 식물이며 브로콜리와 아스파라거스 밑동, 케일 줄기, 고구마, 생강, 리크, 협과, 콩류 등에 풍부하다. 2019년, 250건에 달하는 연구 결과를 분석한 결과 천연 식이 섬유를 많이 섭취하면 심장병이 감소하고 콜레스테롤 수치가 낮아지며 암 사망률이 줄어들었다. [83] 그 말대로 먹고 건강해지자!

식이 섬유의 두 가지 유형

식이 섬유라고 다 같은 것은 아니다. 정확한 차이는 생각보다 복잡해서 여기서 다루기 힘들지만, 두 가지 주요 유형을 살펴보자.

- **수용성 식이 섬유:** 물에 녹으며 소화되면 젤 같은 물질로 바뀌면서 속도가 느려진다. 검은콩, 브로콜리, 사과, 아보카도, 고구마 등에 풍부하다.
- **불용성 식이 섬유:** 소화계에서 분해되지 않지만 음식물을 위와 장으로 옮기는 데 도움을 준다. 말하자면 진공청소기 같은 역할이다. 콜리플라워, 깍지 콩, 통밀가루, 겨, 견과에 풍부하다.

프리바이오틱 식이 섬유

프리바이오틱 식이 섬유는 유명한 사촌이자 요거트 같은 발효 식품에서 발견되는 생균인 프로바이오틱스의 그늘에 가려진 존재였다. 프리바이오틱 식이 섬유(아스파라거스, 치커리 뿌리, 리크, 양파, 마늘에 풍부하지만, 사실 채소는 뭘 먹든 잘못될 가능성은 거의 없다)는 장에 존재하는 유익균의 성장을 촉진한다. 장내 유익균을 위한 비료인 셈이다. 프로바이오틱스도 좋지만 프리바이오틱은 더 좋다. 장에 프로바이오틱스 유익균이 번성하도록 기반을 마련하기 때문이다.

만능 열쇠, 채소

곡물의 영양 가치와 다양성이 감소한 만큼 식단에서 그 비중을 줄여야 한다(그리고 정제 곡물이 아니라 통곡물을 먹어야 한다). 일반적인 미국인은 대부분 못 미치는 수준인 하루 6~8접시까지 채소 섭취량을 늘려라(그 지역에서 생산한 유기농 채소가 제일 좋다). 왜 그래야 하냐고? 채소에는 우리 몸의 호르몬 균형을 잡아주는 수백, 수천 가지 파이토뉴트리언트가 들어 있다. 채소와 과일에 함유된 식이 섬유는 오래된 에스트로겐에 달라붙어서 시스템 밖으로 씻어내고 전반적인 호르몬 평형을 개선한다. 에스트로겐 우세증으로 고통받는 남성과 여성 모두에게 유익하다.

무엇보다 가장 큰 장점은 채소가 장 유익균의 먹이인 프리바이오틱 식이 섬유를 공급한다는 점이다. 채소를 섭취해서 프리바이오틱 효과도 누리고, 염증에도 도움을 받을 수 있다. 이런 효과는 이제 불확실한 의견이나 논쟁거리가 아니다. 식물을 더 많이 먹거나 식물 위주로 음식을 섭취하면 염증 기반 질병을 예방하고 치료할 수 있다. 그리고 식물을 최대한 다양하게 먹어야 한다. 섭취하는 식물이 다양해질수록 장 세균은 더 다양해진다는(그래서 건강해진다는) 연구 결과가 늘어나는 추세다. 한편 스트레스를 받은 식물(예를 들어 물이 너무 적거나 많은 이상적이지 못한 환경에서 자란 식물)은 식이 섬유가 더 풍부하다. 이런 요인에 맞는 식물을 고를 수는 없지만, 어느 쪽이든 소화에 도움이 된다. 채소를 먹어야 할 또 다른 이유다.

에너지를 높여라

브로콜리를 비롯한 십자화과 채소(케일, 양배추, 콜리플라워 등)에는 글루코시놀레이트glucosinolate가 들어 있다. 이 물질은 미생물에 분해되어 염증을 줄이고 방광, 유방, 결장, 간, 폐, 그리고 위암 위험을 낮추는 물질을 분비한다.[84] 이런 채소는 샐러드로 먹거나 맛있게 구워 먹을 수도 있어서 식단에 추가하기 쉽다.

경험상 채소 중에서도 녹색 채소의 비중을 높여서 하루 3~6접시를 섭취해야 한다. 보충제와 다이어트가 유행하면서 많은 이가 간과하고 있지만 건강을 위해 가장 단순하면서도 중요한 원칙이다. 왜냐고? 녹색 채소는 지금까지 발견된 것 중에 가장 영양이 풍부한 음식이다. 녹색 채소에는 보충제에 없는 파이토뉴트리언트와 파이토케미컬, 비타민, 미네랄이 들어 있다. 면역계에 파이토뉴트리언트가 부족하면 신체는 염증을 피하기 어렵다. 녹색 채소는 암과 다른 질병으로 이어질 수 있는 자유기와 세포 손상에 대항하도록 도와준다. 식이 섬유와 항산화 물질이 풍부한 녹색 채소는 면역계를 강화하고 장 미생물군을 건강하게 한다.

채소를 먹어야 할 이유가 더 필요한가?

- 채소에는 보충제에 없는 파이토뉴트리언트, 파이토케미컬, 비타민, 미네랄이 들어 있다.
- 녹색 채소는 암이나 다른 질병으로 이어질 수 있는 자유기, 세포 손상과 싸울 수 있게 도와주며 건강과 에너지를 유지한다.
- 채소에는 항산화 물질이 많다.
- 면역계를 강화한다.
- 장 미생물군의 건강을 촉진한다.
- 변비를 청소한다.

게다가 채소는 열량이 낮고 식이 섬유가 풍부하며 포만감을 준다. 식사 때마다 채소 1~2접시를 먹으면 배고픔이 덜하다.

꼭 기억하자. 매일 프리바이오틱 식이 섬유를 5접시씩 먹어라. 칼로리를 계산하지 말고 식이 섬유를 계산해라. 100년 전만 해도 조상들은 우리보다 다섯 배는 많은 식이 섬유를 섭취했고 장이 훨씬 건강했다. 지금 우리가 겪는 위나 소화 문제는 겪지 않았다. 이유가 뭘까? 지난 50년간 가공식품이 급증했기 때문이다. 대부분의 미국인이 하루에 섭취하는 식이 섬유는 20g이 채 되지 않으며, 식이 섬유는 장 유익균의 성장에 꼭 필요하다. 게다가 편리한 포장 식품에는 당이 가득해서 유해균을 '먹이고' 유익균을 '굶긴다'. 이제 자연식품을 통한 식이 섬유를 식단의 1순위로 올려야 한다.

에너지를 높여라

발효된 프로바이오틱 식이 섬유도 소화 건강에 무척 유익하다. 템페나 미소 같은 음식은 건강하고 살아 있는 미생물로 장에 직접 예방 접종을 해준다. 발효 중에서도 젖산 발효 방식은 젖산과 유익한 효모, 비타민 B, 오메가-3와 다양한 프로바이오틱스를 생성한다. 발효 음식이나 배양 음식을 매일 섭취하면 장내 유익균이 증가하고 전반적인 건강이 개선된다. 직접 배양 채소를 만드는 법은 무척 간단하다. 발효 대상에 따라 다르지만 기본적으로 병에 채소와 소금물을 넣고 어둡고 시원한 곳에서 3~14일 놔두면 된다. 발효 식품의 예는 다음과 같다.

- 김치
- 요거트(식물성 유제품이 더 좋다)
- 케피르
- 콤부차
- 사우어크라우트를 비롯한 발효 채소
- 미소
- 템페
- 피클
- 사과 식초

치유력을 높여주는, 차

커피를 좋아하는 사람들은 귀를 기울이길 바란다. 커피콩을 추출하고 스타벅스가 생기기 전에 우리 조상들이 수백 년 동안 차를 마신 데는 다 이유가 있다. 그리고 미국 밖에서는 차가 물 다음으로 커피보다 훨씬 자주 마시는 음료다. 영국에서 '차 한잔 cuppa'은 '모든 문제의 답'으로 통한다.

차에는 수많은 효능이 있고, 특히 항산화 물질이 대단히 풍부하다. 또한 식이 섬유 다음으로 항염증 효과가 큰 음식이기도 하다. 차는 예전부터 계속해서 치유력을 높여주는 식품이었다. 최근 여러 연구에서 차의 호르몬 균형과 항암, 살균 효과를 확인했고 프리바이오틱 효과도 있는 것으로 보인다. 차는 에너지를 올려주며 저렴하고 효과적이다. 찻잎을 오래 담글수록 효과는 더 커진다. 대부분의 차에 함유된 아미노산인 L-테아닌 L-theanine(차에 함유된 아미노산 중 함량이 가장 많고 차의 향미를 높여준다-옮긴이)은 기억력과 집중력을 향상한다. 차에 가득한 항산화 물질의 효과는 다음과 같다.

- 지방 연소를 도와준다.
- 심혈관 건강에 도움이 되는 것으로 보인다.
- 몸을 암으로부터 보호한다.
- 자유기에 대항한다.
- 골밀도와 골강도를 개선한다.
- 코르티솔 수치를 낮춘다(하루에 최대 세 잔 마셨을 때).

• 염증 수치를 낮춘다.

하지만 무엇보다 중요한 건 차가 장 건강을 개선한다는 점이다. 차에 들어 있는 폴리페놀polyphenol(녹차의 카테킨catechin, 홍차의 테아플라빈theaflavin과 테아루비긴thearubigin)은[85] 비피더스(장에 존재하는 젖산균-옮긴이)와 락토바실러스(당류를 발효하여 젖산을 생성하는 균-옮긴이) 같은 장내 유익균의 성장을 돕고 클로스트리디오이데스 디피실레C. diff Clostridioides difficile와 대장균, 살모넬라 같은 유해균과 싸우며 소화성 궤양 질환PUD, peptic ulcer disease과 염증성 장 질환IBD, inflammatory bowel disease 같은 증상을 개선한다.[86] 보통 녹차에 폴리페놀이 가장 많다고 생각하지만 홍차의 함유량도 비슷하며 오히려 더 많은 경우도 있다. 녹차, 홍차, 백차, 우롱차 등등 전부 다 무척 유익하니까 차 종류가 많다고 스트레스받지 말자. 녹차부터 홍차, 과일 맛, 알싸한 맛, 진정 효과, 각성 효과까지 뭐든 좋다.

스트레스가 심한가? 차에는 코르티솔 분비를 줄인다고 밝혀진 복합체인 테아닌이 들어 있다. 차를 마시면 코르티솔 수치가 빨리 줄어들기 때문에 스트레스가 빠르게 풀린다.[87] 마지막으로 차를 매일 마시면 인지 능력이 감소할 위험을 50% 줄일 수 있다. 아직 차의 효능을 전부 밝히진 못했지만, 차가 얼마나 유익한지는 이미 과학으로 증명됐다. 수천 년 동안 여러 문화권에서 차를 마신 이유가 있다. 그러니 당신도 마셔라!

아침에 차를 한두 잔 마셔라. 커피와 다이어트 소다를 즐겨 마신다면 소화에 도움 되지 않는 음료를 줄이거나 끊고 건강하게 차를 마시자. 홍차에 몸을 따뜻하게 해주는 향신료와 스테비아(또는 코코넛 밀크)를 조금 넣으면 맛있는 차이 티를 만들 수 있다(316쪽, 호르몬 균형을 잡아주는 차이 라테 레시피 참고). 카페인 섭취를 줄이고 싶으면 디카페인 종류도 많다.

완전체, 물

무슨 언어로 표현하든 물은 한마디로 몸에 좋다. 우리 몸은 약 60%가 물로 구성됐으니 수분을 유지하는 게 얼마나 중요한지는 다들 알 것이다. 하지만 사람들이 잘 모르는 물의 특징을 살펴보자.

물은 우리 시스템을 통과하면서 독소를 씻어내고 다른 것도 모두 움직이게 해서 장 세균이 균형을 이루도록 도와준다. 물을 충분히 마시지 않으면 변비가 생기고, 믿기 힘들겠지만 수분 저류water retention(수분이 비정상적으로 축적되어 신체 기관이 붓는 현상-옮긴이)로 퉁퉁 붓는 느낌이 들 수 있다. 게다가 수분 섭취는 뇌에도 큰 영향을 미친다. 여러 연구에 따르면 탈수가 조금만 진행돼도(체중의 1~3%) 기분이 흐트러지고 인지 기능이 저하되는 등 여러 뇌 기능이 손상된다.[88] 또한 탈수는 코르티솔 분비를 늘린다.

물을 많이 마시는 건 비교적 쉽고 비용이 들지 않는다. 옆에 항상 물 잔이나 병(BPA가 없는 플라스틱, 유리, 스테인리스)을 두자. 자기 전에 침대 옆에 잔을 놔두고 매일 아침 물 240㎖를 마셔라. 그리고 따뜻한 물이 좋다. 따뜻한 물은 소화할 때 에너지가 적게 들고, 소화를 자극하고 시스템을 해독하며 음식이 소화관으로 내려가도록 도와준다. 특히 빈속에 따뜻한 물을 마시면 소화에 큰 도움이 된다.

에너지를 높여라

와인 애호가라면 미안하지만 꼭 읽길 바란다. 다들 알겠지만 알코올 섭취를 제한해야 한다. 물론 여러 연구에서 알코올이 염증 감소와 장 호르몬, 에너지에 도움이 된다는 결과가 나오긴 했다.[89] 하지만 양이 적당해야 하고 품질도 중요하다. 레드 와인(그리고 다크 초콜릿)에는 유익한 폴리페놀이 들어 있지만 너무 많이 마시면(초콜릿은 너무 많이 먹으면) 효능이 상쇄된다. 알코올은 에스트로겐 수치를 높이고 프로게스테론 수치를 교란해서 호르몬 불균형을 일으키며, 특정 암으로 발전할 위험을 높이는 만큼 마시는 양에 따라 효능과 위험의 정교한 균형이 존재한다. 그리고 모든 사람은 다르다. 따라서 건강할 정도로만 마시고 너무 많이 마시지 마라. 일주일에 최대 5잔을 넘기면 안 된다. 와인은 독주보다 좋을 게 없다. 이때 중요한 요인은 당이다. 알코올과 가공식품의 조합을 피해라.

그 밖의 슈퍼푸드

나는 환자들에게 추천해주려고 슈퍼푸드와 영양소, 비타민에 관한 최신 의학 자료와 건강 기사를 살펴봤다. 과학적 근거가 있고, 시간과

돈 낭비가 아니라고 100% 확신하지 않으면 어떤 것도 추천하지 않는다. 지금부터 내가 제일 좋아하는 음식을 소개한다. 여기 소개하는 슈퍼푸드는 대부분 항염증 효과를 비롯한 의학적 효능이 있는 음식이다. 비교적 저렴하며 꾸준히 섭취하기 쉽다(최소한 일주일에 세 번). 식물 위주의 균형 잡힌 자연식품 식단에 추가해서 먹자. 편하게 채소에 뿌리거나 스무디에 넣거나 보충제처럼 먹어도 좋다.

- **카르다몸**cardamom: 이 향기로운 향신료는 다양한 항염증 효과로 유명하고 항산화 물질이 풍부하며, 소화를 돕고 감기 증상을 가라앉혀준다. 게다가 구취를 줄이는 효과도 있다. 여러 연구에 따르면 카르다몸이 구취와 충치, 잇몸병의 주요 원인인 입속 세균과 싸우는 데 도움이 된다고 한다.[90]

- **치아시드**chia seed: 오메가-3 지방산과 단백질, 식이 섬유 등은 치아시드의 항염증 효과를 증폭한다. 치아시드 한 숟갈에 함유된 칼슘은 우유 한 잔보다 많다. 게다가 항산화 물질도 풍부하다![91] 식이 섬유가 풍부해서 체중 감량에도 좋다. 나는 치아시드를 액체에 적셔서 젤처럼 걸쭉하게 먹는 방법을 제일 좋아한다. 치아시드 2숟갈을 스무디에 15분 동안 담가 먹거나 물, 스테비아, 레몬과 함께 마시기도 한다.

- **계피**cinamon: 다른 향신료보다 항산화 물질이 풍부하며 염증을 줄이는 효과로 유명하다. 망간, 철, 칼슘이 풍부하고 혈당과 중성지방 수치를 낮추며 당, 초콜릿에 대한 식탐을 줄여준다. 스무디나 오트밀, 차, 심지어 커피에 첨가해서 맛을 돋워보자.

- 마늘: 마늘은 염증을 줄이고 혈압을 낮추며 감기를 치료하는 효과가 있다. 게다가 위와 결장, 폐, 유방암 등 다양한 암 발병률을 낮춰준다. 최근 자기 계발 작가이자 팟캐스트 운영자인 팀 페리스^{Tim Ferriss}가 마늘 덕분에 살을 뺐다고 하면서 최근에 마늘이 다시 인기를 끌었다. 마늘을 자른 다음 20분간 놔뒀다가 섭취하면 효과를 극대화할 수 있다.

- 생강: 생강에는 진저롤^{gingerol}이라는 강력한 항염증, 항산화 물질이 들어 있다. 진저롤은 근육 통증을 줄이고 인지 기능을 개선하는 것으로 밝혀졌고 공복 혈당을 낮춰서 항당뇨 효과가 있는 것으로 보인다. 식사 후 위를 비우는 속도를 높여서 소화를 도와주며 가스와 부기, 복통, 소화 불량, 구토 등을 완화할 수 있다. 식사할 때 생강을 많이 섭취하려면 차로 마시거나 갈아서 볶음 요리, 채소, 수프, 버거, 구이, 달걀, 머핀, 오트밀, 스무디, 디저트 등 어디든 넣으면 된다.

- 간 아마씨: 아마씨는 혈당을 조절하고 전립선암이나 유방암 같은 특정 암을 억제하는 효과가 있는 것으로 보인다. 간 아마씨 2순갈에는 염증을 줄여주는 오메가-3 지방산이 하루 권장 섭취량의 140%나 들어 있으며 지구상에 존재하는 식물 식품 중에서 가장 많은 리그난(항암 효과가 있는 식물 화학 물질)을 함유하고 있다.[92] 또한 간 아마씨에는 수용성 식이 섬유가 풍부하다. 매일 스무디나 샐러드에 2~3순갈 넣어보자.

- 페퍼류: 카옌을 비롯한 매운 고추(캡사이신 함유)는 통증과 쓰라

림을 완화하고 순환을 개선하며 심장 건강에 도움이 된다. 카옌은 식욕 억제 역할도 하니까 매워도 괜찮으면 마음껏 먹어라! 후추는 항균 효과가 있으며 망간과 철, 칼륨, 크로뮴, 비타민 C, 비타민 K, 식이 섬유가 풍부하다. 흥미롭게도 후추는 미뢰를 자극하고 염산 분비 신호를 보내서 소화를 촉진한다.

- **스피룰리나**spirulina: 스피룰리나에는 면역계를 지지하는 아미노산과 항산화제가 듬뿍 들어 있어서 염증과 싸우기 좋다. 단백질이 풍부하며 채식주의자가 B12(주로 고기에 함유된 비타민 B)를 얻기 좋은 음식이다. 사람에 따라 맛이 강하다고 느낄 수 있지만 효과를 생각하면 특히 채식주의자들은 충분히 참을 가치가 있다. 가루를 사서 1티스푼 정도 스무디에 넣거나 샐러드에 뿌려 먹는 것을 추천한다.

- **터머릭과 쿠르쿠민**curcumin: 터머릭은 항염증 효과가 우수해서 세계적으로 인기 있는 향신료다. 치유 효과가 있어 암 임상 실험에 쓰이기도 한다. 쿠르쿠민은 터머릭에서 추출해서 약으로 쓰는 복합체다. 암과 관절염, 신경 변성 질환(알츠하이머, 파킨슨병 등 신경 세포가 죽어가면서 나타나는 진행성 질환–옮긴이) 치료에도 도움이 된다는 사실이 밝혀졌다. 일반 의약품 진통제와 비슷한 진통 효과도 있다. 최근 연구에 따르면 터머릭은 알츠하이머 치료에도 효과가 있을 것으로 보인다. 알츠하이머의 주요 지표인 아밀로이드 베타 플라크amyloid-beta plaque(아밀로이드 베타라는 단백질이 뇌에 비정상적으로 축적된 것–옮긴이)를 분해하기 때문이다.[93]

향신료 선택 시 주의 사항

조사 과정에서 일반적인 향신료에는 농약을 비롯한 화학 물질이 많이 들어 있다는 사실을 깨달았다. 특히 대규모 공장에서 생산된 제품은 이런 경향이 심하다. 가능하다면 유기농 제품을 선택해라.

알다시피 면역계는 대부분 장에 위치한다. 커리 파우더와 생 터머릭을 활용하면 면역계를 개선할 수 있다. 터머릭은 후추, 오일과 함께 섭취할 때 가장 효과가 좋다. 유효 성분인 쿠르쿠민이 더 잘 흡수되기 때문이다. 후추를 1/20 티스푼만 넣어도 생체 이용률은 2,000%나 증가한다. 터머릭 반 숟갈을 뜨거운 물에 넣고 후추 한 꼬집과 올리브 오일이나 코코넛 오일을 몇 방울 뿌리거나, 녹색 채소 주스에 넣어도 좋다. 오일 몇 방울과 후추만 확실히 넣으면 된다.

훌륭한 식품을 잊지 말자

지금까지 최고의 슈퍼푸드를 살펴봤지만, 추가로 기억해야 할 훌륭한 식품들을 소개한다.

오메가-3

오메가-3는 유익한 지방으로 건강에 꼭 필요한 물질이다. 왜 다들 오메가-3 얘기를 하는지 궁금한가? 몇 가지 이유를 살펴보자.

- 전반적인 건강을 지키고 질병을 예방
- 정신 건강, 행동 건강을 지킴

- 전두엽에 있는 뉴런의 성장을 도움

- 도파민 수치를 높게 유지

- 몸과 뇌의 염증을 줄임

- 인슐린 저항성을 줄임

- 심장병 위험을 낮춤

- 수면 장애에 도움

오메가-3가 풍부한 물질

- 생선(고등어, 연어, 정어리, 청어, 멸치 등)
- 어유(대구 간 기름 등)
- 특정 채소(콜리플라워, 방울양배추 등)

오메가-3 흡수율을 높이려면 오메가-6를 함유한 식품을 줄이고 (곡물, 대부분의 동물성 식품, 식물 기름) 오메가-3 식품을 더 섭취해서 기존 균형을 뒤집어라. 어유나 채식주의자용 오메가-3 보충제를 먹는다면 염증 저하 효과가 있는 EPA(등 푸른 생선에 풍부한 불포화 지방산의 일종-옮긴이)와 DHA(불포화 지방산의 일종-옮긴이), 장쇄 지방산long-chain fatty acids(탄소 수가 6개 이하인 지방산-옮긴이)을 함께 섭취하자.

마그네슘, 크로뮴이 풍부한 식품

토양 고갈^{soil depletion}로 식품의 주요 영양분을 빼앗기고 미네랄을 충분히 흡수하지 못하여 장 미생물군의 균형이 깨지며 식단이 불량하면 마그네슘과 크로뮴이 결핍될 수 있다. 이 필수 미네랄이 풍부한 음식을 섭취해서 에너지와 소화를 촉진하고 식탐을 물리쳐라.

마그네슘

- 에너지 소모와 신진대사 조절, 업무 수행 능력 최적화
- 인슐린 저항성 보조
- 당과 탄수화물에 대한 집착 감소
- 호르몬 조절
- 신경 전달 물질 분비 보조

마그네슘이 풍부한 물질

- 카카오
- 어두운 잎채소(특히 시금치, 근대)
- 견과, 씨앗류(특히 호박씨, 아몬드)
- 해산물
- 아보카도
- 요거트, 케피르(알코올 발효 유제품)
- 검은콩
- 무화과

크로뮴

- 인슐린 효능 신장
- 혈당 안정화에 필수
- 탄수화물에 대한 집착을 직접 방지

크로뮴이 풍부한 물질

- 브로콜리
- 보리
- 귀리
- 돼지고기

- 깍지 콩
- 토마토
- 어두운 잎채소
- 후추[94]

토양 고갈

과도한 경작과 농약, 비료 등이 토양의 영양분을 고갈하고, 그 토양에서 자라는 식물의 영양도 줄어든다는 연구 결과가 있다. 미국 농무부 데이터로 1950년부터 1999년까지 43종의 채소와 과일을 비교한 결과 단백질, 칼슘, 인, 철, 리보플라민(비타민 B2)그리고 비타민 C의 '확실한 감소'가 발견되기도 했다.[95] 아직 확실한 결론이 난 건 아니지만, 이런 이유로 감당할 수 있다면 유기농 식품을 먹어야 한다. 과일과 채소의 효능을 최대한 얻고 싶으면 그 지역에서 난 유기농 제품을 선택해라.

보충제가 만능은 아니다

보충제만 먹으면 그날 필요한 영양소를 다 섭취했다고 생각하는가? 아니다. 보충제를 많이 먹는 건 권하지 않는다. 그 이유를 살펴보자. 보충제는 영양이 풍부한 음식과 비교하면 한계가 있다. 건강에 필수인 파이토케미컬과 파이토뉴트리언트가 없기 때문이다. 브로콜리 줄기에는 말 그대로 수천 가지 파이토케미컬이 있지만 보충제에는 없다. 비타민과 미네랄처럼 매일 생존하기 위해 필요한 건 아니지만, 면역계가 최적으로 작동하려면 파이토케미컬이 필요하다. 면역계에 파이토뉴트리언트가 부족하면 염증을 제대로 쫓아낼 수 없다. 염증을 줄여준다고 알려진 보충제라고 해도 몸에 좋은 채소 대신 보충제만 먹으면 만성 염증에 역효과를 가져올 수도 있다.

하지만 오늘날에는 특정 영양소가 부족해서 보충제가 필요할 때도 있다. 이유가 뭐냐고? 음식만으로는 모든 영양을 필요한 만큼 얻기 힘들기 때문이다. 토양의 미네랄은 예전만큼 풍부하지 않고(그래서 영양도 덜하다), 사람들이 햇빛에 노출되는 시간이 줄어들면서 비타민 D를 충분히 합성하지 못한다. 또한 현대적인 농업 방식에 따라 사람들의 식단이 바뀌고 영양소 섭취량이 감소했다. 그래서 나는 고품질 비타민 B와 비타민 D, 오메가-3, 아답토젠 보충제를 복용하지만 다른 영양소는 음식에서 섭취하는 편을 선호한다. 유기농 제품과 단백질, 비타민, 미네랄, 파이토케미컬을 함유한 곡물에 조금 더 돈을 쓰고 다양한 음식을 먹어라. 그러면 보충제가 그다지 필요 없다.

앞서 보충제 광고를 100% 믿을 수 없는 이유를 설명했다. 보충제를 복용할 거면 돈을 내는 만큼 효과가 있는지 확인하고 손^{Thorne}이나 소스 내추럴스^{Source Naturals} 같은 믿을 수 있는 업체를 선택해라. consumerlabs.com 같은 웹사이트에서 미리 조사하고 주치의와 상담하자(리베이트를 받고 특정 제품을 강요하지 않는 게 확실하다면).

4

이런 음식은 피해라

먹으면 좋은 음식을 알아봤으니 이제 피하거나 제한해야 할 음식을 살펴보자.

가공식품

뭘 말하는지 다들 알 것이다. 포장되어 있고 재료가 정말 많다(당을 표현하는 방법만 열 가지는 된다). 아래 성분이 보이면 아예 먹지 마라.

- 인공 방부제: 일주일이 지나도 음식이 상하지 않는다면 방부제 때문이다. 이런 첨가제는 유통기한을 연장해주지만, 생각해보

자. 음식을 그렇게 오랫동안 '신선하게' 유지하는 물질이 자연적일 리가 없다. 특히 질산 나트륨sodium nitrate, 벤조산 나트륨sodium benzoate, 뷰틸 하이드록시 아니솔BHA, 뷰틸 하이드록시 톨루엔BHT, 그리고 삼차 뷰틸 하이드로퀴논TBHQ 같은 단어를 확인해라. 국제 암 연구 기관IARC, International Agency for Research on Cancer에서는 질산염을 발암 추정 물질로 분류했다.[96] 청정한 자연식품을 섭취하자. 포장에 라벨이 없어도 모든 방부제를 피할 수 있다.

- **과다한 나트륨**: 통조림, 냉동식품, 건조 분말 등이 최악이다.

- **첨가당(그리고 숨겨진 당)**: 고과당 옥수수 시럽, 포도당, 사탕수수 시럽 결정 등이 있다(주의: 제조자가 교활하게 당을 다른 이름으로 표시하기 때문에 당 종류가 4~8개 정도 된다. '건강한' 그래놀라 바에 당이 최대 80%까지 함유될 수 있지만 가장 눈에 잘 띄는 첫 번째 재료는 여전히 '귀리'로 표시될 것이다).

- **수소 첨가유**hydrogenated oils: 마가린, 식물 쇼트닝, 가공식품에 첨가되며 해로운 트랜스 지방이 들어 있다.

- **글루탐산 모노나트륨**MSG, monosodium glutamate: 조리 식품에 들어가는 첨가제로 두통을 일으키고 천식을 악화한다고 알려졌다.

- **아황산염**sulfites: 주로 가공식품 방부제로 사용되며 피부염부터 설사, 천식까지 다양한 문제를 일으킨다.[97]

- **FDA 승인 인공 색소**: 보기 좋으라고 모든 식품에 첨가하는 물질이다. 이런 색소의 안전성은 의견이 엇갈리지만 많은 이가 해롭다고 믿는다. FDA의 승인을 받았지만 유럽 국가에서는 사용을

제한하는 곳이 많다.

경험상 좋은 방법은 이런 재료를 대부분 금지하는 홀푸드^{Whole Foods}나 건강 식품점, 농산물 직매장에서 구매하는 것이다. 앞서 나열한 음식은 모두 신체 시스템에 해로운 데다 영양가 없고 칼로리만 높은 재료가 가득하다. 또한 호르몬 교란도 일으킨다(살찔 뿐만 아니라 염증을 일으킨다).

오메가-6 오일

오메가-6, 오메가-3 지방과 오일을 간단히 살펴보자. 건강한 자연 식단은 오메가-6와 오메가-3가 자연스럽게 균형을 이룬다. 하지만 가공식품 비중이 높은 요즘 식단에서는 가축 사료에 들어가는 값싼 가공유지를 남용하고, 그 결과 미국인들은 대부분 오메가-6 지방을(예전에 주로 섭취했던 오메가-3가 풍부한 풀 대신) 지나치게 많이 섭취하고 있다. (반대로 생선과 채소 등 오메가-3가 풍부한 식품 소비는 줄었다.) 오메가-6가 많은 음식을 섭취하면 인슐린과 반응하여 염증을 일으켜서 재앙으로 이어진다. 알다시피 고탄수화물 식단(일반적인 미국 식단)은 엄청난 인슐린을 혈류에 쏟아부어서 온갖 염증을 일으키고 지방 조직을 생성한다.

오메가-6 오일을 함유한 식품

- 옥수수 오일
- 잇꽃 오일
- 목화씨 오일
- 콩 오일
- 채소 오일
- 카놀라 오일
- 해바라기씨 오일
- 팜 오일
- 대부분의 포도씨 오일

경험상 다음과 같은 오일을 고집하는 게 좋다. 올리브 오일(비가열 제품이나 저온 가열 제품), 아보카도 오일, 고온 요리에는 코코넛 오일, 스무디나 요거트, 오트밀에는 호두/피스타치오/호박씨/아마 오일을 사용하자.

밀과 글루텐

식품 알레르기와 달리 식품 민감증은 구체적으로 집어내기 힘들지만 장을 망가뜨리고 염증을 유발하며 호르몬 균형을 교란한다. 식품 민감증을 일으키는 원인으로는 글루텐과 유제품이 1, 2위를 다툰다. 연구에 따르면 인구의 90% 정도가 밀 때문에 장 누수를 일으킬 수 있다고 한다. 인구의 최대 80%에서 글루텐이 염증을 유발한다. 그럼 글루텐이 정확히 뭘까? 글루텐은 밀에서 발견되는 단백질이다. 사실 밀 단백질의 80%를 구성하는 주요 단백질이다.

일반적으로 글루텐과 밀을 피하는 게 안전하다. 체중을 감량하거나 면역 문제를 고치려 한다면 앞으로 30일 동안 모든 곡물을 피해라. 곡물의 영양가가 감소하고 다양성이 사라진 만큼 식단에서 비중을 줄여야 한다.

대부분의 유제품

가공식품이나 비유기농 치즈, 우유 같은 일반 유제품에는 오메가6 함량이 많을 가능성이 크다. 젖소가 곡물 사료만 먹기 때문이다. 게다가 일반적으로 젖소는 우유를 많이 짜기 위해 호르몬을 투여하며 소가 바글바글한 환경에서 '건강을 지키려고' 항생제를 투여해서 사육한다. 일반 유제품을 먹으면 당연히 이런 호르몬과 항생제가 우리의 호르몬 균형을 교란해서 병을 일으키고 살찌게 한다. 게다가 저온 살균법(병원체를 파괴하기 위해 유제품에 열을 가하는 방법)은 생유제품에서 소화를 돕는 효소를 파괴한다.

유제품을 소화하는 데 문제가 없으면 굳이 유제품을 피하거나 빼지 않아도 된다. 잘 모르겠으면 한 달 동안 모든 유제품을 끊었다가 발효유, 전유, 생유제품 같은 건강한 유제품을 천천히 다시 섭취하고 몸의 반응을 살펴보자(136쪽 참고).

동물성 유제품을 대체하는 고소한 식물성 우유와 치즈

시장에 견과 우유가 폭발적으로 증가하면서 혼란을 느끼는 사람이 많다. 유당 불내증이 있는 사람이나 호르몬 때문에 동물성 우유를 피하고 싶은 사람이라면 '데어리 프리dairy free' 제품이 얼마나 반갑겠는가. 처음에는 두유였다가 곧 아몬드가 인기를 끌었고 뒤이어 캐슈넛, 귀리가 등장했다. 제품마다 팬이 있지만 영양 측면에서 아몬드 밀크와 캐슈넛 밀크의 비타민 D, E가 가장 풍부해 보인다.

하지만 일반 우유보다 단백질 함량이 적으며 특히 아몬드 밀크 한 잔을 생산하려면 물이 87ℓ가 들어가는 만큼 환경 영향을 고려해야 한다. 식품의 건강 요소를 따질 때는 뭐든 라벨을 꼭 읽어라. 견과 우유는 맛을 내려고 설탕, 소금, 수지를 첨가하는 경우가 많으니 달지 않은 제품을 선택하자.

그러나 지나치게 세세한 내용에 집착하지 말자. 맛있고 몸이 부정적으로 반응하지 않으면 동물성이든 식물성이든 좋아하는 유제품을 계속 먹으면 된다. 단 나의 1번 규칙은 최대한 현지에서 유기농 수제품을 사는 것이다.

고기를 먹을 것인가 말 것인가

고기는 비용 대비 단백질과 철분이 가장 풍부해서 전통적으로 몸에 좋고 균형 잡힌 음식이라고 생각됐다. 매일 저녁 식탁에 고기를 올리는 건 미국에서 화목한 가정의 상징이었다. 하지만 채식주의가 부상하고 비건이 인기를 끄는 데는 다 이유가 있다. 고기 생산 산업이 얼마나 비인도적이고 환경에 큰 영향을 미치는지 지겹도록 얘기할 수 있지만 그건 다른 책에 양보할 생각이다. 여기서는 고기가 건강에 어떤 영향을 미치는지 살펴보자.

무엇보다 가공육(핫도그, 치킨너깃, 소시지, 햄, 페퍼로니, 로스트 비프 등)에는 항생제와 농약, 방부제가 가득해서 염증과 암, 심장병, 고혈압을 비롯한 온갖 질환의 원인이 된다. 확실히 밝혀진 건 아니지만 일부 연구에 따르면 상업용 고기의 감염을 막고 성장을 촉진하기 위해 들어가는 항생제와 호르몬은 우리 건강에 나쁜 영향을 미치고 항생제 내성을 일으키는 것으로 보인다.[98] 일부 고기는 포화 지방이 많아서 LDL 콜레스테롤low-density lipoprotein(저밀도 지단백 콜레스테롤, 혈관 벽에 쌓이면서 혈액 순환을 차단하는 '나쁜' 콜레스테롤-옮긴이) 수치를 높일 수 있다. 닭처럼 기름기가 적은 고기는 붉은 고기보다 포화 지방이 적다.

고기에는 인슐린 유사 성장 인자IGF-1가 들어 있다. 이 인자는 인간을 포함한 동물에게서 자연히 발견되며 성장을 촉진하는 호르몬이다. IGF-1을 섭취하면 이 호르몬이 들어올 뿐만 아니라 신체가 호르몬을 분비하도록 자극한다.[99] 이런 과잉 IGF-1은 암 성장을 촉진한다.

고기를 고온에서 요리하면 다환 방향족 탄화수소polycyclic aromatic hydrocarbons와 헤테로사이클릭 아민heterocyclic amines, 최종 당화 산물advanced glycans(모두 유기물질의 불완전 연소로 생성되는 유기 화합물이다-옮긴이) 같은 복합체가 형성되어 암을 유발한다.[100] 이런 복합체는 염증 반응과 산화 반응을 촉진하고 만성 질환을 일으킨다. 또한 고기에 함유된 N-글리콜리뉴라민산Neu5GC, N-glycolylneuraminic acid라는 복합체가 만성 염증을

촉진한다는 사실이 밝혀졌다.[101]

붉은 고기는 트리메틸아민 N–산화물$^{TMAO, trimethylamine\ N-oxide}$(소화 도중에 장에서 형성되는 부산물로 심장병과 뇌졸중 같은 심혈관 질환의 위험을 높인다는 사실이 밝혀졌다[102])의 수치를 높인다(다만 확실한 결론은 아니며 TMAO가 어떤 면에서는 유익하다고 보는 연구도 있다[103]).

이 모든 게 무엇을 뜻할까? 고기를 먹으려면 가공육을 피하고, 공부하고, 라벨을 읽어라. 당신이 소비하는 고기에 관해 최대한 알아내야 한다. 가능한 유기농 제품을 선택하자. 목초로 사육하고 호르몬과 항생제를 투여하지 않은 고기를 먹어라. WTF 계획의 모든 식단은 고기를 배제했지만 고기를 추가하더라도 90%는 식물성으로 구성하자. 목초로 사육한 유기농 고기 패티나 달걀을 일주일에 한두 번 먹는 건 괜찮다(WTF 계획에서 10% 이내로 제한해라).

달걀은 어떨까?

소화가 잘되면 달걀을 적당히 먹어도 좋다. 단백질과 오메가-3가 풍부한 달걀은 한때 콜레스테롤이 높다는 누명을 썼지만 최근 〈영국 의학 저널$^{British\ Medical\ Journal}$〉에서 적당히 달걀을 먹으면 관상 동맥 심장병$^{coronary\ heart\ disease}$ 발병률이 높아지는 것과는 상관없다고 결론 내렸다. 심장병력이 없으면 하나 깨서 먹어도 좋지만 식사의 10% 범위 내에서 섭취하자. 닭장에 가두지 않았던, 유기농 인증을 받은 달걀을 먹어라.[104]

생선은 괜찮을까

한편 생선은 더 건강하고 훌륭한 단백질 공급원이다. 여러 연구에 따르면 특정 생선의 항염증 효과가 상당히 크다고 한다. 사실 일부 연구에서 어유가 통증과 염증에 이부프로펜 같은 비스테로이드 소염제를 고용량으로 복용한 효과를 낸다는 사실이 드러났다. 생선에 풍부한 오메가-3 지방산은 염증을 멈출 뿐만 아니라 치유한다는 것도 여러 번 증명됐다. 생선을 좋아하면 고등어, 호수송어, 청어, 정어리, 흰날개다랑어, 연어 등 오메가-3를 함유한 것을 먹어라. 물고기의 성장 환경도 중요하다. 자연산 물고기는 섭취한 먹이가 더 다양해서 양식보다 몸에 좋다. 다만 생선은 출처에 따라 수은, 농약 잔여물 등의 독소가 있을 수 있다.[105] 다시 말하지만 라벨을 읽고 최대한 신선한 유기농 제품을 고르자.

알쏭달쏭한, 콩

건강 전문가로서 콩에 관한 질문을 많이 받는 편이다. 서구화된 세계에서 가장 흔한 알레르기 항원이기 때문이다. 하지만 콩은 아주 우수한 단백질 공급원으로(콩 100g에는 단백질 17g이 들어 있다) '완전 단백질complete protein'으로 알려져 있다. 신체가 음식을 단백질로 전환하는 데 필요한 아미노산이 전부 들어 있다는 뜻이다. 이렇게 식물성 식품치고는 희귀한 특성 덕분에 콩은 단백질 품질 측면에서 동물 단백질과 동급으로 취급되며 채식주의자 식단에서 빠지지 않는 식품이다.

하지만 콩의 전망은 최근 혼란에 빠졌다. 몇 년 전, 콩 제조업자들은 콩이 홍조 등 폐경 증상을 일부 완화해준다는 연구를 앞세워 홍보 활동을 펼쳤다. 하지만 어느 순간 상황이 반전되더니 콩은 하늘 아래 암을 포함해서 모든 악을 일으키는 축으로 부상했다.[106]

당신이 채식을 주로 한다면 문제는 더 까다로워진다. 마트의 채식 코너에는 사실상 모든 제품에 콩이 있기 때문이다. 콩은 워낙 많은 식품에 들어가기 때문에 식단에서 완전히 빼기는 어렵다. 콩을 피하려면 주로 먹는 음식을 다 바꿔야 한다. 하지만 적당히 먹으면 무엇이 문제일까? 왜 이렇게 많은 정보가 양극화됐을까? 꼭 알아야 할 콩에 대한 정보를 여섯 가지로 요약했다.

에스트로겐과 비슷한 이소플라본 때문에 콩이 해롭다고 생각하는 사람들이 있다. 이소플라본은 강력한 천연 에스트로겐이 에스트로겐 수용체와 결합하는 것을 차단할 수 있지만 다양한 효능을 보유한 물질이다. 콜레스테롤 수치를 낮추고 심혈관 질환과 일부 암을 방지한다. 미디어에 소개되는 것보다 훨씬 복잡한 주제인 셈이다.

가공 콩을 많이 먹으면 유방암의 원인이 될 수도 있다. 내가 보기엔 상당히 골치 아픈 문제다. 어떤 기사에서는 콩이 유방암의 원인이라고 하지만 대부분 극단적으로 콩을 많이 먹는 경우였고 피실험자들은 주로 가공 콩을 섭취했다. 그리고 상당수가 동물 실험이었다. 클리블랜드 클리닉Cleveland Clinic과 메이요 클리닉Mayo Clinic 등 많은 기관에서는 콩을 가공되지 않은 형태로 적당히 섭취하면 유방암 발병률과는 상관없다고 밝혔다.[107] 콩은 갑상샘에 영향을 준다고 추정되며, 특히 이미 갑상샘 저하증을 앓고 있다면 더 위험하다. 당신이 해당한다면 콩을 하루에 2접시 이상 먹지 마라.

미국에서 생산되는 콩은 90% 이상이 유전자 변형 식품이며 키우면서 끊임없이 농약을 사용한다. 가장 유명한 제초제는 라운드업이다. 라운드업은 클리포세이트라는 화학 물질의 농축물로 내분비 교란 물질로 유명하며 암, 간 손상, 심장병 같은 다양한 질환의 원인이었다. 또한 미국에는 유전자 변형 콩밭과 그렇지 않은 콩밭을 구분하는 규제가 없기 때문에 유전자가 변형되지 않은 콩도 오염될 수 있다.

많은 콩 식품이 고도로 가공된다. 콩은 밀처럼 과자나 케이크, 대체육 같은 형태로 가공될 때가 많다. 내가 진료할 때는 식단에서 콩과 밀을 배제했을 때 효과를 봤다. 염증을 일으키는 음식뿐만 아니라 케이크, 쿠키, 에너지바 같은 불량 가공식품을 먹지 않기 때문이다. 콩기름은 초기 추출 단계에서 헥세인hexane(휘발유 정제 부산물)을 첨가한다. 유기농 콩 식품이나 비가공 콩(예를 들어 풋콩)을 골랐다면 헥세인 첨가는 걱정하지 않아도 된다.

그래서 최종 판결은? 가공하지 않은 콩은 괜찮다(단백질 공급원으로 바라보면 괜찮은 정도를 넘어선다). 나처럼 일주일에 몇 번씩 유기농 콩을 먹는 것도 좋다. 콩가루는 피하고 성분 라벨을 확인해서 유기농, non-GMO, 발아 콩, 발효 콩을 선택해라. 발아 유기농 두부와 풋콩, 미소 같은 발효 콩을 구매하면 된다.

지방은 해로울까

1970년대 말에 이변이 발생해서 지방이 악당으로 취급받았다. 그것도 '악당의 대명사'가 됐다. 거의 모든 매체와 의료 저널에 따르면 지방은 심장병과 비만, 요절의 원인이었다. 그래서 저지방 식품이 대유행하고 버터와 전유제품, 기름, 동물성 지방을 멀리했다. 문제는 지방을 탄수화물과 당으로 대체했다는 것이다. 가공식품은 지방을 함유한 음식 못지않게(혹은 더) 유해하다. 혈당과 인슐린 수치가 치솟기 때문이다. 저지방 고탄수화물 식단으로 군살을 빼고 건강해진다는 이론과 다르게 우리는 더 살찌고 아팠고, 지금처럼 비만과 신진대사 장애가 급격히 확산했다.

지방을 두려워하지 마라. 유익한 지방을 먹고 해로운 지방을 피하면 된다. 피해야 할 지방은 동물성 지방과 식물성 오일, 땅콩 오일, 카놀라 오일, 콩 오일, 목화씨 오일, 해바라기씨 오일, 마가린, 쇼트닝, 각종 '스프레드'다. 이런 식품은 모두 오메가-6 지방 함량이 높다. 가까이해야 할 지방은 코코넛과 아보카도, 올리브 오일 등 염증을 줄여주는 유익한 포화 지방 공급원이다. 견과와 아보카도, 코코넛 같은 자연 지방을 섭취하면 몸이 만족하며 당을 섭취했을 때처럼 인슐린이 급등하지 않는다. 그 결과 지방 축적이나 염증이 덜하다. 고도 불포화 오메가-3지방(고도 불포화 지방은 상온에서 액체 상태이며 지방산 사슬 내에 여러 개의 이중 결합을 포함한 지방이다-옮긴이)을 함유한 기름기 많은 생선과 어유를 식단에 추가하면 쉽게 호르몬 균형을 바로잡고 염증을 낮출 수 있다. 채식주의자라면 오메가-3 지방은 해조유에 풍부하고 해조유보다는 적지만 치아시드, 아마, 호두에도 들어 있다.

인공 감미료와 다이어트 소다

몇 가지 증거에 따르면 다이어트 소다는 인슐린 신호를 교란해서 특히 복부 위주로 살을 찌운다. 복부 지방은 심혈관 질환과 염증, 인슐린 저항성 증가와 관계가 있다. 무가당 제품 중에서도 특히 소다는 설탕보다 200~600배 달게 가공된다. 우리 몸은 인공 감미료를 섭취했을 때 무척 단 것을 섭취했다고 착각하고 더욱더 단 음식에 집착한다.

흥미롭게도 인공 감미료는 뭔가 즐거운 일을 하거나 달콤하고 '중독적인' 음식을 먹었을 때 활성화되는 뇌의 보상 중추를 지나치게 자극한다. 그러면 우리가 단맛 '보상'을 처리하는 방식이 바뀌기 때문에 식탐을 충족하려면 더 달고 강한 맛이 필요하다. 인공 감미료는 쿠키나 컵케이크 등 인공으로 맛을 낸 달콤한 음식을 원하게 하고, 그렇게 지나치게 자극된 미뢰에는 몸에 좋고 덜 가공된 식품인 고구마나 브로콜리가 밍밍하게 느껴진다. 인공 감미료가 인슐린 저항성, 렙틴 불균형, 포도당 불내성으로 이어진다는 증거도 있다(확정적이지는 않다). 장 미생물군이 바뀌면서 체중 증가와 질병을 일으키기 때문이다.

경험상 이상적으로는 모든 인공 감미료와 다이어트 소다를 빼는 것이 좋다. 감미료가 꼭 필요하다면 유기농 천연 스테비아나 에리트리톨 erythritol(옥수수를 발효해서 얻는 당 알코올의 일종-옮긴이), 나한과 monk fruit(중국에서 약재로 쓰이는 박과 식물, 단맛이 강한 설탕 대체재-옮긴이) 등은 괜찮다. 다이어트 소다를 마시는 게 습관인가? 탄산수나 레모네이드에 스테비아와 카옌 고추를 살짝 넣어서 마시자.

단백질, 좋은 것도 지나치면 독이 된다

단백질은 과대평가됐다. 내가 보기에 단백질 비중이 매우 높은 식단은 고당 식단 못지않게 유해하다. 이런 말소리가 들리는 것 같다. "왜요? 단백질은 몸에 좋은 거 아닌가요?" 물론 그렇다. 필수 아미노산으로 구성된 단백질은 뼈와 근육 발달, 세포 복구, 지능에 꼭 필요하다. 이론적으로 단백질을 많이 섭취하면 몸에 좋을 것처럼 보이니 고단백질 식단이 계속 인기를 끈다. 몸에 그렇게 중요하다면 최대한 많이 먹는 게 좋지 않을까? 글쎄, 좋은 것도 지나치면 어떻게 되는지 짚고 넘어가야 한다. 아직 모두가 동의하는 건 아니지만 단백질이 지나치면 몸에 좋지 않다는 연구가 나왔다.

예를 들어 동핀란드 대학University of Eastern Finland에서 중년 남성 2,400명을 22년간 추적 관찰한 결과 고단백 식단은 심부전 위험을 49% 높였다.[108] 또 다른 연구에 따르면 특히 붉은 고기와 가공육에서 단백질을 많이 섭취하는 사람들은 비만이 될 확률이 높고 2형 당뇨병, 심장 문제, 결장암으로 발전할 위험이 커졌다고 한다.[109] 하버드 대학 연구원 데이비드 싱클레어David Sinclair 박사에 따르면 단백질을 많이 섭취하는 사람은 니코틴아마이드 아데닌 다이뉴클레오타이드NAD, nicotinamide adenine dinucleotide(신진대사에 큰 영향을 미치는 작은 분자)가 부족하다. NAD는 쉽게 말해 장수를 촉진하는 포유류 라파마이신 표적 단백질mTOR, mammalian target of rapamycin의 통로를 차단한다. [110]

그럼 현실을 들여다보자. 하루 평균 단백질 섭취 권장량은 남성이 56g, 여성이 46g(체중 1kg당 단백질 0.8g이다)이다. 최근 미국 농무부의 식단 지침에서는 성인 남성과 여성은 하루 총열량의 10~35%를 단백질에서 섭취하라고 권했다(단백질 1g은 4칼로리이다). [111] 식단에서 단백질 비율이 지나치게 높은 사람은 아래와 같은 증상을 보인다.

- 단백질에 많이 포함된 함황 아미노산sulfur amino acids(황 원자를 함유한 아미노산–옮긴이) 때문에 심혈관 질환 위험이 커진다.
- 영양 결핍이나 식이 섬유 부족으로 구취, 두통, 변비 등이 생긴다
- 단백질 대사로 나온 노폐물을 제거하느라 몸이 무리하고, 신장병이 있으면 신장 기능이 손상되기도 한다.
- pH 균형이 바뀌어서 장 산성도가 높아지면서 암세포 성장을 촉진한다.

미국인은 특대 소다부터 메가 콤플렉스 영화관, 맥맨션McMansion(맥도널드 체인점처럼 획일화된 대형 주택–옮긴이) 등 큰 걸 선호하는 경향이 있다. 단백질 섭취도 마찬가지다. 단백질은 성장과 세포 복구에 꼭 필요하지만 지나치게 섭취하면 부정적인 결과가 뒤따른다. 우리 몸에서

성장과 장수는 시소처럼 반대 작용을 하므로 그 시소의 균형을 맞춰야 한다. 어린 시절 성장에 중요한 역할을 하는 IGF-1은 노화에도 영향을 미친다. 과도한 단백질은 IGF-1 분비를 촉진하고, 나이가 들수록 건강한 세포와 함께 암성 세포$^{cancerous\ cell}$의 성장을 촉진한다.[112]

따라서 단백질은 양보다 질을 우선해야 한다. 단백질을 원한다면 콩과 병아리콩, 두부, 견과, 생선 같은 식물성 식품을 섭취해라. 고기는 가공육을 멀리하고 제한적으로 섭취해야 한다. 풀을 먹고 자란 닭이나 신선한 생선 같은 고기를 일주일에 두 번 정도 한 접시 먹는 것은 괜찮다. 단백질을 충분히 섭취하는 건 생각보다 어렵지 않다. 가공된 바나 단백질 파우더, 머슬 밀크(근육 생성을 위해 단백질 등을 첨가한 우유-옮긴이) 따위는 필요 없다.

에너지를 높여라

항염증 효과가 뛰어난 음식들을 살펴보자.

- 마늘
- 비트
- 생견과
- 베리류
- 차
- 생강
- 터머릭
- 아마씨
- 카르다몸
- 치아시드
- 아보카도
- 브로콜리
- 파인애플
- 민들레 잎
- 코코넛
- 시금치

5

이제 해야 할 일

새로운 음식 계획

초등학교 때 배운 음식 피라미드를 기억하는가? 20세기 후반에 보건부Department of Health에서 작성한 음식 피라미드는 하루에 무엇을, 얼마나 섭취해야 하는지 허용량과 비율을 추천하는 표다.

곡물과 탄수화물은 가장 많이 섭취해야 한다는 뜻으로 가장 아래쪽에 위치한다. 이 피라미드는 세월이 흐르면서 최근 수정됐지만 큰 변화는 없었다. 곡물은 과일, 채소와 자리를 바꿔서 두 번째 비중을 차지한다. 피라미드를 다시 그린다면 채소 형태의 프리바이오틱 식이 섬유와 물, 생강과 마늘 같은 항염증 향신료가 가장 밑에 있어야 할 것이다. 그다음 층에는 두부와 견과, 콩류 같은 자연 단백질과 아보카도, 코코넛 같은 자연식품이 들어간다. 그 위에는 자연 탄수화물 식품(과일, 고구마, 천연 옥수수)이다. 가장 위쪽은 사탕과 쿠키, 흰 빵(내 계획에서는 전체 식단에서 10%만 허용한다) 같은 불량 가공식품이다.

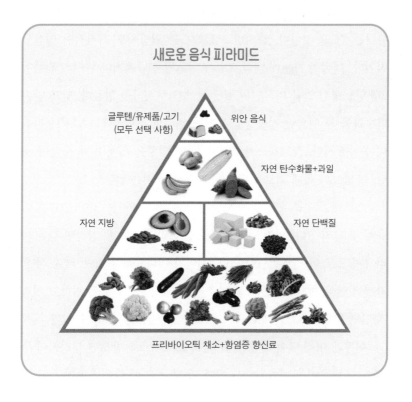

스트레스 해소를 잊지 말자

혈당이 오르면 스트레스받거나 불안해진다는 사실을 알고 있었는가? 사실 모르는 사람이 많다. 지금까지 스트레스와 호르몬과 면역계, 장을 어떻게 망치는지 자세히 살펴봤으니 전반적으로 건강에 무척 해롭다는 건 알 것이다. 하지만 스트레스는 혈당에도 직접적인 영향을 미친다. 미국인 가운데 대략 50%가 당뇨병 전단계거나 완전히 진행된 2형 당뇨병인 만큼 미국인의 혈당 문제를 무시하긴 힘들다. 당과 단순 탄수화물 등 인슐린 저항성을 높이는 음식의 위험성에는 엄청난 관심이 쏟아졌지만, 스트레스가 혈당에 어떤 영향을 미치며 왜 소다나 사탕, 흰 빵보다 몸에 해로울 수 있는지 논의된 적은 없다.

스트레스 수준과 혈중 포도당의 관계를 이해하는 것이 중요한 이유가 몇 가지 있다. 먼저 혈당이 높으면 비만과 당뇨병, 심장병 같은 여러 질병으로 이어질 위험이 크다. 게다가 저탄수화물 식단, 케톤 식단, 간헐적 단식 계획으로 혈당을 낮추려고 해도, 탄수화물을 피하고 지방과 단백질만 섭취했는데도 스트레스가 혈당을 치솟게 할 수 있다.

어떻게 이런 일이 가능할까? 앞서 스트레스를 받으면 생리적인 투쟁-도피 반응이 활성화된다고 했다. 우리 몸은 이 반응에 따라 응급 상황에 즉시 사용할 수 있도록 혈당을 혈류에 공급한다. 항상 스트레스받으면 계속 혈당이 오르고 그 결과 인슐린이 분비된다.

이렇게 인슐린이 높은 상태인 고인슐린 혈증 상태에서 몸은 포도당을 다시 세포로 밀어내려 한다. 인슐린은 지방을 저장하라고 몸에 신호를 보내는 호르몬이라서 스트레스가 심한 시기를 보내는 사람은 식습관을 바꾸지 않아도 체중이 증가하는 경향이 있다.

이런 일이 일어나는 동안 스트레스나 불안을 인지한 뇌가 부신에서 코르티솔을 분비하고 혈당을 생성하며, 간은 포도당 신생성 luconeogenesis이라는 과정을 통해 포도당을 다시 생성한다. 스트레스받는 사건이 끝나면 신호도 멈춘다. 이런 일이 가끔 있으면 괜찮지만 보통 일주일에 몇 번이나 매일, 심지어 시간 단위로 일어나기 마련이다. 그러면 우리 몸은 혼란에 빠지고, 근육과 몸에 불필요한 포도당이 대량으로 혈류를 떠돌아다닌다.

많은 이가 식단과 생활 방식을 정화하는 과정에서 고혈당으로 고생하는 이유가 바로 이것 때문이다. 사실 전문가들은(나 포함) 스트레스와 수면이 혈당 수치에 제일 큰 영향을 준다고 믿는다. 어쩌면 먹는 음식보다 영향이 더 클 수도 있다.

그러면 어떻게 해야 할까? 스트레스를 완전히 피할 수는 없지만 꾸준히 불안과 스트레스를 일으키는 상황을 기록해보자. 나는 '꼭두새벽(새벽 6시)'에 일어나서 운동하는 게 너무 큰 스트레스여서 밤에 잠을 못 잘 정도였다. 당뇨병을 방지하기 위해 할 수 있는 건 다하는 사람으로서 운동 효과보다는 헬스장에 가느라 늘어난 스트레스가 더 크다고 판단했다. 부정적인 스트레스를 최대한 줄이자. 그러면 혈당이 고마워한다.

그리고 잠을 자라

잠이 왕이라는 건 아무도 부정할 수 없다. 잠은 호르몬 폐색이나 불균형을 개선하는 핵심이며 에너지 3요소를 최적화하는 계획의 마지막 요건이기도 하다. 하루에 6~8시간이 아니라 9~10시간 자도록 노력하고, 일정 기간 더 오래 쉬었을 때 어떤 기분인지 평가해보자. 장 휴식을 늘리는 이틀은 부족했던 잠을 만회하는 시간으로 활용해라. 잠을 오래 자면 단식 시간도 빨리 지나간다. 정말 그렇게 많이 자야 하냐고? 지금 당신이 느끼든 못 느끼든, 오랫동안 잠이 부족하면 다음과 같은 결과가 따라온다.

- 지능 저하
- 면역 반응 약화
- 성욕 감퇴
- 탄수화물과 당에 대한 식탐 증가
- 피부 노화
- 에너지 감소
- 심장병, 당뇨병, 일부 암 위험 증가
- 호르몬 교란

혹시 이렇게 생각하는가? '난 하루에 5시간씩 자도 괜찮아요!' 물론 지금은 그럴 수도 있다. 하지만 몸과 정신에 필요한 수면을 부정해서 말 그대로 수명을 당겨쓰는 것뿐이다. 영국에서 진행된 연구에 따르면

5시간에서 7시간, 혹은 그 이하로 자는 사람들은 온갖 원인으로 인한 조기 사망률이 1.7배 상승했다. 7시간 이상 자지 않으면 수명이 단축될 확률이 1.7배 높아진다는 뜻이다.

생산성을 높이고 경력을 발전시키고 싶은가? 생각, 판단, 반응, 대응 능력은 수면이 부족하면 함께 느려진다. 인지 기능과 기억, 지각, 창의력도 감소한다. 감정 조절이 힘들어지면서 짜증이 늘고 과민하게 반응하는 경향이 생긴다. 연구원들은 실제로 수면 부족을 술에 취한 것과 비슷하다고 봤다. 그리고 수면은 뇌에서 억제를 처리하는 전전두엽 피질에 영향을 준다. 따라서 뭔가 생산적이고 보람 있는 일보다 불량식품, 담배, 인터넷 서핑에 빠질 가능성이 커진다. 또한 일부 면역 세포는 밤에 잘 때 활성화되기 때문에 면역계가 약해진다. 즉 잠을 적게 잘수록 감기는 물론이고 당뇨병, 심장병, 암 같은 심각한 질병에 민감해진다는 뜻이다. 또한 치매나 알츠하이머 같은 뇌 장애는 수면 부족 및 수면 무호흡과의 관련성이 제기됐다.

마지막으로 호르몬도 수면에 의존한다. 예를 들어 '수면 호르몬' 멜라토닌을 살펴보자. 흔히 잠을 못 자면 멜라토닌 보충제를 먹으라고 한다. 밤늦게까지 깨어 있으면(자지 않거나 불을 끄고 힘을 빼야 할 때 빛에 노출되면) 멜라토닌 주기가 흐트러져서 정상적으로 분비되지 않는다. 이것이 수면에 영향을 미치는 건 알지만, 생각보다 훨씬 많은 과정에 영향을 준다는 사실이 점차 드러나고 있다.

멜라토닌 핵심 정보

- 밤에 어두울 때만 분비된다.
- 졸리게 한다.
- 운동 후 회복을 돕는다.
- 강한 항산화 효과가 있다.
- 면역계를 강화하는 것으로 보인다.
- 혈압 조절을 돕는다.
- 여성의 생식 주기에 영향을 미친다.

수면의 영향을 받는 또 다른 호르몬은? 인슐린이다. 인슐린은 신체가 에너지를 얻기 위해 탄수화물의 당을 이용하거나 나중을 위해 보관하도록 도와주는 호르몬이다. 몸에 당이 지나치게 많으면 인슐린은 균형을 잡기 위해 당을 간과 지방 세포에 보관한다. 당이 부족하면 이 보관분을 배출한다. 잠을 너무 못 자면 인슐린 저항성이 생기고, 그러면 신체는 인슐린을 제대로 이용하지 못해서 혈당이 치솟고 만성 질환과 비만 발생률이 높아진다.

그러면 인간 성장 호르몬이나 렙틴, 그렐린처럼 우리에게 덜 익숙한 호르몬은 어떨까? 그렇다, 이들도 수면의 영향을 받는다. 밤에 분비되는 식욕 억제 호르몬 렙틴은 수면이 줄면 분비량이 줄어든다. 배고픔을 자극하고 밤에 분비되는 그렐린 수치는 5시간 수면 그룹과 8시간 수면 그룹을 비교했을 때 평균 15% 상승했다(피곤하면 배고파지는 현상을 겪었는가? 그 이유가 이것이다). 또한 잘 때는 뇌에서 인간 성장 호르몬이 분비되어 성장과 세포 재생산, 재생(즉 노화 방지), 인지 기능, 그리고 전반적인 건강을 촉진한다. 그러니 잠이 부족하면 이런 경이로운 호르몬도 덜 분비된다.

아직 미심쩍은가? 더 잘 잘 수 있는 7가지 팁을 소개한다.

1. '난 튼튼하니까 하루에 4시간만 자면 돼'에서 '오늘 7시간을 안 자면 피곤하고 멍하고 예민해져서 건강과 삶의 질이 전반적으로 훼손될 거야'로 마음가짐을 바꿔라.

2. 항상 어두울 때 자고 낮에는 빛을 많이 봐라. 침실에 암막 커튼을 달고 아침에는 자연광을 받자. 가능하다면 밖으로 나가서 운동하거나 일하거나 산책해라. 뇌에서 빛에 반응하는 부위가 생체 리듬, 즉 내부 시계나 수면-기상 주기를 조절한다.

3. 침대와 침실은 최대한 자는 공간으로만 활용해라. 다른 활동은 전부 다른 장소에서 하고, 침대를 무의식적으로 잠과 연관 지어라. 침대에서 TV를 보거나 일하거나, 온라인 쇼핑을 하거나 먹기도 하는데 수면에 문제가 있으면 그런 활동은 침대와 침실 밖에서 해라.

4. 밤에는 침실을 시원하게 유지해라. 시원하다고 느끼는 기온은 신체 내부 온도와 비슷하다. 체온은 잘 때 가장 낮게 떨어진다. 온도가 이 범위보다 높거나 낮으면 숙면이 힘들어진다. 16℃에서 20℃가 가장 이상적인 온도다. 자기 전에 찬물로 샤워하는

것도 도움 된다.

5. 편히 자지 못하거나 새벽 세 시에 깨서 다시 잠들기 힘든 이유는 보통 머릿속이 복잡하기 때문이다. 불안하거나 정신적 스트레스를 받는다는 뜻이다. 명상, 휴식 안내나 소리를 들으면 도움이 된다. 스트레스받은 채 침대에 눕지 않도록 최대한 노력해라.

6. 허브차도 유용하다. 효과를 보는 사람도 있지만 꼭 카모마일을 말하는 건 아니다. 정말 잠이 안 오고 부정적인 부작용이 없으면 슬리피타임Sleepytime(미국 차 브랜드-옮긴이)의 차나 쥐오줌풀 뿌리valerian root, 카바 후추kavakava 같은 허브와 마그네슘을 섭취해보자. 하지만 자려고 이런 보충제를 계속 사용하면 장기적으로 보충제 없이 잠들기 힘들 수 있으니 너무 의존하지 말자. 침실과 취침 시간 루틴도 바꿔서 건강한 수면 습관을 들여라.

7. 잠들기 3시간 전에는 먹지 않는다. 그러면 혈당과 인슐린이 최적화되고 숙면뿐만 아니라 전반적인 건강에 도움이 된다. 자기 직전이나 밤늦게, 혹은 한밤중에 음식을 먹으면 내부 시계와 어긋나서 불면과 체중 증가로 이어질 수 있다.

정보가 너무 많아서 소화하기 힘들었을 듯하다. 하지만 이것만은 꼭 기억해라. WTF 계획은 생체 리듬 단식 시간대 내에서 세 가지 핵심 요소를 중심으로 돌아간다. 매일 6~8접시의 채소, 프리바이오틱 음식, 그리고 호르몬 균형을 잡아주는 차다. 다음 장에서는 이 요소를 조합하는 방법을 살펴볼 예정이다.

이런 말로 마무리하고 싶다. 음식이 당신을 만든다. 이제 채소를 많이 먹고 가공식품과 당을 줄여서 식단을 정화하는 법을 알아보자.

8장

에너지를 되찾아주는
WTF 계획

WTF 계획
간단히 살펴보기

　나는 단식에 완벽히 실패했다. 5년 전 처음으로 간헐적 단식을 시도했을 때 만년 모범생답게 곧바로 본론으로 뛰어들었다. 첫날에 음식을 적게 먹었더니 밤에 너무 배고파서 잠을 잘 수 없었다. 그다음 날에도 피곤했고 제대로 못 잤다. 운동하기도 힘들었고 온종일 무리하다 보니 고장 날 지경에 이르렀다. 세 번째 날 아침에는 너무 피곤하고 예민해져서 남편에게 소리를 질렀고 직장에서 명료하게 생각할 수가 없었으며 식사할 수 있는 시간대에는 허겁지겁 과식했다. 힘이 다 빠진 건 물론이고 배가 고팠다! 그렇게 일주일 후에 그만뒀다.

　하지만 몇 달 뒤, 단식의 효과에 관한 연구 결과가 계속 발표되는 것을 보고 나는 이것이 에너지와 장기적 건강의 핵심일 수 있다는 사실을 되새기며 다시 단식을 시도했다. 이번에는 조금씩 사소한 변화를 줬고, '올바른' 단식(여성에게 맞춘 방식은 276쪽 표 참고)이 내 몸과 먹는 방식, 무엇보다 기분을 어떻게 바꾸는지 경험했다. 그 이후로는 내 단식 계획을 가족과 친구, 환자들에게 수없이 추천했다. 이제는 이렇게 당신에게도 추천한다.

활력과 젊음을 되찾고, 칼로리 계산 지옥에서 벗어날 준비가 됐는가? 앞으로 소개하는 계획을 통해 에너지 수준을 통제하고 건강을 개선할 수 있다. 이 2주 실행 계획은 활용하고 반복하고 확장하거나 생활 방식에 맞게 바꾸면 된다.

WTF 계획에서는 호르몬 균형을 바로잡고 에너지를 키우는 음식과 생체 리듬 단식을 결합한다. 그 결과 자연의 순리대로 당신과 내부 시계가 정렬하고 몸이 기름 친 기계처럼 원활하게 작동할 것이다. 이 계획은 장 건강을 개선해서 호르몬 균형을 맞추고, 무엇보다 에너지를 치솟게 해준다. 그러면 마침내 건강과 행복으로 가는 길이 펼쳐진다. 특히 내가 이미 모든 실수와 시행착오를 거쳤으니 여러분은 내가 겪은 어려움과 위험을 겪지 않아도 된다.

내가 제안하는 생체 리듬 단식은 우리 몸의 내부 시계와 태양의 힘, 그리고 생체 리듬을 활용한다. 이 계획은 인터넷에 나오는 간헐적 단식과 달리 오래된 지혜와 최신 과학을 합쳤다. 음식 섭취를 하루에 9시간이나 12시간으로 제한하고 그 시간대를 다듬어서 저녁을 일찍 먹고 아침을 거르지 않는다. 여러 연구에서 아침을 거르면 염증이 생길 수 있으니 저녁을 일찍 먹는 게 낫다는 사실이 밝혀졌다.[113]

식사를 생체 리듬과 동기화하면 인슐린 수치가 안정되고 인간 성장 호르몬 수치를 높여서 체중 감소와 세포 복구 활성화, 심지어 후성적 변화epigenetic changes(DNA 염기 서열이 변화하지 않고 환경적 요인으로 발생하는 유전적 변화-옮긴이)를 치유하여 향후 질병 발생을 방지하는 데 도움이 된다. 또한 혈당 수치가 안정되고 낮아지면서 당뇨병이 발병할 위험도 감소한다.

소화에도 좋다. 몸이 쉬면서 장을 비우고 회복할 수 있기 때문이다. 보너스로 잠을 푹 자고 개운하게 일어나고, 피부에서는 윤이 날 것이다. 이 접근법에서는 낮 동안 9시간에서 12시간 정도의 시간대에 맛있고 배부르고 만들기 쉬운 음식을 먹는다. 생체 리듬 단식과 정해진 수면과 기상 주기를 지키고 매일 햇빛을 받으면 균형 있고 건강하고 새로운 당신으로 거듭날 것이다.

이 프로그램의 주목적이 체중 감량은 아니지만 올바른 방법으로 꾸준히 장을 쉬게 하면 체지방량과 체중이 감소하고 혈압이나 콜레스테롤 수치 등 체중 증가와 관련된 질환 표지자가 개선되면서 실제로 체성분이 바뀐다. 간헐적 단식이 효과 있는 또 다른 이유는 대사 전환이 일어날 뿐만 아니라 열량 섭취가 줄어들기 때문이다. 식사 시간대가 더 짧아지고 그동안 과식하지 않으며 몸에 좋은 식단을 유지하면 음식과 열량 섭취가 줄어든다. 체중 감소가 눈에 보이려면 1~3개월 정도 걸릴지 모르지만 저울에서 곧바로 변화가 보이지 않더라도 몸과 마음이 나아진 건 확실히 느낄 수 있다. 간헐적 단식과 체중 감소의 상관관계를 뒷받침하는 증거는 수없이 많다. 꾸준히 음식을 제한하면 신체가 줄어든 열량 소비에 적응해서 감량한 체중을 안정적으로 유지한다. 간헐적 단식은 신체가 저열량식과 일반식을 오가는 데 익숙해져서 지방을 적게 태우는 사태를 방지해준다.

2015년, 간헐적 단식에 관한 40가지 연구를 메타 분석(특정 주제를 다룬 많은 연구를 요약하는 기법-옮긴이)한 결과에 따르면 참여자들은 10주에 걸쳐 4.5kg을 감량했다. 두 번째 연구에서는 격일 단식에 참여한 성인들이 8주에 걸쳐 5.9kg을 감량했다. 간헐적 단식은 내장 지방(복부 내장 주위에 두껍게 쌓여 있는 안쪽 지방)을 표적으로 줄여준다. 좀 더 구체적인 다른 연구에서는 참여자들이 간헐적 단식을 통해 67개월 만에 4~7%의 내장 지방을 감량했다.

장담하는데 WTF 계획을 실천하면 금방 변화가 보일 것이다. 장에는 100조 마리에 달하는 세균이 살지만 여러 연구에서 이 붐비는 마이크로바이옴은 겨우 사흘 만에도 바뀔 수 있다는 사실을 밝혀냈다. 하지만 오래 지속되는 진정한 변화를 일으키려면 시간이 더 필요하다. 이 계획의 기간은 2주지만 임시가 아니라 평생 실천해야 한다. 오래 할수록 기분은 더 가뿐해진다. 5~10kg을 더 빼는 건 중요하지 않다. 에너지를 끌어 올려서 더 나은 삶을 사는 게 중요하다. 앞으로 평생 넘치는 에너지를 갖고 싶지 않은가? 이것이 당신의 평생 식단이다. 6개월, 3년, 20년, 아니 더 오랜 세월 에너지를 키워줄 프로그램이다.

어떤 음식을 먹으면 좋을지도 함께 소개하겠지만 앞으로 14일 동안 매일 지켜야 할 규칙이 있다. 우리가 아는 마이크로바이옴을 생각하면, 신선하고 발효된 '진짜 음식'을 먹는 것이 장을 건강하게 하는 핵심 열쇠다. 따라서 식단은 채소 위주여야 하고 글루텐과 유제품이 없어야 한다. 하지만 나는 유연한 계획을 선호한다. 글루텐과 고기, 유제품을 소화할 수 있다면 얼마든지 계획을 수정해도 된다. 다만 고품질 식품을 선택해라. 라벨을 읽고 최대한 신선한 유기농 제품을 고르자. 경험상 90%는 내 계획대로 프리바이오틱 식품을 곁들인 식물성 음식을 위주로 먹고 나머지 10%는 취향에 맞춰 여유를 두는 게 좋다.

일주일에 한 번 날을 잡아서 요리하면 쉽게 실천할 수 있다(사람들은 대부분 일요일을 선호한다). 아스파라거스와 민들레 잎, 양파, 마늘, 돼지감자 등 프리바이오틱스가 풍부한 채소를 굽는 것을 추천한다. 구워둔 채소를 일주일 동안 먹으면서 프리바이오틱스를 섭취하자. 그러면 장과 면역, 호르몬 사이의 연계가 강해진다. 하루에 채소를 6~8접시 먹는 것을 목표로 삼아라. 다양한 식물을 섭취할수록 미생물군이 한층 풍부해진다는 사실을 기억하자. 식물 위주로 식단을 구성하는 것이 목표지만 원한다면 달걀이나 생선 같은 동물성 식품을 적당히 함께 섭취해도 좋다.

이 프로그램을 시작하면서 충분히 자고 스트레스를 관리하는 것도 중요하다. 마음가짐과 수면에 신경 쓰고, 일과를 생체 리듬에 맞추며 신체적, 감정적 스트레스를 관리해라. 이 계획은 건강에 이로운 스트레스 요인으로 작용한다(간헐적 단식도 마찬가지다). 장 건강을 위한 노력은 스트레스받고 피곤하다면 전부 무용지물이 될 것이다. 여기서는 식사가 가능한 시간대를 정확한 시간표로 지정하고, 꼭 먹어야 하거나 피해야 할 특정 음식과 음료를 제시한다. 단 시간에 먹을 수 있는 음식은 물, 블랙커피, 차, 스테이비아로 스테이바(혹은 나한과, 에리트리톨)를 약간 섭취해도 좋다. 다만 조금만 사용해라. 인공 감미료와 다이어트 음료는 단식을 깨트리고 인슐린을 과다하게 분비한다.[114]

건강에 이로운 스트레스 요인이 뭘까?

간헐적 단식 프로그램 자체가 건강에 이로운 스트레스 요인으로 우리 몸을 호르메시스 상태(신체에 작용하는 생리적 스트레스로 전반적인 반응 시스템을 개선한다)에 놓이게 한다. 한 연구에서는 쥐에게 주는 먹이의 열량을 제한한 결과 상당한 장수와 건강 효과를 확인했다.[115] 웨이트 트레이닝을 생각하면 호르메시스를 쉽게 이해할 수 있다. 웨이트 트레이닝에서는 근육이 피로해질 때까지 운동으로 스트레스를 주고 난 뒤 휴식을 취한다. 쉬는 동안 근육은 회복 모드에 들어가고, 그 결과 근육과 몸이 더 건강해진다.

간헐적 단식에서 열량 섭취를 제한하면 몸이 스트레스를 받는데, 우리 몸의 대응 시스템은 여느 유기체처럼 항상성을 유지하려 한다. 스트레스받은 몸은 더 강해지고 그 평형상태를 유지하기 위해 저항력을 키운다.[116] 결국 호르메시스는 신진대사를 개선하고 장수로 가는 길을 열어주며 콜레스테롤과 혈당 수치, 인슐린 민감성을 비롯한 온갖 지표를 개선한다. 모두 건강해지는 신호다. 한마디로 때를 잘 맞춘 적당한 스트레스는 당신에게 유익하다.

단식에서 빠져나오자

아침에 단식을 깨트리면서 맘껏 먹고 마시는 것은 금물이다. 무엇보다 식이 섬유를 우선으로 해야 한다. 단식이 끝나고 그날 첫 식사를 시작할 때는 배가 아무리 고파도 제한적으로 접근하는 게 중요하다. 쉽게 소화되고 영양이 풍부한 음식과 음료로 다시 에너지를 채워야 한다. 또한 미리 '마음챙김 식사'를 계획하고 실천해라. 열량과 지방 섭취량에만 집중하기보다, 편견을 버리고 경험상 효과가 있었던 음식에 집중하는 방식이다. 이 마음가짐은 목표에 방해가 되고 소화 불량을 일으키는 과식을 방지하는 데 도움이 된다. 가벼운 아침 식사로 편하게 단식을 깨트리는 게 좋다. 느지막한 아침에 채소 스무디나 견과를 먹고 그다음 정오에 점심으로 일반식을 먹으면 된다.

12시와 4시 사이에 점심으로 프리바이오틱스를 가득 채운 푸짐한 끼니를 먹어라. 소화력이 가장 좋은 정오에 가까울수록 좋다. 그리고 수분을 꼭 섭취해라. 하루에 2.4ℓ는 마셔야 한다. 먹어도 된다고 해서 원하는 음식을 꼭 먹어야 하는 건 아니다. 아래 내용에 주의하자.

- 정제당과 가공 탄수화물을 피해라(당은 인슐린을 치솟게 한다).
- 단백질은 적당히 섭취하고 지나치게 먹지 마라.
- 아보카도, 견과, 치아시드 같은 자연 지방을 섭취해라.
- 가공되지 않은 자연식품을 먹어라.
- 꾸준히 수분을 공급해라. 하루에 2.4ℓ는 마시자(차 제외).

간헐적 단식 프로그램은 숙련도에 따라 일주일이 이런 식으로 흘러간다.

- **레벨 1(초급):** 일주일에 6일, 12시간씩 단식하면서 몸이 프로그램에 익숙해지도록 하자. 2~3주 후에 원한다면 레벨 2로 가라.
- **레벨 2(중급):** 일주일에 4일, 12시간씩 금식하고 이틀은 15~16시간 이상으로 연장해서 단식하고 하루 쉰다. 원하는 만큼 오래 해도 좋다.
- **레벨 3(고급):** 계획을 숙지했고 수준을 높이고 싶으면 한 달에 한 번 전날 저녁부터 다음 날 저녁까지 24시간 단식을 진행한다. 연장 단식일에는 단식 시간을 15시간에서 18시간으로 연장해도 좋다. 하지만 몸에 귀를 기울여라. 몸에 좋으라고 하는 단식이고 지나치면 역효과가 날 것이다.

레벨 2 단식 계획을 전반적으로 살펴보자.

- 월요일, 화요일, 목요일, 금요일(일주일에 나흘): 오후 8시나 그 이전에 시작하여 12시간 동안 금식한다.
- 수요일, 일요일(일주일에 이틀): 단식을 15시간 이상으로 연장해서(나는 연장 단식일이라고 부른다) 오후 6시부터 시작하여 오전 9시쯤에 끝낸다. 이날에는 가벼운 운동(요가나 산책)을 한다.
- 토요일(일주일에 하루): 이날은 자유다! 제한은 없다. 계획을 벗어나 언제든 먹어도 좋다.

올바른 마음가짐

마음가짐이 올바르지 않으면 야심 차게 시작했다가 2주가 되기도 전에 흐지부지할 것이다. 뭐든 그렇듯이 처음에는 열정이 연료지만 곧 장애물이 나타날 테고 염증을 일으키는 예전 방식으로 돌아가고 싶어진다.

현실은 냉혹하다. 몸을 돌보고 건강을 지키겠다고 굳게 결심해도 늘 나아가기가 쉽진 않다. 사람들이 당신의 결정을 비판하거나 프로그램에 의문을 표시하고 심지어 조롱할 수도 있다. 가끔은 유독 힘들고 식탐이 강해지기도 한다. 안타깝지만 그게 현실이다. 올바른 마음가짐에는 강한 동기와 넉넉한 마음, 평정심이 필요하다. 이 세 가지 요소를 갖추면 불가피한 장애물이 닥쳐도 넘어갈 수 있을 것이다.

당신의 동기는 무엇인가

먼저 건강한 동기를 확립하려면 당신의 결정을 이끌었던 '이유'를 생각해라. 아이들을 위해 에너지를 얻고 싶은가? 동료나 환자들에게 좋은 본보기가 되고 싶은가? 건강을 개선하고 질병을 예방하고 싶은가? 아니면 그저 더 나은 자신이 되고 싶은가? 동기를 기억하면 이 길을 가는 동안 힘든 시기에 도움이 될 것이다. 생활 방식을 바꾸려는 이유를 적어서 자주 보는 곳에 붙여두고 계속 떠올려라. 화장실 거울이 제일 좋다.

이제 '이유'를 기억하고 이 여정에서 마주칠 장애물과 함정을 상상하자. 부모님과 함께 저녁 식사를 하러 갔다가 먹으면 더부룩해지는 음식을 권한다면 어떨까? 뭐라고 할 것인가? 어떻게 반응할 것인가? 스트레스받을 때 당이 가득한 가공식품을 먹어야 맘이 편해질 것 같으면 어떻게 극복할까? 이런 상황에 대비하고, 그때마다 동기를 잊지 않고 떠올려야 한다.

넉넉한 마음가짐

동기를 골랐으면 이제 마음을 넉넉히 먹어야 한다. 시간이든 돈이든 사랑이든 모든 게 넘친다는 뜻이다. 서두르지 마라. 당신은 잠재력이 풍부하고 사방에 기회가 널려 있다는 사실을 기억하자. 친구가 성공했으면 박수해주자. 누군가 성공했다고 당신이 성공 못 하는 건 아니다. '밀물은 모든 배를 띄운다'라는 말도 있다. 마음을 이렇게 먹으면 걱정되거나 스트레스받는 상황에서 차분해질 수 있다.

'마이클 하이엇Michael Hyatt'을 검색해보자. 마이클은 팟캐스트 운영자이며 이렇게 마음을 느긋하게 해주는 글을 많이 썼다. 나는 처음에 새롭게 마음가짐을 정비하면서 그의 팟캐스트를 들었다. 또한 웹사이트 Mindbodygreen.com에는 마음이 풍요로워지도록 설계된 훌륭한 강좌가 많다. 내 인생을 바꾼 책, 데이비드 고긴스David Goggins의 저서 《누구도 나를 파괴할 수 없다Can't Hurt me》, 젠 신서로Jen Sincero의 《당신은 보통이 아니다You are a badass》를 추천하며 스티븐 코비Stephen Covey, 디팩 초프라Deepak Chopra, 팀 페리스Tim Ferriss의 책은 다 좋다. 세상에는 이렇게 위대한 가르침이 많으니 당신이 공감할 수 있는 사람을 찾아라.

내면에 견고한 벽돌집을 지어라

훌륭한 마음가짐의 마지막 요소는 내적 평정심이다. 내적 평정심은 당신을 둘러싼 세계가 혼란에 빠졌을 때 취해야 할 마음가짐이다. 외부 세계를 바꿀 수는 없지만 내부 세계는 바꿀 수 있다. 하루에 두 번씩 내적 평정심을 키우면 이 계획에서 큰 성공을 거둘 것이다. 더 나은 결정을 내리고 현실에 충실해진다. 평정심을 연습하는 방법을 알아보자.

간단하고 짧은 명상으로 시작한다. 세 번 길게 심호흡하자. 6을 세며 들이마시고, 6을 세며 내쉰다. 들이마시고 내쉬는 숨 외에는 아무것도 생각하지 마라. 이 간단한 호흡 명상을 하루에 세 번씩 해라.

- 좋지 않은 일이 생기면 아무도 당신의 평정심을 빼앗을 수 없다고 말하고 다시 호흡하자.

- 요가 스트레칭을 최소한 다섯 가지는 해라. 뻣뻣한 근육을 움직이고 스트레칭하면 평정심을 얻는 데 큰 도움이 된다. 내가 하는 다섯 가지는 서서 스트레칭한 다음 아래로 숙이기, 앉아서 비틀기, 뒤로 젖히기, 그다음 앉아서 앞으로 숙이기다. 앞으로 숙이는 동작은 요가원에 못 갈 때 특히 좋다.
- 서두르려고 할 때 생각해보자. '난 시간이 많아', '시간은 충분해'. 그러면 조급해하지 않고 차분히 일을 처리할 수 있다. 사실 처리 속도도 더 빨라진다!
- 화가 났을 때 이 만트라를 반복해라. 난 평화롭고, 행복하다. 아무도 그 사실을 바꾸지 못한다.
- 충분히 자라. 8시간 이상 자면 평정 호르몬 분비가 늘어난다고 한다.

이 계획을 실천하는 동안 최소한 하루에 두 번씩 이렇게 연습해라. 차분하고 꼼꼼하게 진행하면 틀림없이 성공할 것이다.

언제 단식을 중단해야 할까

앞서 언급한 부정적인 호르몬 불균형 증상이 하나라도 나타났다면, 월경 주기에 문제가 생기거나 단식 때문에 식이 장애 증상이 생겼다면 당장 중단해야 한다.

여성의 경우 운동과 식사 방식을 월경 주기와 맞추는 것이 중요하다. 월경 첫날에 난포기가 시작되어 14~16일 정도 지속된다. 이때는 호르몬 수치가 낮지만 단계가 진행될수록 에스트로겐 분비가 늘어나고 인슐린에 훨씬 민감해진다. 그러면 지방 저장분이 줄고 스트레스에 강해진다. 매월 이 시기는 코르티솔 수치가 낮은 편이라는 뜻이다. 그래서 기운이 넘치는 느낌이 든다. 탄수화물을 소화하고 스트레스가 심한 운동을 잘 견딘다는 뜻이기도 하다. 이 시기에는 간헐적 단식을 더 공격적으로 진행해도 된다.

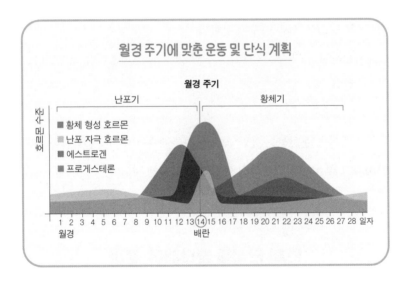

주기 하반기는 황체기라고 불리며 상대적으로 프로게스테론이 우세해서 인슐린 민감도가 상승한다(상승해야 한다). 그러면 더 배고파지는 경향이 있지만 지나친 탄수화물 섭취를 피하고 특히 단순 탄수화물

을 피해야 한다(초콜릿은 물론이고 고구마도 피해라). 특히 황체기 마지막 주에는 견과와 아보카도, 암녹색 채소 같은 마그네슘이 풍부한 음식을 많이 먹어라. 이 기간에는 스트레스받는 활동을 줄이고 산책과

월경 주기에 따른 주수

1주 차와 2주 차: 공격적 단식과 운동
4주 차(월경 직전): 산책, 요가 등 스트레스 감소 활동을 늘리고 탄수화물 섭취를 줄인다. 단식하지 않거나 강도를 줄인다.

(주의: 3주 차는 2주 차와 4주 차를 섞는다)

	30	31	1	2	3	4	5
1주 차	⑥	7	8	9	10	11	12
2주 차	⑬	14	15	16	17	18	19
3주 차	20	21	22	23	24	25	26
4주 차	㉗	28	29	30	31	1	2

월경 주기의 단계

난포기(0~14일 차): 난포기에는 난포가 성장하고 배란을 준비한다. 고구마, 과일, 귀리 같은 건강한 탄수화물 섭취를 늘리자. 이 시기에는 인슐린 민감성이 증가한다.
황체기(15~28일 차): 인슐린 저항성이 증가하므로 채소, 씨앗, 견과를 많이 먹고 당과 탄수화물 섭취를 줄여라.

요가처럼 스트레스가 적은 활동을 해라. 피임 중이라도 여성의 주기는 이 호르몬 패턴을 따른다. 피임약이 에스트로겐 우세 주기와 프로게스테론 우세 주기를 모방하기 때문이다. 어느 쪽이든 당신의 주기를 관찰해라. 주기 내내 간헐적 단식을 진행할 수 있지만 월경이 시작되기 전주에는 단식 간격을 줄이고(12시간) 몸을 좀 더 부드럽게 다루며 코르티솔 수치가 올라가지 않게 조심해라.

생체 리듬 단식
2주 계획

이제 건강해지는 여정을 시작할 준비가 됐는가? 앞으로 2주에 걸쳐 단식 시간을 조정해가며 15~18시간 단식까지 도달할 계획이다. 장담하는데 자주 단식할수록 쉬워진다. 한 가지 원칙을 꼭 기억해라. 개인 일정 때문에 시간대를 늦추거나 당겨야 한다면 생체 리듬과 어긋나지 않는 한 얼마든지 조정해도 좋다. 점심과 저녁 메뉴를 섞어도 된다.

단식 일정 간단히 살펴보기

1주 차

1일 차	12시간: 오후 8시에서 오전 8시까지
2일 차	12시간: 오후 8시에서 오전 8시까지
3일 차	15시간: 오후 6시에서 오전 9시까지
4일 차	12시간: 오후 8시에서 오전 8시까지
5일 차	12시간: 오후 8시에서 오전 8시까지
6일 차	자유의 날!
7일 차	15시간: 오후 6시에서 오전 9시까지

2주 차

8일 차	12시간: 오후 8시에서 오전 8시까지
9일 차	12시간: 오후 8시에서 오전 8시까지
10일 차	15시간: 오후 6시에서 오전 9시까지
11일 차	12시간: 오후 8시에서 오전 8시까지
12일 차	12시간: 오후 8시에서 오전 8시까지
13일 차	자유의 날!
14일 차	16시간: 오후 6시에서 오전 10시까지

1주 차

1일 차

좋다, 이제 시작하자. 이 계획에서는 오후 8시부터 먹는 것을 중단하고 12시간 동안 금식한다. 오전 8시에 아침을 먹고 점심은 정오에, 저녁은 오후 7시에 먹는다. 첫날이라서 오늘 밤에는 힘들 테다. 지극히 정상이고 무척 흔한 현상이라는 사실을 말해두고 싶다. 배고프면 물을 마시되 그래도 부족하면 40칼로리 이하의 간식을 먹어라. 오늘 밤에는 충분히 쉬고, 내일 아침에는 춥거나 어둡더라도 꼭 햇빛을 봐야 한다. 우리 몸은 구름을 뚫고 나오는 자외선에서 비타민 D를 흡수한다. 밖으로 나가서 20분 정도 산책해라.

- 오전 8시 아침 식사: 아몬드 바닐라 치아시드 푸딩(317쪽 레시피 참고)
- 오전 10시 간식
- 정오 점심 식사: 그린 스무디(323쪽 레시피 참고)와 채소, 후무스(병아리콩을 으깨어 만든 중동 음식-옮긴이)
- 오후 6시 저녁 식사: 가지 파르메산(348쪽 레시피 참고)
- 오후 7시 간식

2일 차

단식 첫날을 성공적으로 마감했으니 스스로 잘했다고 칭찬하자. 오늘 밤에도 12시간 단식을 시작한다. 일정을 살펴보자.

- 오전 8시 아침 식사: 오렌지 카르다몸 치아시드 푸딩(318쪽 레시피 참고)
- 오전 10시 간식
- 정오 점심 식사: 장이 건강해지는 샐러드(340쪽 레시피 참고)

단식할 때 먹을 수 있는 간식

염증을 줄이더라도 가끔 간식은 먹을 수 있다! 단식 시간대에 배고프면 물이나 커피, 차 등 열량이 없는 음료로 허기를 달래보자(아침에 마셔야 한다. 너무 늦은 시간에 카페인을 과하게 섭취하면 안 된다). 그래도 배고플 때는 여기 소개하는 40칼로리 이하의 음식을 먹어라.

- 견과 버터 반 숟갈
- 얇게 자른 아보카도
- 아몬드 밀크를 조금 넣은 허브차
- 수제 레모네이드 한 잔에 스테비아 첨가(나는 카옌 페퍼로 맛을 내곤 한다)

나는 특히 단식 기간에는 당을 무조건 멀리하지만, 40칼로리 이하라면 스테비아를 약간 넣어도 좋다.

식사 시간대에 먹으면 좋은 간식

물론 과식은 안 된다. 식사량이 충분하다면 하루에 간식 한 접시로 충분하다. 식사 시간대(단식하지 않는 시간대)에 먹으면 좋은 간식을 소개한다.

- 다크 초콜릿칩 10~15개
- 견과 반 컵
- 후무스 반 컵과 당근
- 수제 스무디(323쪽 레시피 참고)
- 땅콩버터 2숟갈과 셀러리
- 열로만 튀긴 팝콘 2컵과 non-GMO 올리브 오일
- 신선한 베리류나 수박 2컵
- 항염증 식품 1/4에서 반 컵: 코코넛칩, 생견과, 말린 구기자를 각각 같은 양으로 섞어 먹는다
- 치아시드 푸딩(317쪽 레시피 참고)

- 오후 6시 저녁 식사: 콜리플라워 수프(328쪽 레시피 참고)
- 오후 7시 간식

3일 차

그날이 왔다. 15시간 동안 단식하는 첫 연장 단식일이며 여태 한 것 중에 단식 시간이 제일 길다. 간헐적 단식이 처음이라면 시간을 조정하고(최소한 12시간 이상) 점차 바꿔나가면 된다. 단식 시간대에 배고프고 30분이 지나도 허기가 사라지지 않으면 아몬드 버터 한 숟갈이나 아보카도 몇 조각을 먹어라. 단식을 깰 때까지 배고픔을 극복하려면 지방을 약간 섭취하는 게 좋다.

- 오전 8시 아침 식사: 초콜릿 그린 셰이크(322쪽 레시피 참고)
- 오전 10시 간식
- 정오 점심 식사: 장이 건강해지는 샐러드(340쪽 레시피 참고)
  점심에 섭취하는 열량을 조금 늘리고, 저녁까지 견딜 수 있도록 식이 섬유 외에도 단백질을 추가해라. 나는 보통 콩과 병아리콩이 많이 든 샐러드에 두부를 넣는다. 동물성이나 식물성 요거트를 보충해도 좋다.
- 오후 5시 30분 저녁 식사: 만두피 없는 사모사(359쪽 레시피 참고)
- 오후 6시부터 다음 날 아침 9시까지 금식한다.

4일 차

이 프로그램에서 가장 긴 단식까지 해냈다! 단식 시간을 조정했다면 남은 기간에 15시간으로 차차 늘리면 된다. 오늘 밤 단식은 비교적 쉬운 편이다. 이제 단식이 조금 편해졌을 테고 계획대로 진행됐다면 컨디션이 좋아질 것이다. 오늘은 12시간 단식으로 돌아간다.

- 오전 9시 아침 식사: 오렌지 카르다몸 치아시드 푸딩(318쪽 레시피 참고)
- 정오 점심 식사: 장이 건강해지는 샐러드(340쪽 레시피 참고)
- 오후 3시 간식
- 오후 6시 저녁 식사: 아스파라거스와 방울양배추 원 팬 구이(329쪽 레시피 참고)
- 오후 7시 간식

5일 차

오늘도 12시간 동안 단식한다. 오후 6시에 저녁을 먹고 오후 7시쯤 간식을 먹은 다음 오후 8시부터 단식을 시작하자. 다음 날 오전 8시에 단식을 깨트린다.

- 오전 8시 아침 식사: 초콜릿 그린 셰이크(322쪽 레시피 참고)
- 오전 10시 간식
- 정오 점심 식사: 장이 건강해지는 샐러드(340쪽 레시피 참고)
- 오후 3시 간식
- 오후 6시 저녁 식사: 펜네 알프레도(이탈리아의 치즈 소스를 곁들인 펜네 파스타—옮긴이)와 구운 콜리플라워(350쪽 레시피 참고)
- 오후 7시 간식

6일 차

고생했으니 자유의 날을 만끽하자! 사랑하는 사람들과 식당에 가거나 정말 좋아하는 음식을 먹을 시간이다. 그게 무엇이든 건강에 해로운 중독은 떨쳐버려야 한다. 현명하게 몸에 좋은 음식을 선택해라. 지방과 당 섭취량을 최소화하고 단백질과 채소를 많이 먹고 식이 섬유를 챙기며 수분을 공급해라.

7일 차

또 연장 단식일이 돌아왔다. 오후 5시 30분에 저녁을 먹고 6시가 되면 식사를 중단한다. 다음 날 오전 9시에 단식을 깰 수 있다.

- 오전 8시 아침 식사: 오렌지 카르다몸 치아시드 푸딩(318쪽 레시피 참고)
- 오전 10시 간식
- 정오 점심 식사: 장이 건강해지는 샐러드(340쪽 레시피 참고)
- 오후 3시 간식
- 오후 5시 30분 저녁 식사: 고구마 크러스트 채소 피자(344쪽 레시피 참고)
- 오후 6시부터 다음 날 오전 9시까지 단식한다.

2주 차

절반이 지났다! 이건 간단한 팁인데, 반쯤 배가 찼을 때 그만 먹고 최소한 15분 동안 음식을 떠나 걸어 다녀라. 물이나 차를 마시거나 이를 닦아도 좋다. 배부른 느낌 대신에 만족스럽고 가벼운 기분이 들 것이다.

8일 차

지난주를 똑같이 반복하자. 당신은 할 수 있다. 물을 많이 마시고, 단식 시간대에 필요하면 40칼로리 이하의 간식을 먹는다. 오후 6시 이후로는 운동을 최소화해야 한다. 최대한 해야 하는 건 산책이다. 신선한 공기가 최고니까.

- 오전 9시 아침 식사: 아몬드 바닐라 치아시드 푸딩(317쪽 레시피 참고)
- 정오 점심 식사: 그린 스무디(323쪽 레시피 참고)와 채소, 후무스
- 오후 3시 간식
- 오후 6시 저녁 식사: 팔라펠falafel(병아리콩을 갈아서 향신료와 함께 반죽하여 튀긴 요리-옮긴이) 샐러드와 타히니tahini 드레싱(동아시아와 서아시아 지역에서 주로 먹는 참깨 소스-옮긴이) (326쪽 레시피 참고)
- 오후 7시 간식

9일 차

오늘은 오후 8시부터 다음 날 오전 8시까지 금식한다. 식은 죽 먹기다. 할 수 있다!

- 오전 8시 아침 식사: 오렌지 카르다몸 치아시드 푸딩(318쪽 레시피 참고)
- 오전 10시 간식
- 정오 점심 식사: 장이 건강해지는 샐러드(340쪽 레시피 참고)
- 오후 6시 저녁 식사: 로즈마리 포카치아와 적양파, 올리브, 루콜라 조림(338쪽 레시피 참고)
- 오후 7시 간식

10일 차

15시간 동안 금식하는 연장 단식일이다. 당신은 할 수 있다.

- 오전 8시 아침 식사: 차와 견과 한 줌
- 오전 10시 간식: 초콜릿 그린 셰이크(322쪽 레시피 참고)
- 정오 점심 식사: 장이 건강해지는 샐러드(340쪽 레시피 참고)
- 오후 5시 30분 저녁 식사: 인도 향신료를 넣은 간단한 병아리콩 요리(342쪽 레시피 참고)
- 오후 6시부터 다음 날 오전 9시까지 단식한다.

에이미 샤의 평범한 단식일

- **오전 8시 아침 식사:** 햇빛을 보며 생체 시계를 정확히 맞추고 베리류 한 접시와 스테비아를 넣은 귀리 우유 라테로 첫 식사를 했다. 비건 단백질 초콜릿 파우더와 아몬드 밀크, 얼음, 스테비아를 넣은 셰이크도 마셨다(알다시피 인공 단백질을 지나치게 많이 넣는 건 좋아하지 않지만 가끔 소량 먹는 건 괜찮다).
- **오전 10시 간식:** 피스타치오 한 봉지와 콤부차를 마셨다. 콤부차는 프로바이오틱 효과가 뛰어나며 약간 달콤해서 당 충동을 완화해준다.
- **정오 점심 식사:** 중요한 식사다. 점심과 저녁 식사의 열량으로 긴 단식 시간을 버틸 수 있기 때문이다. 오늘은 그릇에 렌틸 달(인도식 렌틸콩 수프-옮긴이)을 듬뿍 담고 식물성 요거트와 도시락으로 챙겨온 인도식 고구마, 시금치 요리를 먹었다.
- **오후 5시 30분 저녁 식사:** 오늘 저녁은 멕시코 요리다. 검은콩 한 그릇과 천연 아보카도, 콜리플라워 라이스에 피코 데 가요^{pico de gallo}(토마토와 양파, 고추, 고수를 잘게 썰어 섞은 소스-옮긴이)를 뿌려 먹었다. 신선하고 맛있는 살사를 위에 얹었다. 디저트로 케톤 초콜릿(탄수화물 성분을 줄인 초콜릿-옮긴이) 칩 한 줌에 다크 초콜릿 조각을 몇 개 섞어 먹었다!

11일 차

오늘은 쉽게 12시간만 단식하면 된다.

- **오전 9시 아침 식사:** 아몬드 바닐라 치아시드 푸딩(317쪽 레시피 참고)

- 정오 점심 식사: 그린 스무디(323쪽 레시피 참고)와 채소, 후무스
- 오후 3시 간식
- 오후 6시 저녁 식사: 발사믹 포토벨로버섯(대형 양송이버섯의 일종-옮긴이)구이와 햇볕에서 건조한 토마토 바질 마요(341쪽 레시피 참고)
- 오후 7시 간식

12일 차

이제 프로그램 막바지에 접어들었으니 앞으로 사흘 동안 최선을 다해 일정을 지키길 바란다. 성공적으로 마무리하자.

- 오전 8시 아침 식사: 초콜릿 그린 셰이크(322쪽 레시피 참고)
- 오전 10시 간식
- 정오 점심 식사: 장이 건강해지는 샐러드(340쪽 레시피 참고)
- 오후 6시 저녁 식사: 검은콩 버거(346쪽 레시피 참고)
- 오후 7시 간식

특히 주말 같은 날에는 일정에 맞춰 단식 시간을 조절해도 괜찮다. 예를 들어 금요일에 파티가 있으면 단식을 한 시간 미뤄서 시작하고 토요일 아침에 한 시간 늦게 첫 식사를 하면 된다. 저녁 회식이 있는 날에는 다음 날 아침 식사 시간을 그에 맞춰 조절해라. 살다 보면 사생활에 맞춰 계획을 조정해야 할 때가 있다. 간헐적 단식을 하는 목적은 건강을 되찾는 것이므로 본인에게 효과 있는 방법을 선택해라. 일정 때문에 스트레스받으면 목표가 무의미해질 수 있다. 스트레스는 코르

티솔 분비를 늘리고 과식으로 이어져서 몸이 지방을 저장하게 한다.

13일 차

자유의 날이다!

14일 차

마지막 연장 단식일이다. 문제없으리라 믿는다.

- 오전 8시 아침 식사: 오렌지 카르다몸 치아시드 푸딩(318쪽 레시피 참고)
- 오전 10시 간식
- 정오 점심 식사: 장이 건강해지는 샐러드(340쪽 레시피 참고)
- 오후 5시 30분 저녁 식사: 채소 서머 롤(356쪽 레시피 참고)
- 오후 6시부터 다음 날 오전 10시까지 단식한다.

단식을 언제, 어떻게 깰 것인지 신중하게 계획해야 한다. 단식 이후 나는 보통 차이와 채소 주스, 생견과 한 컵, 베리류, 생채소와 후무스로 시작한다. 너무 씹을 게 많아 보이면 이 재료들을 갈아서 스무디로 먹어도 좋다.

2주 단식에 성공했다! 기분이 어떤가? 이번 결과가 마음에 들어서 앞으로도 간헐적 단식을 꾸준히 이어가길 기원한다. 비정기적으로 단식한다면 장은 쉴 자격이 있고 쉬어야 한다는 사실을 기억해라. 몸과 마음을 가끔 쉬게 해주자. 잠깐의 휴식은 몸과 정신에 놀라울 정도로 큰 영향을 미친다. 당신이 건강과 행복을 찾아가는 여정에 이 원칙을 적용할 수 있길 바란다. 이 프로그램은 공식적으로 끝났으니 내일 아침에는 원하는 시간에 첫 식사를 해도 된다. 지금쯤 단식이 익숙해졌을 테니까 가능하면 오늘 밤엔 12시간만 단식해보자.

여기까지 해냈는가? 축하한다! 날아갈 듯한가? 그러길 바란다! 그럼 이제는 어떻게 해야 할까? 평소 같은 일상으로 돌아가도 되나? 안된다! 이건 마라톤이지 단거리 경주가 아니다. 각종 연구 결과와 내가 진료했던 환자들은 대부분 프로그램을 1, 2년간 지속했을 때 가장 큰 성과를 보였다. 오래 실천할수록 효과도 커진다. 스스로 치유하고 변화할 기회를 주면 그 결과를 평생 느낄 수 있을 것이다.

자연은 몸에 이롭다

오늘날 우리는 자연이 극도로 배제된 세계에 살고 있다. 방 안에 갇혀 TV나 컴퓨터 화면 앞에 붙어 있는가 하면 에어컨이 나오는 차를 타고 온도가 조절되고 형광등을 밝힌 사무실로 출근한다. 하지만 연구 결과를 보면 우리는 반드시 자연이 필요하다. 수많은 연구에서 밖으로 나가는 게 중요하다고 강조한다. 2형 당뇨병, 심혈관 질환, 고혈압 발병 위험을 줄이고 사망률을 낮추는 등 유의미하고 다양한 건강 효과를 가져다주기 때문이다.

컴퓨터와 휴대폰, SNS와 멀어졌을 때를 떠올려보자. 전자기기 없이 밖으로 나가면 스트레스가 풀린다. 일부 연구에서는 자연이 생산성에 긍정적인 영향을 준다는 사실이 밝혀졌다. 2015년 〈환경 심리학 저널

Journal of Environmental Psychology〉은 자연과 가까워지고 싶은 본능적인 욕망인 '녹색 갈증biophilia'을 소개하면서 콘크리트가 아니라 초록이 우거진 도시 풍경을 바라보는 '잠깐 쉬어가기'가 휴식 방법으로 주목받고 있다고 설명했다. 연구 참여자 중에서 초록색 풍경을 본 그룹은 도시 옥상 풍경을 본 그룹보다 업무 성과가 훨씬 좋았고 실수는 적었다.[117] 숲이나 해변에 직접 못 가더라도 자연의 이미지를 '보기만' 해도 긍정적 효과가 난다는 뜻이다.

일상에서 자연을 즐길 방법을 몇 가지 소개한다.

- 맨발로 다녀라. 마당, 앞마당 잔디밭, 혹은 공원에서 신발을 벗고 한동안 걸어 다니자. 물론 화학 물질로 처리했거나 진드기가 가득한 잔디밭을 걸으면 안 되지만 어디에 살든 발가락을 간질일 수 있는 땅한구석은 있을 것이다.
- 해변에서 산책해라! 모래 위를 걸으며 파도치는 광경을 보고, 짠 공기를 마시는 것만큼 진정한 접지가 있을까?
- 잔디밭에 소풍을 가자. 혼자 가거나 동반자와 함께 돗자리에 앉아 발을 잔디 위에 두고, 도시락을 먹으며 카드놀이를 하거나 대화를 즐겨라.
- 야외에서 요가 수업을 들어라. 흙을 밟고서 선 자세를 취해보자.
- 협곡이나 산, 자연 보호 지역으로 하이킹을 떠나라. 시끄러운 자동차 소리와 현대 생활의 에너지로부터 멀리 떨어진 곳으로 가라.
- 호수나 바다에서 수영해라.
- 나무에 올라가서 줄기에 기대어 책을 읽어라. 잎 사이에서 놀아도 좋다.
- 농장이나 농업 센터를 방문해라. 과일을 따며 이것저것 만져보자.
- 흙에 손을 넣어라. 손으로 흙을 쥐고 진흙을 이겨보자.

출근하는 길에 몇 분 정도 차창을 내리기만 해도 훨씬 정신이 맑아지고 집중력이 강해질 것이다.

4

올바르게 움직여라

예전에는 몇 시간씩 달리고 나면(그렇다, '몇 시간'이라고 했다) 그야말로 짜릿했다. 그 순수한 피로와 시큰한 다리, 쑤시는 관절… 그럴 때마다 생각했다. 뭔가 몸에 좋은 일을 했다는 뜻이야. 하지만 땀에 흠뻑 젖어 행복해하면서, 오랜 유산소 운동이 심각한 문제를 일으킬 수 있다고는 생각도 못 했다. 알고 보니 유산소는 많이 한다고 좋은 게 아니었다. 다른 것처럼 유산소도 지나치면 천천히 생명을 앗아갈 수 있다.

이런 질문이 들리는 듯하다. "하지만 유산소는 심장에 좋지 않나요?" 그리고 많이 할수록 좋은 거 아닌가? 항상 그렇지는 않다. 마라톤과 울트라 마라톤, 철인 3종 경기를 비롯한 지구력 스포츠를 하는 사람들을 연구한 결과 만성 유산소 운동은 심장 기능 장애와 플라크 축적, 동맥 경화를 일으킬 수 있다고 한다. 다른 연구에서도 비슷한 결과가 나왔다. 장거리 선수들은 경주 후에 우심실이 약해지는 등 심장 문제가 생겼다. 대부분 경기가 끝나고 일주일 이내에 회복했지만, 일류 운동선수 가운데 일부는 그렇게 유산소 운동을 열심히 하는데도(혹은 하기 때문에) 심장 손상으로 고통받았다.

일류 운동선수가 아닌 우리에게는 어떤 의미일까? 최소한 운동은 격렬하고 오래 하면 할수록 좋다는 주장에 찬물을 끼얹는다. 최근 연구에 따르면 천천히 조깅하는 사람들이 격렬하게 뛰는 사람들보다 장수한다고 한다. 만성 유산소 운동은 호르몬을, 특히 코르티솔을 급격히 망칠 수 있다. 이 스트레스 호르몬은 적은 양이면 괜찮지만 지나치게 증가하면 건강을 심각하게 위협한다.

에너지를 높여라

아침에 단식을 깨기 전에 공복 운동을 하면 세 가지 방식으로 자가 포식을 최적화하여 큰 효과를 얻을 수 있다. 첫째, 단식을 연장하면서 자가 포식도 확장된다. 둘째, 운동하면서 자가 포식의 속도가 빨라진다. 셋째, 대사 전환을 활성화한다. 우리 몸은 저장된 글리코겐이 떨어지면 지방을 태우는 케톤을 연료로 전환하는데, 이 과정이 무척 유익하다. 또한 오전 10시 이전에 야외에서 운동하면 자연광을 받으면서 생체 리듬을 최적화할 수 있다. 하루를 시작하기 전에 노화 방지 요법을 단번에 해치울 수 있는 훌륭한 방법이다!

유산소 운동을 지나치게 많이 하면 몸은 코르티솔을 폭발적으로 분비한다. 분비량이 과도해지면 뇌는 복부 위주로 지방을 저장하고 신체가 당을 처리하는 능력도 떨어진다. 당을 제대로 처리하지 못하면 살이 찐다.

그럼 지나친 운동 대신에 뭘 해야 할까?

유산소 운동 사이에 요가와 자연 산책, 하이킹 등을 배치해라. 몸과 마음을 단련하는 요가는 유산소 운동을 좋아하는 사람들이 선뜻 전환하기 쉽지 않은 운동이다. 하지만 바쁘고 스트레스가 심하고, 마음가짐을 바꾸고 싶다면 시도할 가치가 있다. 요가의 건강 효과는 다른 운동 못지않게 뛰어나기 때문이다. 특히 신체의 스트레스 반응 시스템(예를 들어 코르티솔)을 진정해준다. 그뿐만 아니라 혈압을 낮추고 유연성을 키우며 만성 통증을 줄이고 자세를 개선하는 등 다양한 효과가 보인다.

요가를 그리 좋아하지 않거나 좀 더 속도가 빠른 운동을 선호하는가? 고강도 인터벌 트레이닝HIIT, high-intensity interval training을 시도해보자. HIIT는 계속 진행하기보다는 멈췄다가 움직이기를 반복하는 운동에 가깝다. 1~2분쯤 준비 운동을 한 뒤 30초간 전력으로 질주한다. 그 강도는 내가 온 힘을 다해 뛰거나 러닝머신에서 9.5%의 경사로 달리는 것과 비슷하다. 그다음 1분간 휴식하고 또 30초간 달린다. 이렇게 8분씩 격일로 운동하면 2주 이내에 눈에 띄는 변화가 생길 것이다. 다른 효과는 뭐가 있냐고? 최근 심장에 좋다는 연구 결과가 쏟아지는 운동이기도 하다. 이 정도면 마라톤을 포기할 수 있겠는가? 나는 포기했다!

어떤 운동을 선택하든 하루에 20분은 움직여야 한다. 햇빛을 받으면서 하면 가장 좋다. 매일 일과로 삼을 운동을 신중하게 골라라. 크로스핏이나 고강도 운동은 일주일에 3회로 제한하고 나머지 날에는 하루에 8,000~12,000보 걷기나 요가 등 저강도 운동을 해라. 어떤 호르몬이든 불균형을 개선하려면 몸을 조심스럽게 다뤄야 한다. 최대한 체력을 단련하고 장 건강을 개선하려고 운동한다는 걸 기억해라. 단식을 길게 할 때는 운동을 오래(60분 이상) 하거나 격렬히 하지 말고 요가나 HIIT를 하자.

겉과 속이 모두 아름다워야 한다

몸에 집어넣는 것뿐만 아니라 바르는 것도 중요하다는 사실을 기억하자. 향수와 파라벤을 함유한 화장품을 피해라. 데오도란트는 생략하거나 톰스 오브 메인Tom's of Maine 같은 천연 제품을 사용해라. 지나치게 더운 날이 아니면 데오도란트를 매일 쓸 필요는 없다. 사실 데오도란트는 겨드랑이에 있는 유익균을 죽이고 냄새가 고약한 유해균을 키울 수 있다.

매주나 2주에 한 번 유독한 제품을 하나씩 제거해보자. 어렵지만 불가능하진 않다. 솔직히 내가 변화하는 과정에서는 제일 어려운 일이었기 때문에 나는 몇 주에 한 번씩 한 제품을 교체했다. 다시 말하지만 아기가 걸음마를 하듯이 천천히 플라스틱 용기에 담긴 음식이나 음료를 줄이고 천연 세정제와 비누를 사용해라.

에너지를 높여라

사우나가 건강에 좋다는 정보가 넘쳐난다. 사우나도 건강에 이로운 스트레스 요인으로 꼽히며 심혈관계, 운동 후 회복, 독소 제거, 면역계 강화, 수면 개선, 피부 노폐물 청소, 스트레스 완화에 도움이 된다고 알려져 있다. 탈수 위험이 있으니 사우나 시간은 15~20분으로 제한하는 것이 좋다. 사우나를 추천하지만 열을 올리는 운동은 더 좋다. 핫 요가나 HIIT로 반짝반짝 빛나는 피부를 쟁취하자!

보충제

의사와 상의해서 자기 몸에 맞는 조합을 찾아야 하지만 나는 비타민 D와 오메가-3, 마카 뿌리, 터머릭, 로디올라, 비타민 B6, B9, B12를 추천한다. 하지만 의사와 상담해서 각자 상황에 맞게 조절해야 한다는 걸 기억해라. 좋은 식단과 단식, 운동, 자기 관리를 넘어서는 보충제는 존재하지 않는다.

> ## 에너지를 높여라
>
> 간헐적 단식이 여성의 생식 주기와 생식 건강에 미치는 영향에 관해 수많은 연구가 진행되고 있다. 이 점을 염두에 두고 한 번도 단식해본 적이 없다면 간헐적 단식에 신중하게 접근해라. 프로그램을 시작하기 전에 의사와 상의하고, 현재 몸 상태와 몸이 필요로 하는 영양을 이해해야 한다. 임신했거나 수유 중이거나, 임신할 계획이라면 절대로 간헐적 단식을 해선 안 된다.

좋은 관계의 중요성

하버드 대학에서 진행한 〈그랜트와 글루크 연구 Grant and Glueck Study〉에서 수백 명의 참가자를 75년간 추적 관찰한 결과 인간관계가 건강에 커다란 영향을 미친다는 사실이 밝혀졌다. 연구 책임자인 로버트 월딩거 Robert Waldinger는 이렇게 말했다. "75년에 걸친 연구 끝에 알아낸 확실한 사실은 좋은 관계가 우리를 행복하고 건강하게 해준다는 것이다. 그게 결론이다."[118] 다시 말해 함께하는 동반자가 장기적 행복과 성취의 핵심이라는 뜻이다. 해로운 친구는 걷어내자. 당신의 정신을 풍부하게 해주는 사람을 옆에 둬라. 그리고 자주 연락해라.

스트레스 줄이기

깨어 있을 때는 현재에 충실해라. 잠깐 시간을 내서 한 가지 행동이나 느낌에 집중하자. 예를 들어 걸어갈 때 내딛는 걸음 하나하나, 발을 땅에 댔다가 다시 들어 올리면서 느껴지는 감각에 집중하거나 깔고 앉은 의자가 어떤 느낌인지 알아차려보자. 이렇게 잠깐 멈추고 인지하는 행위는 언제 어디서나 할 수 있고 스트레스 감소에 도움 된다.

요가를 시작해보자

아침에, 특히 식사하기 전에 요가 매트에 올라가자. 여러 연구에 따르면 요가는 염증 감소 효과가 뛰어나다.[119] 마음챙김과 호흡도 유익하지만 비틀고 버티고 스트레칭하는 동작이 생리적 염증 지표를 줄이고 해독 작용을 하며 신체 균형을 체계적으로 바로잡는다는 사실이 드러났다. 어떻게 시작할지 모르겠다면 온라인으로 초보 프로그램을 검색해보자. 나는 에이드리언Adriene, 가이아Gaia, 스트랄라Strala의 요가 채널을 좋아한다. 대면 수업을 받고 싶으면 동네 요가원을 알아보고 당신과 맞는 곳을 골라라.

하루가 절반쯤 지났을 때 심호흡해보자. 심호흡 훈련은 힘과 회복력을 키우고 스트레스를 줄여서 염증을 가라앉힌다. 또한 정신과 중추 신경계를 느긋하게 이완해서 몸이 깊이 휴식할 수 있다.

제대로 된 마사지를 받으면 신체적, 정신적 스트레스를 동시에 줄일 수 있다. 다른 사람의 손길은 불안을 줄이고 혈압을 낮추며 세로토닌을 분비하고 수면에 도움을 준다.[120] 마사지는 림프액 흐름을 자극하고 산소와 영양분을 조직과 필수 장기에 공급하며 순환과 면역을 개선한다. 단순히 몸과 마음이 기분 좋게 이완될 뿐 아니라 다치고 피곤하고 과도하게 사용한(염증이 생긴) 근육과 조직이 부드럽게 풀어지고 회복된다(이래도 마사지를 안 받겠다고?).

또한 명상 습관을 들여보자. 매일 명상하면 신경 통로에 변화가 생기고 스트레스에 강해진다. 명상하는 방법은 만트라를 사용하는 초월 명상부터 안내 명상, 챈팅 명상chanting meditation(노래처럼 읊조리는 명상-옮긴이)까지 다양하며 그저 몇 분간 가만히 앉아만 있어도 된다. 누구나 자신에게 맞는 명상법을 찾을 수 있다. 헤드스페이스Headspace, 캄Calm, 아우라Aura 등 초보에게 적합한 앱이 많다. 마음에 드는 앱을 골라서 생활 방식에 맞게 조절해라.

마지막으로 잠자리에 들기 두 시간 전에는 전자기기를 꺼라. 끊임없는 신호음과 메시지, 휴대폰, 컴퓨터, TV에서 속사포처럼 쏟아내는 자극은 불안, 과자극, 스트레스를 유발한다. 일정 기간 이 모든 자극을 차단해라. 누군가와 대화하거나 산책하거나, 놀거나 음악을 듣고 춤을 춰라. 춤은 염증을 줄여준다. 프린스, 테일러 스위프트 등 어떤 음악이든 틀고 엉덩이를 흔들어라.

5

평생 계획을 세우자

축하한다. 2주에 걸친 WTF 계획을 달성했다! 이번에 얻은 결과가 마음에 쏙 들어서 장기적으로 실천할 마음이 들길 바란다. 나는 그것을 평생 계획이라고 부른다. 하지만 먼저 이 질문에 답해 보자.

- 기분이 어떤가?
- 프로그램이 힘들었는가? 좋았는가, 싫었는가?
- 아침에 일어나면 얼마나 피곤한가?
- 오후에는 얼마나 피곤한가?
- 운동에 에너지를 더 쏟을 수 있는가?
- 복부 팽창이나 식탐에 얼마나 시달리는가?

아마 2주 만에 당신의 에너지와 기분, 장에 긍정적인 변화가 생겼을 것이다. 5~7일이면 위장관이 상피(장벽)를 바꿀 수 있지만 새로운 일과에 적응하려면 더 오래 걸린다. 그러니 시간이 필요한 건 위장관이 아니라 앞으로 평생 유익한 습관을 구축해야 하는 당신이다. 무엇보다 여러 연구에서 오랫동안 간헐적 단식을 하면 건강 지표에 중요한 변화가 나타난다는 사실이 밝혀졌다. 콜레스테롤, 혈압, C-반응성 단백질(염증 지표), 체중이 감소한다는 뜻이다. 그리고 이런 놀라운 변화는 식이요법 초기에는 절대로 나타나지 않는다.

이 2주 계획은 완벽하게 에너지를 회복하는 여정의 시작에 불과하다. 그러니 계속 여정을 이어가길 바란다. 무엇이든 자리 잡으려면 3개월은 필요하므로 그만큼 계획을 연장해보자. 3개월이 지나면 경과를 확인해라. 눈에 보이는 결과와 기분이 마음에 들면 또 3개월 더 진행하자. 그렇게 3개월, 또 3개월을 늘리고 평생 반복하면 된다. 3개월, 평생 계획은 이런 식으로 진행된다.

- 6일 단식: 생활 방식과 경험에 따라 4~5일간 12~18시간씩 단식하고, 2, 3일은 16~18시간 단식한다.
- 하루는 완전히 쉰다.

규칙에도 예외가 있다

살다 보면 약속이 생기고 회식, 생일, 연휴 같은 행사가 돌아온다는 건 나도 안다. 올바르게 먹으려는 사람들에게는 지뢰밭이나 다름없지만 계획이 어그러지지 않게 헤쳐 나갈 수 있다. 순조롭게 진행되도록 간단히 계획을 수정하는 방법을 소개한다(명절에 시끄러운 삼촌을 피하고 싶을 때는 쓸 수 없는 방법이다).

1. 12~16시간 단식을 지키고 과식하는 시간대를 제한해라. 오후 3시에 식사를 시작해서 6시나 7시에 마치고 다음 날 아침 9시나 10시까지 단식 시간을 늘린다(폭식할 가능성이 큰 명절에 쓰기 좋은 방법이다).

2. 열량을 제한한다. 연휴나 여름휴가에는 늦게 시작하는 화기애애한 식사에 빠지기 힘들다. 이럴 때는 열량 섭취를 제한(평소 섭취량에서 25% 감소)하는 방법이 유용하다. 배가 75% 찰 때까지만 먹어라. 보이는 것마다 다 집어넣지는 말자.

3. 치팅 데이라고 생각하고 마음껏 먹고 다음 날 18~24시간 단식해라. 상당히 어려운 방법이어서 초보자에게는 권하지 않으며 자주 하거나 간격이 짧은 것도 지양해야 한다(예를 들어 크리스마스에 했는데 새해 전날에 또 하지 않는다).

당신의 호르몬은 조화로운가?

✓ **여행을 자주 가는데요. 여행할 때는 단식을 어떻게 조절하죠?**

예를 들어 로마에 갔다고 생각해보자. 시간대가 다른 지역에서 예전 일정대로 식사하는 건 최악의 선택이다. 최대한 빨리 적응하도록 노력해라. 현재 시간대에 맞춰 먹고 자야 한다.

✓ **늦게까지 일하다 보니 먹는 시간도 늦는 경향이 있어요. 마지막 식사를 늦은 저녁으로(예를 들어 오후 8~9시) 조정해도 될까요?**

나는 늘 당신의 상황에 맞춰 최선의 효과를 내는 게 중요하다고 강조한다. 가능하다면 최대한 시간대를 맞추고, 이틀 정도 저녁을 늦게 먹어야 한다면 단식 시간대에 맞춰 다음 날 첫 식사를 해라. 예를 들어 마지막 식사가 오후 9시였고 단식 시간이 12시간이라면 오전 9시에 아침을 먹어라. 이 정도면 괜찮은가?

✓ **단식을 시작하고 저녁에 운동해도 되나요?**

가능하다. 하지만 쉽고 가볍게 해야 한다. 안 그러면 허기져서 잠이 안 올 수 있다.

✓ **단식을 깰 때 좋은 음식은 뭔가요?**

사실 단식을 깨트리기에 완벽한 음식은 없지만 무엇을 고르든 채소를 포함해야 한다(의외라서 놀랐다고?). 4S를 꼭 기억하자. 스무디, 샐러드, 수프, 그리고 (두부) 스크램블.

✓ **반려자나 가족이 함께하지 않으면 어떡하죠?**

간헐적 단식의 장점을 설득할 수 있으면 좋겠지만 아니라고 해서 계획을 접어야 하는 건 아니다. 정해진 시간대에 음식을 먹고, 다른 이들이 나중에 먹으면 함께 앉아서 차 한 잔을 즐기자.

✓ 이런, 단식 시간대에 크래커(사실은 쿠키)를 먹었어요. 어쩌죠?

쿠키를 하나 먹는 정도는 별일 아니다. 중요한 건 완벽함이 아니라 신진대사를 개선하는 것이다. 자책하지 말고 계속 나아가자! 단식을 계속 진행해라. 완벽한 단식 상태가 아니라도 신진대사에서 긍정적 효과를 얻을 수 있다.

WTF 식단이
몸의 에너지를 만든다

드디어 재미있는 내용이 나왔다. 맛있는 음식이다!

내가 제일 좋아하고 당신에게 에너지를 불어넣어 줄 식물 위주의 항염증 식단을 소개한다. 대부분 전 세계의 유명 레시피를 몸에 좋은 버전으로 재구성했고, 당신이 쉽고 '간단하게' 건강해질 수 있도록 내가 하나하나 직접 먹어보고 골랐다. 먼저 몇 가지 기억해두자.

✓ 오후 12시에서 5시 사이에 하루치 열량을 대부분 섭취해라. 잠자리에 들기 3~4시간 전에는 먹지 말고 식사 시간대에 과식하지 않게 주의하자. 식단뿐만 아니라 먹는 시간도 미리 계획해라.

✓ 식사 시간대에는 영양이 풍부한 음식을 먹어야 한다. 무슨 뜻이냐고? 견과, 씨앗류, 과일(베리류), 채소, 기름기가 적은 단백질(발아 두부), 통곡물, 그리고 콩류를 먹으면 된다. 식이 섬유가 풍부하고 가공하지 않은 자연식품에 몸에 좋은 허브와 향신료를 추가해 맛을 돋워라.

✓ 가공식품과 지나치게 맛있는 음식(도리토스, 매그놀리아 컵케이크와는 작별이다)을 멀리하자. 고기 중에서도 특히 붉은 고기를 피하고 당과 트랜스 지방, 정제 탄수화물을 삼가라.

✓ 단식 기간에 배가 고프면 물이나 열량이 없는 음료(커피, 차 등)로 허기를 달래라. 배고픔이 사라지지 않으면 당이 없고 40칼로리 미만인 음식을 먹어라(282쪽 추천 음식 참고).

✓ 식단에서 당을 제외했다면 꿀이나 아가베 대신 천연 스테비아를 먹으면 된다.

✓ 비건이고 달걀 대체 식품을 찾는다면 밥스 레드 밀 대체 달걀Bob's Red Mill Egg Replacer을 추천한다.

✓ 유제품을 먹지 않는다면 좋아하는 견과 밀크를 넣어라.

재료 목록

지금 소개하는 목록은 8장에서 추천하는 식단 계획을 기반으로 하지만 이 책에서 소개하는 다른 레시피나 당신이 즐겨 먹는 건강한 요리와 섞어도 좋다. 좋아하는 차를 꼭 곁들이고, 자유의 날에는 마음껏 간식이나 음식을 추가해라.

1주 차

저장 식품
☐ 검은콩
☐ 글루텐 프리 펜네 또는 통곡물 펜네
☐ 맷돌 제분식 옥수수 토르티야 칩
☐ 채소 육수
☐ 코코넛 가루
☐ 중력분 밀가루
☐ 무가당 슬라이스 코코넛
☐ 무가당 코코아 파우더
☐ 바닐라 단백질 파우더
☐ 바닐라 추출물
☐ 사과 식초
☐ 코코넛 오일
☐ 아마씨 오일
☐ 엑스트라 버진 올리브 오일

- ☐ 엑스트레 버진 올리브 오일 스프레이
- ☐ 기 버터
- ☐ 꿀(또는 아가베, 천연 스테비아)
- ☐ 무설탕 마리나라 소스(토마토, 양파, 마늘, 허브를 섞어 만든 이탈리아식 토마토소스)
- ☐ 영양 효모nutritional yeast(효모를 배양해서 비활성화한 식품)
- ☐ 추가 선택: 두부 콩과 병아리콩

견과류와 씨앗류

- ☐ 치아시드
- ☐ 헴프시드
- ☐ 피칸
- ☐ 추가 선택: 구운 피스타치오 슬라이스, 아몬드, 호두

과일과 채소

- ☐ 사과 3개
- ☐ 라즈베리 1팩
- ☐ 바나나 2개
- ☐ 오렌지 1개
- ☐ 얇은 아스파라거스 1묶음
- ☐ 방울양배추 2컵
- ☐ 작은 로마 토마토 1개
- ☐ 땅콩호박 1개
- ☐ 콜리플라워 3송이
- ☐ 셀러리 1묶음
- ☐ 오이 1개
- ☐ 가지 1개

- ☐ 마늘 2~3통
- ☐ 라임 2~4개
- ☐ 레몬 5~6개
- ☐ 대파 1개
- ☐ 할라페뇨 고추 1개
- ☐ 세라노 고추 1개
- ☐ 로메인 상춧잎 1묶음
- ☐ 어린 시금치 또는 어린 케일
- ☐ 추가 선택: 후무스용 추가 채소, 오렌지와 베리류

냉동식품

- ☐ 옥수수알

유제품

- ☐ 달걀 2개 또는 글루텐 프리 비건 대체 달걀
- ☐ 식물성 슈레디드 치즈(체더치즈나 페퍼 잭 치즈(할라페뇨 고추가 들어간 매콤한 치즈)) 1/2컵
- ☐ 무가당 식물성 우유(아몬드, 콩) 3.8ℓ
- ☐ 식물성 슈레디드 모차렐라 1통(473㎖)
- ☐ 전유 요거트 또는 식물성 요거트 1통(946㎖)

소스

- ☐ 과카몰레
- ☐ 후무스
- ☐ 신선한 살사

☐   신선한 바질 1통

☐   신선한 타임 잎

☐   신선한 고수나 파슬리 잎 1통

☐   건조 오레가노

☐   간 카르다몸

☐   카옌 페퍼

☐   마늘 파우더

☐   신선한 생강

☐   겨자씨

☐   양파 파우더

☐   간 후추

☐   잘게 부순 고추

☐   바다 소금

☐   신선한 터머릭

☐   간 터머릭

☐   추가 선택: 신선한 파슬리

2주 차

저장 식품

☐   검은콩 1캔(443㎖)

☐   병아리콩 3캔(443㎖)

☐   쌀가루

☐   닭 대체 육수 또는 버섯 육수 4컵

☐   퀵 귀리quick oat(귀리 가루를 찐 다음 얇은 조각으로 가공한 식품)

- ☐ 인스턴트 귀리^{instant oat}(퀵 귀리보다 더 얇고 곱게 가공한 식품)
- ☐ 세몰리나^{semolina} 가루(듀럼밀을 밀가루보다 큰 입자로 파쇄한 가루)
- ☐ 무가당 코코아 가루
- ☐ 코코넛 가루
- ☐ 바닐라 단백질 파우더
- ☐ 코코넛 아미노스^{coconut aminos}(코코넛 즙에 소금을 넣어 발효한 간장 대체품)
- ☐ 사과 식초
- ☐ 발사믹 식초
- ☐ 코코넛 오일
- ☐ 아마씨 오일
- ☐ 올리브 오일
- ☐ 기 버터
- ☐ 꿀(또는 아가베, 천연 스테비아)
- ☐ 햇볕 건조 토마토 오일 절임
- ☐ 타히니
- ☐ 바닐라 추출물
- ☐ 비건 마요네즈

견과류와 씨앗류

- ☐ 생아몬드나 호두 슬라이스
- ☐ 치아시드
- ☐ 헴프시드
- ☐ 피칸
- ☐ 추가 선택: 구운 피스타치오

과일과 채소

- ☐ 사과 1개
- ☐ 미니 사과 3개
- ☐ 바나나 1개
- ☐ 오렌지 1개
- ☐ 라임 1개
- ☐ 레몬 2개
- ☐ 라즈베리 1팩
- ☐ 당근 1묶음
- ☐ 중간 크기 토마토 2개
- ☐ 포토벨로버섯 4개
- ☐ 대형 표고버섯 2개
- ☐ 래디시 4개
- ☐ 주키니 호박 1개
- ☐ 작은 오이 1개
- ☐ 마늘 구근 2개
- ☐ 셀러리 1묶음
- ☐ 대파 1개
- ☐ 적양파 1개
- ☐ 작은 양파 2개
- ☐ 할라페뇨 고추 2개
- ☐ 케일 또는 시금치
- ☐ 비브 양상추 또는 로메인 상춧잎
- ☐ 샐러드 채소 믹스
- ☐ 어린 청경채
- ☐ 추가 선택: 후무스에 넣을 추가 채소, 신선한 콩나물, 신선한 박하 잔가지, 토마토와 양파, 신선한 베리류

유제품

- ☐ 달걀 또는 글루텐 프리 대체 달걀
- ☐ 무가당 식물성 우유
- ☐ 전유 요거트 또는 식물성 요거트

소스

- ☐ 과카몰레
- ☐ 후무스
- ☐ 피코 데 가요 또는 살사
- ☐ 비트 사우어크라우트 또는 일반 사우어크라우트
- ☐ 추가 선택: 무가당 코코넛 슬라이스

허브와 향신료

- ☐ 신선한 바질 1통
- ☐ 신선한 딜 1묶음
- ☐ 신선한 파슬리, 고수 1묶음
- ☐ 신선한 고수씨
- ☐ 간 카르다몸
- ☐ 카옌 페퍼
- ☐ 고춧가루, 잘게 부순 고추
- ☐ 간 커민, 커민씨
- ☐ 가람 마살라garam masala(인도식 혼합 향신료)
- ☐ 신선한 생강
- ☐ 바다 소금, 갓 갈아낸 후추
- ☐ 신선한 터머릭, 간 터머릭
- ☐ 추가 선택: 팔각, 시나몬 스틱

공복 후 첫 식사

아침 식사는 우리 몸이 하루를 헤쳐 나가기 위해 처음 섭취하는 에너지원이니 중요하게 생각해라. 내가 아침 첫 식사로 즐겨 먹는 레시피를 소개한다. 과일이나 향신료는 얼마든지 좋아하는 것으로 바꿔 넣어도 된다.

RECIPE 1

차이 라테

재료(2인분)

- 물 2컵
- 무가당 차이 홍차
- 간 카르다몸 1/4t
- 간 생강 1/2t
- 바리스타용 귀리 밀크 한 컵
- 꿀(선택)
- 생스테비아 1/2봉지
- 시나몬 가루

만드는 법

1 작은 소스팬에 물을 넣고 끓인다. 불을 끄고 차이 티백과 카르다몸, 생강을 넣고 5분간 젓는다.

2 그동안 또 다른 작은 소스팬에 귀리 밀크를 넣고 중불로 데운다. 김과 거품이 올라올 때까지 계속 저어준다.

3 원한다면 꿀을 차에 넣고 젓는다. 머그잔 두 개에 아주 촘촘한 망을 올리고 찻잎을 거른다. 뜨거운 귀리 밀크 위에 스테비아로 단맛을 더하고 시나몬을 뿌려 맛있게 마신다.

✔ 차이 라테는 호르몬의 균형을 잡아준다.

아몬드 바닐라 치아시드 푸딩

재료(1인분)

- 무가당 식물성 우유 1/2컵
- 요거트 1/4컵 *식물성 요거트로 대체 가능
- 치아시드 2T
- 잘게 썬 생아몬드 2T *호두로 대체 가능
- 순수 바닐라 추출물 1/4t
- 꿀 1t *아가베 1t 또는 스테비아 1/2봉지로 대체 가능

토핑 추가 선택

- 신선한 베리류
- 무가당 코코넛 슬라이스
- 구운 아몬드

만드는 법

1 작은 볼에 식물성 우유와 요거트, 치아시드, 생견과류, 바닐라, 꿀을 넣고 젓는다. 작은 잔이나 그릇에 옮겨 담는다.

2 뚜껑을 덮고 최소 2시간에서 밤새 냉장고에 보관한다.

3 신선한 베리류, 코코넛이나 구운 견과를 올리고 먹는다.

✔ 치아시드는 작지만 영양이 무척 풍부하며 1인분에 식이 섬유 11g, 단백질 4g, 지방 9g이 들어 있다. 칼슘, 마그네슘, 망간, 인도 풍부하지만 열량은 겨우 135kcal에 불과하다.

오렌지 카르다몸 치아시드 푸딩

재료(1인분)

- 무가당 식물성 우유 1/2컵
- 요거트 1/4컵 *식물성 요거트로 대체 가능
- 치아시드 2T
- 간 카르다몸 1/4t
- 오렌지 껍질 1/2t
- 꿀 1t *아가베 1t 또는 스테비아 1/2봉지로 대체 가능

토핑 추가 선택

- 자른 오렌지
- 무가당 코코넛 슬라이스
- 구운 피스타치오
- 아몬드 슬라이스

만드는 법

1 작은 볼에 식물성 우유와 요거트, 치아시드, 카르다몸, 오렌지 껍질, 꿀을 넣고 젓는다. 작은 잔이나 그릇에 옮겨 담는다.

2 뚜껑을 덮고 최소 2시간에서 밤새 냉장고에 보관한다.

3 자른 오렌지, 코코넛이나 구운 견과를 얹어 먹는다.

바나나 오트밀 머핀

재료(12개 분량)

- 그릭 요거트 1컵
- 커다란 달걀 2개
- 꿀 2T *아가베 또는 천연 스테비아로 대체 가능
- 바닐라 추출물 2t
- 완숙 바나나 2개
- 롤드 귀리 2컵 *퀵 귀리로 대체 가능
- 베이킹파우더 1½t
- 베이킹 소다 1/2t
- 간 시나몬 1/4t
- 고운 바다 소금 1/4t
- 호두 3/4컵

만드는 법

1 오븐을 204℃로 예열한다. 12컵짜리 머핀 틀에 유산지를 깔고 오븐에 배치한다.

2 고출력 믹서기에 요거트, 달걀, 꿀, 바닐라, 바나나, 귀리, 베이킹파우더, 베이킹 소다, 시나몬, 소금을 넣고 섞는다(믹서기에는 꼭 액체부터 넣어야 한다. 귀리를 먼저 넣으면 가루가 돼서 믹서기 날에 덩어리가 엉겨 붙는다).

3 저속으로 시작해서 점점 속도를 높이고, 중간중간 믹서기 모서리의 재료를 긁어내리면서 2분간 완전히 갈아준다. 그릇에 옮겨 담고 호두는 큼직하게 잘라 손으로 섞는다.

4 반죽을 머핀 컵에 3/4씩 차도록 나눠 담는다.

5 15분간 굽거나 이쑤시개를 가운데에 넣었을 때 아무것도 묻어나지 않을 때까지 굽는다.

6 팬을 철망에 올리고 10분간 식힌 다음 머핀을 꺼낸다. 따뜻하게 먹거나 완전히 식혀 먹는다.

코코아 귀리 시리얼 바

재료(16개 분량)

- 녹인 코코넛 오일 3t+팬에 두를 양 추가
- 롤드 귀리 1¾ *퀵 귀리로 대체 가능
- 무가당 코코아 가루 1/4컵
- 무가당 건조 사과 슬라이스 1컵
- 블루베리 1컵
- 생아몬드 슬라이스 1/2컵
- 간 아마씨 1/3컵
- 간 시나몬 1t
- 무가당 사과소스 1/2컵
- 라즈베리 1/3컵
- 천연 아몬드 버터 1/3컵
- 완숙 바나나 2개
- 꿀 1/4컵 *아가베 1t 또는 스테비아 1/2봉지로 대체 가능
- 고운 바다 소금 1/2t

만드는 법

1 오븐을 191℃로 예열한다. 28×18cm 베이킹팬에 녹인 코코넛 오일을 두른다. 옆에 놔두자.

2 커다란 볼에 귀리와 코코아 가루, 사과, 블루베리, 아몬드, 아마씨, 시나몬을 넣고 섞는다.

3 고출력 믹서기에 코코넛 오일 3T, 사과소스, 라즈베리, 아몬드 버터, 바나나, 꿀, 소금을 넣고 곱게 간다.

4 3의 과일 믹스를 2의 귀리 믹스에 넣고 모든 재료를 잘 섞어준다.

5 준비해둔 팬에 반죽을 깐다. 건조하고 단단해질 때까지 40~45분 정도 익힌다.

6 팬을 철망에 올리고 완전히 식힌 다음 16조각으로 자른다.

✔ 블루베리는 장 미생물군을 바꾸고 면역 기능을 강화한다.

메이플 오렌지 무곡물 그래놀라

재료(4인분, 1/2컵씩)

- 오렌지즙 1/4컵
- 순수 메이플 시럽 2T
- 코코넛 오일 1T
- 간 시나몬 1/2t
- 고운 바다 소금 1/4t
- 생아몬드 1/2컵
- 생마카다미아 1/2컵
- 생피스타치오 1/2컵
- 무가당 코코넛칩 1/4컵
- 건조 살구 슬라이스 2T
- 대추 슬라이스 2T
- 황금 건포도 2T
- 선호하는 식물성 우유

만드는 법

1 오븐을 163℃로 예열한다. 작은 소스팬에 오렌지즙, 메이플 시럽, 코코넛 오일, 시나몬, 소금을 넣고 끓인다. 끓으면 불을 끈다.

2 중간 크기 볼에 큼직하게 자른 아몬드, 마카다미아, 피스타치오를 넣는다. 오렌지즙 믹스를 붓고 잘 버무린다. 테두리가 있는 대형 베이킹 시트에 반죽을 고르게 깐다.

3 15분 동안 구우면서 중간에 한 번 저어준다. 코코넛칩을 넣고 섞어서 고르게 편다. 8~10분 정도 더 굽거나 너트가 익고 황갈색으로 변할 때까지 굽는다.

4 중간에 한 번 섞어준다. 살구, 대추, 건포도를 넣고 젓는다.

5 넓게 깐 포일이나 깨끗한 테두리 베이킹 시트에 그래놀라를 올리고 완전히 식힌다.

6 식물성 우유와 함께 먹는다.

✔ 그래놀라가 식으면 밀폐 용기에 넣고 실온에 2주까지 보관할 수 있다.

에너지를 충전하는 음료와 간식

RECIPE 1

초콜릿 그린 셰이크

재료(1인분)

- 냉동 바나나 1/2개
- 선호하는 식물성 우유 1컵
- 꿀 1t *천연 스테비아 1/2봉지로 대체 가능
- 무가당 코코아 가루 1T
- 바닐라 단백질 파우더 1스쿱
- 어린 시금치 또는 어린 케일 1컵
- 헴프시드 2T
- 얼음 4조각

만드는 법

1 고출력 믹서기에 모든 재료를 넣고 곱게 간다.

그린 스무디

재료(2인분)

- 사과 1개
- 셀러리 4줄기
- 작은 오이 1개
- 레몬 1/2개
- 생강 1조각(1.3cm)
- 터머릭 1개(1.31cm) *간 터머릭 1t로 대체 가능
- 자른 케일 2컵
- 고수 1/4컵 *파슬리로 대체 가능
- 카엔 페퍼 1/2t(선택)
- 물 1/2컵
- 얼음 3조각

만드는 법

1 사과는 반으로 잘라 심을 제거하고, 셀러리는 다듬어서 큼직하게 썬다.

2 오이는 껍질을 벗겨 큼직하게 썰고, 레몬은 껍질을 벗긴다. 생강과 터머릭은 원한다면 껍질을 벗긴다.

3 고출력 믹서기에 사과, 셀러리, 오이, 레몬, 생강, 터머릭, 케일, 고수, 카엔 페퍼, 물, 얼음 조각을 넣는다.

4 저속으로 시작해서 점점 속도를 높여서 곱게 간다.

✔ **장을 위한 그린 스무디 변형**

- 인도식 그린 셰이크: 카르다몸 꼬투리 3개, 사프란 가닥 한 꼬집, 아몬드 밀크 1컵, 케일 1컵을 다른 재료와 함께 섞는다. 곱게 갈아준다. 으깬 피스타치오와 헴프시드 1T를 얹어 먹는다.

- 차이 셰이크: 물 1컵을 끓인다. 홍차 전엽(분쇄하지 않고 말린 잎) 1t과 차이 향신료 믹스 1~2t를 추가한다. 5분간 우린 뒤 그대로 식힌다. 차와 바닐라 단백질 파우더 1스쿱, 얼음 5조각을 다른 재료와 함께 믹서기에 넣는다. 곱게 간다.

수박 쿨러

재료(6인분, 1컵씩)

- 코코넛 팜 슈거 3T
- 끓는 물 1/2컵
- 씨 없는 수박 슬라이스 8컵
  (약 1.6kg)
- 레몬즙 1/4컵 *라임으로 대체
  가능
- 박하 잔가지 2개
- 얼음
- 클럽 소다 2컵 *탄산수로 대체
  가능
- 레몬 슬라이스

만드는 법

1 작은 볼에 설탕과 끓는 물을 넣고 설탕이 녹을 때까지 저어서 단미 시럽simple syrup(물과 설탕을 같은 비율로 섞어 끓인 시럽)을 만든다. 따로 빼둔다.

2 고출력 믹서기에 수박을 절반씩 넣고 곱게 간 다음 미세한 체에 걸러서 커다란 병에 담는다. 건더기는 버린다.

3 단미 시럽, 레몬즙, 박하를 넣고 섞는다. 뚜껑을 닫고 최소 4시간 정도 밤새 식힌다.

4 담아낼 때는 층이 분리되지 않게 수박 믹스를 저어준다. 얼음을 채운 잔 6개에 나눠 담자.

5 클럽 소다를 붓고 신선한 레몬 슬라이스로 장식한다.

✔ 코코넛 팜 슈거는 야자나무꽃 수액으로 만든 감미료이다.

점심 겸 저녁

'점심 겸 저녁'은 정오에서 5시 사이에 먹는 점심이나 저녁이다. 지금부터 소개하는 다양한 수프와 샐러드, 한 그릇 음식, 파스타는 맛있고 든든하고 영양도 풍부해서 장 건강을 개선해줄 것이다. 여기에 좋아하는 재료를 얼마든지 추가해도 좋다!

RECIPE 1
후무스 랩

재료(2인분)

- 간 터머릭 1/2t
- 후무스 1/4컵
- 코코넛 랩 2개
- 태국식 스위트 칠리 소스 2T
- 어린 시금치 1컵
- 딜 줄기 피클 2개

만드는 법

1 터머릭을 후무스에 넣고 잘 섞는다.

2 코코넛 랩은 포장 설명에 따라 데운다.

3 랩 하나당 후무스 2T를 펴 바른다. 스위트 칠리 소스 1T와 시금치 1/2컵을 각 랩에 얹는다. 한쪽 끝에 줄기 피클을 추가한다. 말아서 낸다.

팔라펠 샐러드와
타히니 드레싱

재료(4인분)

팔라펠

- 병아리콩 2캔(444㎖)
- 마늘 4쪽
- 파슬리 잎 1/2컵
- 고수 잎 1/2컵
- 간 커민 1t
- 간 고수씨 1t
- 고운 바다 소금 1/2t
- 갓 갈아 낸 후추 1/4t
- 코코넛 가루 2T
- 엑스트라 버진 올리브 오일
  1/4컵

만드는 법

팔라펠

1 통조림에 든 병아리콩은 헹궈서 물을 빼고, 마늘은 껍질을 벗겨 으깬다.

3 믹서기에 병아리콩, 마늘, 파슬리, 고수, 커민, 고수씨, 소금, 고추를 넣는다.

3 뚜껑을 닫은 뒤 펄스 모드(누르면 순간적으로 강하게 작동하고 손을 떼면 멈추는 모드)로 잘게 썰어준다.

4 코코넛 가루를 넣고 다시 켜서 재료를 반죽한다. 중간에 필요하면 용기 모서리를 긁어준다.

5 섞은 재료를 1/3컵 정도 넉넉히 담아서 지름 8cm의 작은 패티를 만든다. 남은 재료로 똑같이 반복한다. 패티를 커다란 접시에 옮겨 담는다. 뚜껑을 닫고 최소 30분에서 밤새 식힌다.

6 붙지 않는 대형 프라이팬에 올리브 오일을 붓고 중불로 가열한다. 식힌 패티를 올리고 9~10분 익힌다. 중간에 한 번 뒤집어서 황갈색이 될 때까지 익히면 된다.

재료(4인분)

드레싱과 샐러드

- 타히니 1/4컵
- 물 1/3컵
- 신선한 레몬즙 2t
- 다진 마늘 1쪽분
- 엑스트라 버진 올리브 오일 2t
- 잘게 자른 딜 1t(선택)
- 고운 바다 소금 1/2t
- 갓 갈아 낸 후추 1/4t
- 성기게 담은 샐러드 채소 믹스 8컵
- 래디시 4개
- 서빙용 레몬 조각

만드는 법

드레싱과 샐러드

1 뚜껑이 있는 유리병에 타히니, 물, 레몬즙, 마늘, 올리브 오일, 딜, 소금, 후추를 넣는다(혹은 볼에 넣고 휘젓는다). 필요하면 물을 더 넣어서 점도를 맞춘다.

2 샐러드 채소와 반으로 잘라 썬 래디시를 네 접시에 나눠서 담아낸다. 접시마다 팔라펠 패티 두 개를 얹고 드레싱을 뿌린다. 레몬 조각과 함께 낸다.

✔ 필요하다면 패티를 여러 개 만든다. 익힌 패티는 93℃로 맞춘 오븐에 넣어서 따뜻하게 유지한다.

콜리플라워 수프와
바삭한 마늘

재료(2인분)

- 엑스트라 버진 올리브 오일 1T
- 다진 마늘 2쪽분
- 작은 콜리플라워 1개
- 채소 육수 2컵
- 신선한 타임 잎 1T
- 고운 바다 소금 1/2t
- 굵게 간 후추 1/4t

만드는 법

1 중간 크기 냄비에 올리브 오일을 두르고 중불로 가열한다. 뜨거워지면 마늘을 넣는다. 황금색으로 익을 때까지 1~2분 정도 저으면서 익힌다(마늘이 식으면 우리가 원하는 바삭한 식감이 나온다. 하지만 지나치게 익히면 쓴맛이 나므로 주의한다).

2 마늘을 채망으로 떠서 페이퍼타월을 깐 접시에 올리고 기름을 뺀다.

3 콜리플라워는 심을 빼고 큼직하게 썬다. 콜리플라워를 냄비에 넣고 계속 저으면서 모서리가 갈색이 될 때까지 3~4분 익힌다.

4 육수와 타임, 소금, 후추를 냄비에 넣고 그대로 끓인다. 뚜껑을 닫고 불을 약불로 줄인 다음 콜리플라워가 살짝 물러질 때까지 10~15분 정도 익힌다.

5 믹서기에 옮겨 담고 곱게 간다(혹은 방망이 믹서기를 냄비에 넣는다).

6 수프를 볼에 옮겨 담고 올리브 오일을 뿌린다. 바삭한 마늘을 토핑하고 추가로 신선한 타임을 얹는다.

✔ 타임은 항산화 물질이 풍부하고 미생물과 세균, 곰팡이 제거 효과가 있다. 옛날부터 복통과 호흡기 문제, 여드름 치료에 쓰였다. 카바크롤carvacrol(향미 성분을 생성하는 화합물)이 함유되어 뉴런 활동에 영향을 주고 행복한 기분을 준다.

아스파라거스와
방울양배추 원 팬 구이

재료(3~4인분)

- 엑스트라 버진 올리브 오일 3T
- 다진 마늘 1쪽분
- 방울양배추 2컵
- 고운 바다 소금 1/2t
- 갓 갈아 낸 후추
- 얇은 아스파라거스 1묶음
- 레몬 1/2개

만드는 법

1 오븐을 218℃로 예열한다. 올리브 오일과 마늘을 작은 볼에 넣고 젓는다. 테두리가 있는 대형 베이킹 시트에 유산지를 깐다.

2 방울양배추는 겉잎을 제거하고 다듬어서 반으로 쪼갠다.

3 방울양배추를 큰 볼에 담는다. 마늘 오일 반, 소금 반을 뿌린다. 입맛에 따라 후추로 양념하고 잘 버무린다.

4 준비한 베이킹팬 한쪽에 한 겹으로 올린다. 방울양배추가 물러지고 모서리가 갈색으로 변할 때까지 10~12분 정도 굽는다.

5 그동안 큰 볼에 아스파라거스와 남은 마늘 오일, 소금과 입맛에 따라 후추를 넣는다. 방울양배추 믹스 옆에 한 겹으로 올린다.

6 아스파라거스는 끝을 다듬고 길이 3.8cm로 어슷하게 썰고, 아스파라거스가 물러질 때까지 7분 정도 굽는다.

7 채소를 베이킹팬에 담는다. 채소 위에 레몬을 짜서 즙을 뿌린다.

구운 채소 수프

재료(4인분)

향신료 믹스

- 양파 가루 1T
- 마늘 가루 1T
- 건조 바질 1T
- 건조 파슬리 1T
- 고운 바다 소금 2t
- 갓 갈아 낸 후추 1t

수프

- 피망 3개
- 커다란 당근 2개
- 작은 가지 1개
- 커다란 양파 1개
- 작은 주키니 2개
- 중간 크기 토마토 3개
- 커다란 통마늘 1개
- 엑스트라 버진 올리브 오일 1/2컵
- 채소 육수 2컵
- 잘게 부순 붉은 고추
- 요거트나 식물성 요거트(선택)
- 자른 신선한 바질(선택)
- 글루텐 프리 난(선택)

만드는 법

향신료 믹스

1 작은 볼에 양파 가루, 마늘 가루, 바질, 파슬리, 소금, 후추를 넣는다. 잘 섞어준다.

수프

1 오븐을 204℃로 예열한다. 테두리가 있는 대형 베이킹 시트에 유산지를 깐다.

2 피망은 줄기와 씨앗을 제거하고 큼직하게 썰고, 당근과 가지는 껍질을 벗기로 5cm 두께로 썬다. 양파는 초승달 모양으로 썰고, 주키니는 길이 방향으로 반 갈라서 5cm 두께로 썬다. 토마토는 심을 제거하고 초승달 모양으로 썬다.

3 아주 큰 볼에 피망, 당근, 가지, 양파, 주키니, 토마토를 넣는다. 마늘 껍질을 벗기고 꼭대기를 0.6~1.3cm 정도 잘라 마늘을 노출한다. 사각형 포일 위에 올려둔다.

4 올리브 오일을 약간 바르고, 포일에 싸서 잠깐 놔둔다.

5 남은 올리브 오일을 채소 위에 붓고 버무린다. 향신료 믹스를 붓고 한 번 더 버무린다. 준비한 팬에 나눠 담고 최대한 얇게 편다.

6 팬을 오븐에 넣는다. 포일에 싼 마늘을 오
  븐 랙에 넣는다. 40~45분 정도 굽되, 절반
  정도 지났을 때 내용물을 뒤집어 저어주
  고 채소가 부드러워지고 모서리가 살짝
  갈색이 될 때까지 익힌다.

7 채소 1/4과 육수 1/2컵을 고출력 믹서기에
  넣는다. 구운 마늘 과육을 짜서 믹서기에
  넣고 껍질은 버린다.

8 곱게 갈아 수프 냄비에 옮겨 담는다. 남은
  채소와 육수도 세 번 더 반복한다.

9 양념을 조절하고 육수를 추가해서 점도
  를 맞춘다. 원한다면 알레포 고추(혹은 잘
  게 부순 고추)로 양념한다. 김이 날 때까지
  끓인다.

10 원한다면 요거트와 바질을 얹는다. 글루
  텐 프리 난을 함께 내도 좋다(362쪽 참고).

고소한 셀러리 뿌리와
아스파라거스 수프

재료(2인분)

- 아스파라거스 453g
- 커다란 샬롯shallot 2개
- 중간 크기 셀러리 뿌리 1개
- 엑스트라 버진 오일 2T
- 정제 소금 1t
- 감자 1개
- 채소 육수 4컵
- 물 3컵
- 얼음 1컵
- 간 백후추 1/4t
- 장식용 새싹 채소(선택)

만드는 법

1 아스파라거스 꼭대기를 2.5~4cm 정도 잘라내고 따로 빼둔다. 남은 줄기를 2.5cm 길이로 잘라서 따로 둔다. 샬롯은 껍질을 벗기고 자른다. 셀러리는 껍질을 벗겨 다듬고 큼직하게 썬다.

2 큰 소스팬에 올리브 오일을 두르고 중불로 가열한다. 뜨거워지면 샬롯과 소금 1/4t를 넣는다. 계속 저으면서 샬롯이 무르고 투명해질 때까지(갈색이 아니라) 익힌다.

3 아스파라거스 줄기, 감자, 셀러리 뿌리, 채소 육수를 추가한다. 뚜껑을 닫고 끓인다.

4 약불로 줄이고 끈 다음 뚜껑을 닫고 가끔 저으면서 채소가 부드러워질 때까지 15분 정도 익힌다.

5 그동안 중간 크기 소스팬에 물 2컵을 끓인다.

6 물과 얼음컵을 중간 크기 볼에 담아둔다. 재료를 얼음물에 헹굴 때 쓴다.

7 아스파라거스 꼭지를 끓는 물에 넣고 무르지 않게 1분 정도만 끓인다. 아스파라거스 꼭지를 채망으로 떠서 얼음물로 옮긴다. 담아내기 전에 때로 빼둔다.

8 채소가 부드러워지면 1인분씩 육수와 함께 믹서기에 넣어 곱게 간다(방망이 믹서기를 냄비에 넣어도 된다). 남은 소금 3/4t와 백후추를 넣고 젓는다.

9 마지막으로 수프를 볼에 옮기고 올리브 오일을 살짝 뿌린다. 각 볼의 수프에 아스파라거스 꼭지를 띄운다. 원한다면 새싹 채소로 장식한다.

✔ 아스파라거스에 함유된 글루타티온glutathione은 해독 작용을 하는 복합체로 발암 물질과 자유기를 분해하며 노화를 늦추는 것으로 보인다. 항산화 물질과 엽산이 풍부하며 인지 능력을 강화한다. 아스파라긴산asparagine(천연 이뇨제이자 해독제로 과도한 체내 염분을 제거한다)이 풍부하고 항염증 효과가 있으며 영양가가 높다. 식이 섬유, 비타민, 미네랄, 파이토뉴트리언트, 함황 복합체가 풍부하다. 산화 스트레스를 낮추는 데 도움이 되며 몸의 독소를 분해해서 씻어내는 역할을 한다.

고구마, 당근, 리크 커리 수프와
바삭한 병아리콩

재료(3인분)

병아리콩

- 병아리콩 1캔(444㎖)
- 엑스트라 버진 올리브 오일 1T
- 고운 바다 소금 1/2t
- 훈제 파프리카 1t

만드는 법

구운 병아리콩 요리 만들기

1 오븐을 177℃로 예열한다. 깨끗한 키친타월이나 종이 타월을 깔고 씻어낸 병아리콩을 올려 물기를 완전히 뺀다.

2 중간 크기 볼에 병아리콩과 올리브 오일을 넣는다. 소금과 훈제 파프리카를 넣고 버무린다.

3 병아리콩이 바삭해질 때까지 50~60분 정도 굽고 중간에 한 번 팬을 흔들어준다. 완전히 식힌다(식히면 더 바삭해진다).

재료(3인분)

수프

- 기 버터 1T
- 작은 리크 1개
- 중간 크기 고구마 1개
- 커다란 당근 1개
- 커리 가루 2t
- 카옌 페퍼 1/4t
- 고운 바다 소금 1/2t
- 물 1컵
- 채소 수프 베이스 1t
- 코코넛 밀크 1캔(414mℓ)
- 바질

만드는 법

수프 만들기

1 중간 크기 소스팬에 기 버터를 넣고 중불로 가열한다. 리크는 세로로 반 잘라 흰 부분과 연두색 부분을 채 썬다. 자른 리크를 넣고 자주 저어가며 부드러워질 때까지 2~3분 정도 익힌다.

2 고구마와 당근은 껍질을 벗기고 2.5cm 길이의 큐브로 자른다. 고구마와 당근을 넣고 자주 저으면서 채소가 물러질 때까지 4~5분 익힌다. 커리 가루와 카옌 페퍼, 소금, 물, 채소 수프 베이스를 넣고 저어서 섞어준다.

3 뚜껑을 닫고 강불로 끓인다. 불을 줄이고 채소가 물러질 때까지 20~25분 동안 가끔 저으며 뭉근하게 끓인다.

4 코코넛 밀크를 추가한다. 방망이 믹서기를 사용해서 수프가 걸쭉해질 때까지 섞는다.

5 중약불로 가열하고 가끔 저으면서 김이 날 때까지 끓인다.

6 구운 병아리콩과 잘게 다진 바질잎을 얹어 낸다.

봄 채소 토스트와
펜넬 그레몰라타

재료(3인분)

채소

- 작은 펜넬 구근 1개
- 중간 크기 래디시 4개
- 아스파라거스 줄기 6개
- 엑스트라 버진 올리브 오일 1T
- 고운 바다 소금
- 갓 갈아낸 후추
- 아몬드 슬라이스 2T
- 레몬즙 1/2개

만드는 법

채소 요리

1 오븐을 204℃로 예열한다.

2 작은 펜넬은 다듬고 심을 제거해서 4등분
   하고, 잎을 붙인 채 잘게 썬다. 래디시는
   반으로 갈라 잘게 자르고, 아스프라거스
   는 다듬어서 1.3cm 길이로 비스듬하게 자
   른다.

3 펜넬, 래디시, 아스파라거스를 테두리가
   있는 작은 베이킹 시트에 올린다.

4 올리브 오일을 뿌리고 입맛에 따라 소금
   과 후추로 버무려 양념한다.

5 채소 가장자리가 갈색으로 졸아들 때까
   지 15분 정도 굽는다. 불을 끄기 5분 전에
   아몬드를 섞는다.

6 채소 위에 레몬즙을 짜서 버무려, 따로 빼
   둔다.

재료(3인분)

그레몰라타

- 잘게 썬 펜넬잎 2T
- 작은 레몬 껍질 1개
- 작은 마늘 다진 것 1쪽

토스트

- 통곡물 또는 글루텐 프리 일반 바게트 6조각(두께 1.3cm)
- 엑스트라 버진 올리브 오일
- 굵은 바다 소금(선택)

만드는 법

그레몰라타

1 작은 볼에 펜넬잎, 레몬 껍질, 다진 마늘을 넣는다. 잘 섞이게 저어준다.

토스트 만들기

1 빵 양쪽에 올리브 오일을 바른다. 작은 테두리 베이킹 시트에 올리고 8~10분 정도 굽는다. 타지 않게 잘 지켜보면서 절반쯤 구워지면 뒤집는다.

2 채소 믹스를 구운 빵 슬라이스에 나눠 올린다. 그레몰라타를 얹고 원한다면 굵은 소금을 한 꼬집 뿌린다.

로즈마리 포카치아와
적양파, 올리브, 루콜라 조림

재료(8인분)

도 dough

- 43℃로 데운 물 1¾컵
- 당밀 1T
- 활성 건조 효모 2¼t
- 맷돌 제분식 통밀가루 2컵
- 무표백 흰색 강력분 3컵 •글루텐 프리를 선호하면 스펠트 밀이나 글루텐 프리 밀가루를 사용
- 고운 바다 소금 2t
- 저민 신선한 로즈마리 1T
- 엑스트라 버진 올리브 오일 1/2컵+1T(볼과 유산지에 바를 분량 추가 준비)
- 굵은 바다 소금

만드는 법

도

1 작은 볼에 물과 당밀을 넣는다. 위에 효모를 뿌리고 저어서 섞는다. 거품이 생길 때까지 5분 정도 놔둔다.

2 커다란 볼에 통밀가루, 강력분, 소금, 로즈마리를 넣고 섞어준다. 1의 효모 믹스와 올리브 오일 1/2컵을 추가한다. 나무 숟가락으로 재료를 골고루 섞는다.

3 조리대에 강력분을 뿌리고 도를 올려놓는다. 끈적해지지 않게 조금씩 밀가루를 추가하면서 매끄럽고 살짝 점성이 있는 도가 형성될 때까지 5분 정도 반죽한다.

4 커다란 볼에 올리브 오일을 넉넉히 바른다. 둥글게 빚은 도를 볼에 넣고 굴려서 오일로 코팅한다.

5 랩을 씌워 밀봉한 뒤 두 배로 부풀어 오를 때까지 한 시간에서 한 시간 반 정도 따뜻한 곳에 둔다. 도를 주먹으로 내리치고 15분 정도 놔둔다.

6 오븐을 218℃로 예열한다. 베이킹팬에 유산지를 깔고 오일을 넉넉히 두른다. 도를 팬에 눌러 골고루 깔아준다. 젖은 타월을 덮고 두 배로 부풀 때까지 45~60분 정도 놔둔다.

재료(8인분)

양파 토핑

- 엑스트라 버진 올리브 오일 1T
- 커다란 적양파 1개
- 고운 바다 소금 1/4t
- 후추 1/4t
- 발사믹 식초 1T
- 반으로 쪼갠 올리브 1/2개
- 어린 루콜라 1컵

만드는 법

양파 토핑

1 커다란 팬에 올리브 오일을 두르고 중불로 가열한다. 양파를 가르고 잘게 썬다.

2 양파, 소금, 후추를 넣는다. 가끔 저으면서 양파가 물러지고 졸아들 때까지 15~20분 정도 익힌다.

3 발사믹 식초를 추가하고 저어가며 1분 더 익히고, 팬 바닥에 붙은 갈색 조각은 다 긁어모은다.

포카치아

1 도를 두 번 부풀린 후 손가락으로 구멍을 뚫는다. 남은 올리브 오일 1T를 솔로 도에 바르고 굵은 바다 소금을 뿌린다. 도 위에 양파 토핑과 올리브를 올린다.

2 황갈색이 될 때까지 25~30분 정도 굽고 중간에 팬을 한 번 흔들어준다.

3 철망에 팬을 올리고 포카치아를 10분 정도 식힌다. 루콜라를 올린 후, 네모꼴로 8개 잘라서 담아낸다.

생강 터머릭 드레싱 샐러드

재료(2인분)

드레싱
- 생강 1조각(1.3cm)
- 신선한 레몬즙 1/4컵
- 작은 마늘 1쪽
- 간 터머릭 2t
- 엑스트라 버진 올리브 오일 3T
- 아마씨 오일 2T
- 사과 식초 1T
- 꿀 1T •아가베 1t 또는 천연 스테비아 1/2봉지로 대체 가능
- 고운 바다 소금 1/2t
- 갓 갈아 낸 후추 취향껏 추가

샐러드
- 어린 케일 샐러드 채소 믹스 4컵
- 작은 사과 1개
- 구운 피칸 1/4컵
- 라즈베리 1컵
- 굵은 바다 소금
- 갓 갈아낸 후추(선택)

만드는 법

드레싱
1 생강은 껍질을 벗기고 큼직하게 썬다.
2 고출력 믹서기에 생강, 레몬즙, 마늘, 터머릭, 올리브 오일, 아마씨 오일, 식초, 꿀, 소금, 후추를 넣는다. 곱게 간다.

샐러드
1 커다란 볼에 샐러드 채소를 담고 드레싱 2T를 뿌리고 골고루 버무린다. 접시 두 개에 나눠 담는다.
2 사과는 잘라서 심을 제거하고, 피칸은 큼직하게 썬다.
3 사과와 라즈베리, 피칸을 얹는다.
4 입맛에 따라 굵은소금과 후추로 양념한다.

✔ 이 레시피에서는 드레싱이 약 1/2컵 정도 나온다. 남은 드레싱은 밀폐 유리 용기에 담아 냉장고에 일주일까지 보관할 수 있다.

✔ 시금치, 케일, 루콜라 같은 채소는 맛있을 뿐만 아니라 파이토뉴트리언트와 파이토케미컬, 비타민, 미네랄, 식이 섬유, 항산화 물질이 풍부하다. 항염증 효과가 있으며 뉴런을 보호하고 인지 능력과 기분을 개선한다.

발사믹 포토벨로버섯구이와
햇볕 건조 토마토 바질 마요

재료(4인분)

마요

- 비건 마요네즈 1/4컵
- 햇볕 건조 토마토 오일 절임 1T
- 잘게 썬 신선한 바질 1T

버섯구이

- 엑스트라 버진 올리브 오일 1/4컵
- 발사믹 식초 1/4컵
- 다진 양파 3T
- 다진 마늘 4쪽분
- 고운 바다 소금 1/2t
- 갓 갈아 낸 후추 1/2t
- 잘게 부순 고추 1/4t(선택)
- 포토벨로버섯 4개
- 엑스트라 버진 올리브 오일
- 비건 마요네즈, 상추, 토마토, 볶은 양파(선택)

만드는 법

마요

1 작은 볼에 비건 마요네즈와 잘게 다진 햇볕 건조 토마토, 바질을 섞는다. 뚜껑을 닫고 먹기 직전까지 냉장고에 보관한다.

버섯구이

1 작은 볼에 올리브 오일, 식초, 양파, 마늘, 소금, 후추, 잘게 부순 고추를 넣고 저어서 양념장을 만든다. 버섯의 줄기를 제거한다.

2 3.4ℓ짜리 지퍼백에 버섯을 넣는다. 위에 양념장을 붓는다. 지퍼를 닫고 비벼서 양념장을 버섯에 묻힌다.

3 그릇에 올리고 1시간 정도 냉장고에서 재운다. 중간중간 지퍼백을 뒤집는다. 그릴이나 그릴 팬에 기름을 두르고 중강불로 예열한다.

4 팬이 뜨거워지면 버섯을 올려서 완전히 익고 모서리가 살짝 그을릴 때까지 10분 정도 굽는다. 중간에 한 번 뒤집는다.

5 원한다면 비건 마요네즈와 상추, 토마토, 볶은 양파를 추가해서 낸다.

인도 향신료를 넣은
간단한 병아리콩 요리

재료(2인분)

- 할라페뇨 1개
- 병아리콩 1캔(429㎖)
- 코코넛 오일 1T
- 다진 양파 1개
- 다진 생강 2t
- 간 커민 1t
- 터머릭 가루 1/2t
- 카옌 페퍼 1/4t
- 가람 마살라 1t
- 고운 바다 소금 1/4t
- 식물성 요거트 •일반 플레인 그릭 요거트로 대체 가능
- 잘게 썬 신선한 고수

만드는 법

1 할라페뇨는 씨를 제거하고 잘게 다지고, 병아리콩은 씻어서 물을 뺀다.

2 중간 크기 팬에 코코넛 오일을 두르고 중불로 가열한다. 양파, 생강, 할라페뇨를 넣고 가끔 저으면서 양파가 물러질 때까지 3~4분 익힌다.

3 커민, 터머릭, 카옌 페퍼, 가람 마살라, 소금, 토마토, 병아리콩을 섞는다. 뚜껑을 닫고 약불로 끓인다. 불을 줄이고 뚜껑을 닫아 계속 저으면서 5~6분 정도 거품이 올라오고 걸쭉해질 때까지 끓인다.

4 요거트와 고수를 얹어낸다.

✔ 코코넛 오일에 함유된 중간 사슬 중성 지방MCT, medium-chain triglycerides은 에너지 소모율을 높여서 지방을 효과적으로 태우도록 도와준다. 또한 로르산lauric acid(포화 지방산의 일종)과 모노라우린monolaurin(코코넛 오일이나 유당에서 추출한 지방산의 일종)은 해로운 병원균, 즉 세균과 바이러스를 죽여준다. 코코넛 오일이 해로운 콜레스테롤에 영향을 준다는 의견이 있으므로 적당량 사용해야 한다.

✔ 병아리콩은 7500년 전 레시피에서 발견될 정도로 역사적으로 무척 오래된 식재료다. 망간, 식이 섬유, 단백질이 풍부하여 식단에 추가하면 완벽하다. 체중 조절, 포만감, 소화 촉진 등 다양한 효과가 있다.

땅콩호박과
코코넛, 겨자씨 구이

재료(4인분)

- 코코넛 오일 2T
- 겨자씨 1t
- 다진 생강 1T
- 다진 마늘 2쪽분
- 잘게 부순 고추 조금
- 간 터머릭 1t
- 땅콩호박 1개(454g, 약 4컵)
- 물 1/2컵
- 고운 바다 소금 1/4t
- 구운 무가당 슈레디드 코코넛 1/2컵
- 잘게 썬 신선한 고수 1/3컵

만드는 법

1 커다란 팬에 코코넛 오일을 두르고 중강 불로 가열한다. 겨자씨를 추가한다. 뚜껑을 덮고 팬을 흔들어가며 씨가 튀어 오를 때까지 1~2분 굽는다.

2 생강, 마늘, 고추, 터머릭을 추가하고 저어가며 향기가 날 때까지 1분 정도 익힌다.

3 땅콩호박은 껍질과 씨앗을 제거하고 2.5cm 크기로 자른다.

4 땅콩호박, 물, 소금을 추가한다. 불을 중약불로 줄인다.

5 뚜껑을 덮고 가끔 저으면서 땅콩호박이 거의 부드러워질 때까지 5분 정도 익힌다.

6 뚜껑을 닫고 중불로 올려서 땅콩호박이 물러지고 밝은 갈색을 띠며 수분이 거의 증발할 때까지 5~10분 더 익힌다.

7 구운 코코넛을 넣고 살살 저어준다. 고수로 장식한다.

고구마 크러스트 채소 피자

재료(4인분)

크러스트

- 중간 크기 고구마 1개
- 엑스트라 버진 올리브 오일 2t+1T
- 아몬드 가루 1/2컵
- 식물성 파르메산 치즈 1/4컵
- 고운 바다 소금 1/4t
- 마늘 가루 1/4t
- 으깬 달걀 1개

만드는 법

크러스트 만들기

1 고구마는 껍질을 벗겨 2.5cm 큐브로 자른다.

2 고구마 큐브를 푸드 프로세서에 넣고 거친 소금처럼 될 때까지 작동한다. 중간 크기 볼에 옮겨 담는다.

3 올리브 오일, 아몬드 가루, 치즈, 소금, 마늘 가루, 달걀을 넣고 잘 섞는다.

4 준비한 팬 가운데에 올리고 지름 30cm로 동그랗게 모양을 잡는다.

5 남은 올리브 오일을 부드럽게 발라준다. 모서리가 갈색으로 변하고 건조해 보일 때까지 굽는다.

재료(4인분)

토핑

- 작은 적양파 1/2개
- 작은 빨강 피망 1개
- 양송이버섯 3개
- 엑스트라 버진 올리브 오일 2T
- 다진 마늘 2쪽분
- 건조 이탈리안 시즈닝 1t
- 굵은 고춧가루 1t
- 고운 바다 소금 1/4t
- 갓 갈아 낸 후추
- 토마토퓌레 1/3컵
- 어린 시금치 1컵
- 식물성 슈레디드 모차렐라 1컵
- 바질(선택)

만드는 법

토핑 만들기

1 적양파는 잘게 썰고, 피망은 줄기와 씨를 제거하고 잘게 썬다. 양송이 버섯도 잘게 썬다.

2 큰 프라이팬에 올리브 오일을 두르고 중불로 가열한다. 팬이 뜨거워지면 피망, 버섯, 마늘, 이탈리안 시즈닝, 고춧가루, 소금을 넣고 후추를 원하는 만큼 뿌린다.

3 채소가 살짝 물러질 때까지 저어가며 3~4분 정도 익힌다(완전히 익힐 필요는 없다).

피자 만들기

1 오븐을 204℃로 예열한다. 커다란 테두리 베이킹팬에 유산지를 깐다. 올리브 오일을 유산지에 바른다.

2 크러스트를 다 만들면 토마토퓌레를 바르고 시금치를 한 겹으로 올린다. 채소 믹스와 모차렐라를 골고루 얹는다.

3 치즈가 녹을 때까지 8~10분 정도 굽는다. 원한다면 잘게 썬 바질을 뿌린다.

✔ 마늘은 약효가 뛰어난 식품이다. 감기와 독감 중증도를 완화하고 LDL 콜레스테롤을 낮추며 항염증 효과가 있고 항산화 물질이 풍부하며 해독 효과가 뛰어나다. 장을 청소하고 소화를 도와주며 머릿속을 맑게 깨워준다.

검은콩 버거

재료(4인분)

- 엑스트라 버진 올리브 오일 3T
- 작은 양파 1개
- 다진 마늘 2쪽분
- 간 커민 1/2t
- 간 고수씨 1/4t
- 고춧가루 1/4t
- 카옌 페퍼 1/8t
- 간 터머릭 1/4t
- 어린 시금치 잎 1/2컵
- 검은콩 1캔(444㎖)
- 잘게 썬 당근 1/2컵
- 퀵 귀리 1/4컵
- 코코넛 아미노스 2t
- 으깬 달걀 1개
- 고운 바다 소금 1/8t
- 갓 갈아 낸 후추
- 로메인 상춧잎
- 사우어크라우트
- 과카몰레 또는 아보카도 슬라이스
- 살사

만드는 법

1 중간 크기 팬을 중불로 달군 다음 올리브 오일 1T를 두른다. 팬이 뜨거워지면 양파를 잘게 다져 넣는다.

2 양파가 투명해질 때까지 뒤적거리며 3~4분 익힌다. 마늘을 추가하고 1~2분 더 익힌다. 커민, 고수씨, 고춧가루, 카옌 페퍼, 터머릭, 그리고 잘게 썬 시금치를 넣고 섞는다. 시금치의 숨이 죽을 때까지 1분 정도 더 저으며 익힌다.

3 큰 볼에 물기를 뺀 콩을 넣고 매셔나 거품기로 으깬다. 양파 믹스와 잘게 썬 당근, 귀리, 코코넛 아미노스, 달걀, 소금, 원한다면 후추를 넣고 섞는다.

4 재료가 잘 섞일 때까지 저어준다. 패티 네 개가 나오도록 모양을 잡는다(달라붙지 않게 젖은 손으로 하면 더 쉽다).

5 패티를 테두리 베이킹 시트에 올리고 30분 정도 얼린다.

6 커다란 팬을 중강불로 달군다. 남은 올리브 오일 2T를 팬에 두른다. 뜨거워지면 패티 모서리가 바삭해질 때까지 한 면당 4~5분 정도 익힌다.

7 상춧잎과 함께 버거를 낸다. 사우어크라
우트와 과카몰레 또는 아보카도 슬라이
스, 살사를 얹어준다.

✔ 콩은 식이 섬유가 풍부해서 염증을 줄이고 몸의 노폐물을 제거하며 소화를 도와준다. 또
한 지방 대사와 식욕을 조절하는 플라보노이드flavonoid가 풍부하다. 콩에 함유된 녹말은 오
랫동안 에너지를 공급하고 혈당 수치 균형을 잡아준다.
✔ 염증을 줄이고 싶다면 간장 대신 코코넛 아미노스를 넣어라. 간장과 비슷한 감칠맛을 더
해준다. 마트의 건강식품 코너나 홀푸드, 자연 건강 마트에서 찾아보자.

가지 파르메산

재료(4인분)

- 중간 크기 가지 1개
- 고운 바다 소금 2t
- 엑스트라 버진 올리브 오일 스프레이
- 달걀 2개
- 물 1T
- 코코넛 가루 3/4컵
- 후추 3/4t
- 건조 오레가노 1½t
- 무설탕 마리나라 소스 1병 (710㎖)
- 영양 효모 1/4컵
- 식물성 슈레디드 모차렐라 1봉지(207㎖, 1½컵)
- 바질

만드는 법

1 가지는 세로로 길게 6mm 두께로 슬라이스 한다.

2 가지 슬라이스를 커다란 테두리 베이킹 팬에 담고 대형 철망에 올린다. 슬라이스 양쪽에 소금 1t를 뿌린다. 그대로 1시간 놔둔다. 베이킹팬에 있는 가지에서 나온 물기를 꼼꼼히 닦아준다.

3 오븐을 204℃로 예열한다. 가지 슬라이스를 차가운 물로 헹군 다음 키친타월로 두드려 물기를 없앤다. 베이킹팬에 올리브 오일 스프레이를 넉넉히 두른다.

4 얕은 그릇에 달걀과 물, 남은 소금 1t를 넣고 젓는다. 다른 얕은 그릇에 코코넛 가루, 후추, 오레가노를 넣고 섞는다.

5 가지 슬라이스를 하나씩 달걀 믹스에 적신 다음 코코넛 가루 믹스를 묻힌다. 준비해 둔 베이킹 시트에 슬라이스를 하나씩 올린다. 가지 슬라이스 위에 올리브 오일 스프레이를 아주 넉넉히 뿌린다.

6 20분 정도 구운 다음 뒤집고 올리브 오일 스프레이를 넉넉히 뿌린다. 15분 더 익힌다. 오븐 온도를 177℃로 낮춘다.

7 1.9ℓ짜리(28×18×5cm) 사각 베이킹 접시
   에 올리브 오일 스프레이를 뿌린다. 접시
   바닥에 마리나라 소스를 얇게 깐다. 가지
   슬라이스 절반을 얇게 한 겹 올린다. 영양
   효모 절반과 슈레디드 치즈 1/3을 뿌린다.

8 남은 마리나라 절반을 위에 얹는다. 남은
   가지와 영양 효모, 슈레디드 치즈 1/3로
   똑같이 층을 쌓는다. 남은 마리나라와 슈
   레디드 치즈를 얹는다. 거품이 일 때까지
   25~30분 정도 굽는다.

9 잘게 썬 잘게 썬 바질을 뿌리고 담아낸다.

✔ 가지는 식이 섬유, 칼륨, 비타민 B와 C가 풍부하다. 보라색 껍질에 함유된 나수닌nasunin
색소는 강력한 항산화 물질로 뇌를 자유기로부터 보호하고 영양이 세포로 전달되도록 도와
준다.

펜네 알프레도와
구운 콜리플라워

재료(4인분)

콜리플라워와 파스타

- 중간 크기 콜리플라워 1송이
- 엑스트라 버진 올리브 오일 2T
- 고운 바다 소금
- 갓 갈아 낸 후추
- 글루텐 프리 펜네 1봉지(296㎖)
  *통곡물 펜네로 대체 가능
- 잘게 썬 신선한 파슬리(선택)
- 잘게 부순 고추(선택)

만드는 법

콜리플라워와 파스타

1 오븐을 204℃로 예열하고, 콜리플라워는 심을 제거하고 낱꽃으로 자른다.

2 테두리가 있는 커다란 베이킹 시트에 콜리플라워와 올리브 오일을 올리고 입맛에 따라 소금과 후추로 양념한다.

3 한두 번 저으면서 낱꽃이 부드러워지고 모서리가 살짝 갈색으로 변할 때까지 25~30분 정도 굽는다.

4 그동안 포장 설명에 따라 파스타를 익힌다. 물을 빼서 따로 놔둔다.

재료(4인분)

소스

- 기 버터 1½T
- 무표백 중력분 3T
- 무가당 아몬드 밀크 2컵 *두유
  로 대체 가능
- 고운 바다 소금 1/2t
- 후추 1/4t
- 양파 가루 1t
- 마늘 가루 1/2t
- 잘게 부순 고추 1/4t
- 영양 효모 1/4컵
- 식물성 슈레디드 모차렐라
  1/2컵
- 잘게 썬 신선한 파슬리 1T

만드는 법

소스

1 중간 크기 소스팬에 기 버터를 넣고 중불
로 가열한다. 밀가루를 뿌리고 잘 섞이도
록 저어가며 익힌다. 천천히 아몬드 밀크
를 부으면서 저어준다. 소금, 후추, 양파 가
루, 마늘 가루를 넣고 젓는다.

2 걸쭉해질 때까지 3~4분 정도 졸인다. 잘
게 부순 고추, 영양 효모, 모차렐라, 파슬
리를 넣고 젓는다.

3 파스타에 소스를 넣고 버무린다. 얕은 볼
네 개에 파스타를 나눠 담는다. 구운 콜리
플라워를 얹는다. 잘게 썬 신선한 파슬리
와 잘게 부순 고추로 장식한다.

✔ 콜리플라워는 항염증 효과가 있으며 항산화 물질이 풍부하다. 콜리플라워에 함유된 설포
라판sulforaphane은 혈압과 신장 기능을 개선하고 위벽을 보호해서 소화를 도와준다. 또한 콜
린choline(비타민 B 복합체)은 인지 기능, 학습 능력, 기억을 개선한다고 알려져 있다. 면역에
좋은 비타민 C도 풍부하다.

검은콩과 고구마 펜네 알프레도와
구운 콜리플라워 볼

재료(4인분)

고구마

- 중간 크기 고구마 1개
- 엑스트라 버진 올리브 오일 1T
- 커민씨 3/4t
- 카옌 페퍼 1/8t
- 고운 바다 소금 1/4t
- 갓 갈아 낸 후추

만드는 법

고구마 요리

1 오븐을 204℃로 예열한다. 테두리 베이킹 팬에 유산지를 깐다.

2 고구마는 껍질을 벗겨 1.3cm 큐브로 자른다.

3 중간 크기 볼에 고구마, 올리브 오일, 커민씨, 카옌 페퍼, 소금, 입맛에 따라 후추를 적절히 추가하고, 잘 섞어서 버무린다.

4 준비된 팬에 고구마를 깐다.

5 고구마 모서리가 황갈색이 될 때까지 15~20분 정도 익힌다. 중간에 한 번 저어 준다.

재료(4인분)

콩

- 검은콩 1캔(429㎖)
- 엑스트라 버진 올리브 오일 1T
- 다진 마늘 1쪽분
- 고춧가루 1/2t
- 고운 바다 소금 1/4t

서빙

- 과카몰레
- 살사
- 고수
- 라임 조각

만드는 법

콩 요리

1 통조림의 콩은 씻어내고 물기를 뺀다.

2 그동안 중간 크기 냄비에 올리브 오일을 두르고 중불로 가열한다. 마늘을 넣고 계속 저으며 황금색이 될 때까지 1분 정도 익힌다. 콩, 고춧가루, 소금을 추가한다. 가끔 저어가며 콩이 익을 때까지 익혀준다.

서빙

1 볼 두 개에 콩을 나눠 담는다. 콩 위에 고구마, 과카몰레, 살사, 잘게 썬 고수를 얹는다. 라임 조각과 함께 낸다.

✔ 후추는 항균 효과가 뛰어나고 비타민이 풍부하다. 미뢰를 자극하여 염산 분비 신호를 보내고 소화를 촉진한다. 후추 열매 바깥층은 지방 세포 분해를 촉진하여 에너지와 대사를 개선한다.

매콤한 퀴노아구이 필라프

재료
(주요리 2인분, 사이드 4인분)

- 퀴노아 1컵
- 할라페뇨 1개
- 작은 양파 1개
- 커다란 당근 1개
- 기 버터 1T
- 흑겨자씨 1/2t
- 다진 생강 1t
- 채소 육수 2컵
- 고운 바다 소금 1/2t
- 레몬 껍질 1t
- 냉동 완두콩 1/2컵(선택)
- 바질(선택)

만드는 법

1 퀴노아는 씻어서 물기를 뺀다. 할라페뇨는 씨앗을 빼고 물기를 다진다. 양파도 다지고, 당근은 껍질을 벗겨 네모나게 썬다.

2 크고 무거운 프라이팬을 중약불로 가열한다. 퀴노아를 팬에 깔아준다. 자주 저어가며 수분(퀴노아를 씻고 물을 뺀 후 남은 수분)이 전부 날아가고 퀴노아가 튀기 시작할 때까지 볶는다.

3 계속 저으며 퀴노아가 갈색이 되어 향이 날 때까지 10~12분 정도 볶은 다음 따로 빼둔다.

4 중간 크기 소스팬에 기 버터를 넣고 중강불로 가열한다. 겨자씨를 넣는다.

5 뚜껑을 덮고 팬을 흔들어서 씨앗이 튀는 소리가 들릴 때까지 2분 정도 익힌다. 불을 중불로 낮춘다.

6 생강, 할라페뇨, 양파를 넣고 계속 저으면서 양파가 황금색을 띨 때까지 5~6분 정도 익힌다.

7 구운 퀴노아와 채소 육수, 당근, 소금을 넣는다. 잘 저어서 섞어준다. 뚜껑을 닫고 끓인다. 약불로 낮추고 액체가 흡수될 때까지 20분 정도 끓인다.

8 레몬 껍질과 완두콩을 넣고 젓는다. 뚜껑을 닫고 5분 정도 놔둔다.

9 포크로 섞은 다음 접시에 옮겨 담는다.

10 원한다면 신선한 바질을 잘게 썰어 뿌린다.

✔ 고추에 함유된 캡사이신은 항염증 효과가 뛰어나며 신진대사와 에너지를 활성화하고, 염증 관련 통증을 줄이며 면역을 개선하고 울혈을 뚫어준다.

채소 서머 롤

재료(4인분)

소스

- 아몬드 버터 1/4컵
- 호이신 소스 1T
- 코코넛 아미노스 1T
- 다진 마늘 1쪽분
- 스리라차 소스 1t
- 뜨거운 물 3T
- 굵은 고춧가루 1/4t

만드는 법

소스 만들기

1 작은 볼에 아몬드 버터, 호이신 소스, 코코 넛 아미노스, 마늘, 스리라차, 뜨거운 물, 고춧가루를 넣고 섞는다. 필요하면 물을 더 넣어서 점도를 맞춘다.

재료(4인분)

롤 재료(4인분)

- 스프링 롤 라이스 페이퍼 8개
- 커다란 당근 1개
- 작은 오이 1개
- 익은 아보카도 중간 크기 1개
- 중간 크기 빨강 피망 1개
- 자색 양배추 채 1/2컵
- 신선한 바질이나 박하 잎
- 버터상추 잎 4개
- 참깨

만드는 법

롤 만들기

1 크고 얇은 볼이나 23cm짜리 둥근 베이킹 팬에 따뜻한 물을 채운다. 라이스 페이퍼 한 장이 부드러워질 때까지 따뜻한 물에 15~20초 정도 담근다.

2 물을 따라내고 남은 물기는 털어서 평평한 조리대에 올린다. 키친타월로 수분을 닦는다.

3 당근은 껍질을 벗기고 잘게 썰고, 오이와 아보카도는 껍질을 벗기고 씨를 빼서 잘게 썬다. 피망도 잘게 썰어 준비한다.

4 라이스 페이퍼 1/3에 채소와 허브를 입맛에 따라 올린다. 라이스 페이퍼 위쪽 절반에 상춧잎 절반을 깐다.

5 롤 모서리를 접고 부리토처럼 빈틈없이 조심스럽게 말아준다. 롤을 사선으로 갈라서 참깨를 뿌린다.

6 아몬드 버터 소스와 함께 낸다.

✔ 호이신 소스는 콩, 고추, 쌀로 만든 중국식 장이다.

✔ 아보카도는 슈퍼푸드로 유명하다. 식이 섬유, 항산화 물질, 비타민, 미네랄, 칼륨이 풍부해서 심혈관 질환과 뇌졸중을 예방하고 기억과 학습 같은 뇌 기능을 자극한다. 올레산^{oleic} ^{acid}(오메가9 불포화 지방산)은 염증을 줄이고 영양 흡수를 촉진한다.

오크라 마살라

재료(2인분)

- 신선한 오크라 227g
- 할라페뇨 1개
- 생강 1개(1.3cm)
- 마늘 4쪽
- 코코넛 오일 2T•올리브 오일이
  나 아보카도 오일로 대체 가능
- 커민씨 1/2t
- 작은 양파 1개
- 고운 바다 소금 1/4t
- 간 터머릭 1/4t
- 가람 마살라 1/2t
- 무가당 슈레디드 건조 코코넛
  1T(선택)
- 간 커민 1t
- 간 고수씨 1t
- 잘게 썬 신선한 고수

만드는 법

1 오크라는 씻고 완전히 말린 후, 꼬투리의
   양쪽 끝을 잘라 내고 6mm 두께로 자른다.
   할라페뇨는 씨를 빼고 굵게 썰고, 생강은
   껍질을 벗겨 굵게 썬다.

2 믹서기에 할라페뇨, 생강, 마늘을 넣는다.
   잘게 썰릴 때까지 돌린다.

3 달라붙지 않는 중간 크기 팬에 오일 1T를
   두르고 중강불로 가열한다. 오크라를 넣
   어 살짝 바삭하고 밝은 녹색을 띨 때까지
   5~6분 익힌다. 중간중간 계속 재료를 젓
   고 팬을 흔든다. 접시에 옮겨 담아둔다.

4 남은 오일 1T를 팬에 넣는다. 커민씨를 추
   가하고 계속 저으면서 튀어 오를 때까지
   2분 정도 볶는다. 고추, 생강, 마늘 믹스를
   넣고 저어가며 1분 정도 익힌다.

5 잘게 다진 양파와 소금을 넣는다. 계속 저
   으면서 양파가 투명해질 때까지 5~6분
   정도 볶는다. 터머릭과 가람 마살라를 넣
   고 섞어준다.

6 오크라를 다시 팬에 넣고 재료를 섞어가
   며 따뜻해질 때까지 1분 정도 볶는다. 코
   코넛, 커민, 고수씨를 넣고 섞고, 접시에
   옮겨 담아 고수를 뿌린다.

만두피 없는 사모사

재료
(주요리 2인분, 사이드 4인분)

- 중간 크기 홍감자 4개
- 코코넛 오일 2T
- 기 버터 1T
- 커민씨 1t
- 작은 양파 1개
- 잘게 부순 고추
- 간 생강 1T
- 간 고수씨 1t
- 가람 마살라 1t
- 고운 바다 소금 1/2t
- 갓 갈아 낸 후추 1/2t
- 카옌 페퍼 1/4t
- 냉동 완두콩 1컵
- 식물성이나 일반 플레인 요거트(선택)
- 고수

만드는 법

1 감자는 껍질을 벗기고 1.3cm 길이로 깍둑 썰기한다.

2 달라붙지 않는 중간 크기 팬에 코코넛 오일을 두르고 중불로 가열한다.

3 감자를 넣고 계속 뒤적이면서 살짝 갈색으로 익을 때까지 20분 정도 볶는다. 팬에서 감자를 제거하고 따로 빼둔다.

4 팬에 기 버터를 넣는다. 버터가 녹으면 커민씨를 넣고 계속 저으면서 1분 정도 볶는다. 다진 양파, 고추, 생강을 넣고 계속 뒤적이면서 양파가 물러질 때까지 3~4분 정도 익힌다. 고수씨, 가람 마살라, 소금, 후추, 카옌 페퍼를 추가한다. 저어 가며 1분 더 익힌다.

5 감자를 다시 가져와서 팬에 넣고 계속 저으면서 콩이 밝은 녹색으로 변하고 다른 재료도 다 익을 때까지 4~5분 정도 볶는다.

6 원한다면 요거트를 뿌린다. 잘게 썬 고수를 얹어서 담아낸다.

사이드

식사와 곁드릴 음식으로 활용하기 좋은 사이드 메뉴이다. 사이드 메뉴를 적절히 활용하면 좀 더 맛있고 건강한 식사가 완성된다.

SIDE 1

콜리플라워 치즈 해시 브라운

재료(1인당 패티 2개)

- 엑스트라 버진 올리브 오일
- 으깬 콜리플라워 1봉지(340g, 전자레인지용)
- 할라페뇨 1/2개
- 으깬 달걀 1개
- 다진 적양파 3T
- 고운 바다 소금 1/4t
- 후추 1/4t
- 식물성이나 일반 슈레디드 체더치즈 1/2컵 *모차렐라 치즈로 대체 가능
- 잘게 썬 신선한 고수 1/4컵
- 영양 효모 1T
- 다진 마늘 1쪽분
- 아몬드 가루 1T
- 카옌 페퍼 1/8t(선택)
- 간 터머릭 1/8t(선택)
- 엑스트라 버진 올리브 오일 스프레이

만드는 법

1 오븐을 204℃로 예열한다. 테두리 베이킹팬에 유산지를 깔고 올리브 오일을 넉넉히 뿌린다. 따로 빼둔다.

2 으깬 콜리플라워 봉지에 포크로 구멍을 몇 개 뚫는다. 전자레인지를 '강'으로 4분간 돌린다. 1분 정도 놔둔다. 봉지를 열고 깨끗한 면 키친타월에 콜리플라워를 올린다. 식힌다.

3 만질 수 있을 정도로 식었을 때 타월로 콜리플라워를 감싸고 꽉 짜서 남는 물기를 싱크대에 흘려보낸다.

4 할라페뇨는 씨를 제거하고 잘게 썬다.

5 콜리플라워를 믹싱볼에 옮겨 담는다. 달걀, 양파, 소금, 후추, 치즈, 고수, 영양 효모, 할라페뇨, 마늘, 아몬드 가루 그리고 카엔 페퍼와 터머릭을 넣는다. 반죽 같은 점도가 나올 때까지 손으로 잘 치댄다.

6 반죽 1/4컵으로 지름 8cm 정도의 둥근 패티 8개를 만든다. 준비해둔 베이킹 시트에 올리고 6mm 두께로 평평하게 편다.

7 올리브 오일을 넉넉히 뿌린다. 살짝 갈색으로 변하고 바삭해질 때까지 15분 정도 굽는다. 조심히 뒤집어서 반대쪽도 갈색이 될 때까지 8~10분 정도 더 굽는다.

✔ 영양 효모가 요즘 대세다. 비타민 B군을 비롯하여 엽산, 철, 셀레늄, 아연, 아미노산, 식이섬유가 풍부하기 때문이다. 면역을 개선하며 프로바이오틱 효과가 있고 소화를 촉진한다. 치즈와 비슷한 맛으로 치즈 대용으로 쓰기 좋고 단백질도 풍부하다. 영양 효모 두 숟갈에 단백질 9g이 들어 있다.

글루텐 프리 난

재료(6~8개)

- 글루텐 프리 중력분 2컵 *글루텐 프리 중력분은 빵 조직을 형성해주는 잔탄검 함유 제품을 구입
- 아몬드 가루 1/4컵
- 차전자피 가루 2t
- 베이킹 소다 1t
- 고운 바다 소금 3/4t
- 43℃로 데운 물 1컵
- 생꿀 1t
- 인스턴트 효모 1봉지(2¼t)
- 무첨가 요거트 1/4컵 *식물성 요거트로 대체 가능
- 사과 식초 1/2t
- 녹인 기 버터 1T
- 엑스트라 버진 올리브 오일 스프레이

만드는 법

1 주걱이 붙어 있는 반죽기 용기에 글루텐 프리 밀가루, 아몬드 가루, 차전자피 가루, 베이킹 소다, 소금을 넣는다. 반죽기를 약으로 작동해서 재료를 섞는다(커다란 믹싱볼과 핸드 믹서기를 사용해도 된다).

2 중간 크기 볼에 따뜻한 물과 꿀, 효모를 넣는다. 잘 저어서 섞은 뒤 거품이 나올 때까지 5~6분 그대로 둔다. 밀가루 믹스에 1의 효모 믹스와 요거트, 식초, 기 버터를 넣는다.

3 반죽기를 약으로 켰다가 중강으로 속도를 올려서 쿠키 반죽처럼 걸쭉해질 때까지 4분 정도 반죽한다. 오일 바른 주걱으로 반죽을 동그랗게 빚는다. 뚜껑을 닫고 35~40분 정도 부풀게 한다.

4 조리대에 커다란 납지wax paper를 깔고 그 위에 엑스트라 버진 올리브 오일 스프레이를 뿌린다. 반죽 1/3컵을 둥글게 빚는다. 반죽을 납지에 올리고 그 위에 기름을 먹인 다른 납지를 덮는다. 6mm 두께로 반죽을 편다.

5 달라붙지 않는 묵직한 팬(예를 들어 무쇠팬)을 중강불로 1~2분 예열한다. 물을 떨어뜨려서 끓는지 확인하고, 위쪽 납지를

걷은 반죽을 조심스럽게 손 위에 올린다.
바닥 종이도 떼어 내고 예열된 팬에 빠르
게 반죽을 올린다.

6 황금색이 될 때까지 3~4분 익힌다. 반죽
을 뒤집어서 2~3분 더 굽는다. 접시에 옮
겨 담고 녹은 기 버터를 솔로 발라준다.
포일로 살짝 덮어서 따뜻하게 유지한다.

7 남은 반죽도 같은 방법으로 굽고 납지는
매번 새것을 사용한다(난은 전자레인지에
데우면 다시 말랑해진다).

디저트

간단히 먹을 수 있는 디저트는 에너지를 빼앗지 않고 힘들었던 하루를 보상해준다. 내가 제일 좋아하는 디저트를 소개한다.

- 냉동 다크 초콜릿칩 12~16개
- 아몬드 버터 1T
- 냉동 베리 1컵과 스테비아를 믹서기에 갈아서 만든 상큼한 셔벗
- 아몬드 5개와 초콜릿칩 5개
- 퀘스트, 핏조이, 컴뱃 크런치, 골든 레이쇼 같은 초콜릿 단백질 바

짭짤한 주키니 브라우니

재료(16개)

- 엑스트라 버진 올리브 오일 스프레이
- 작은 주키니 2개
- 저설탕 초콜릿 베이킹 바 1개 (113g 카카오 60%)
- 무가당 코코아 가루 1T
- 아몬드 버터 1컵
- 간 아마씨 1T
- 꿀 1/3컵
- 으깬 달걀 1개
- 순수 바닐라 추출물 1t
- 베이킹 소다 1t
- 거친 바다 소금 1/2t

만드는 법

1 오븐을 177℃로 예열한다. 20×20cm 베이킹팬에 올리브 오일 스프레이를 뿌린다.

2 주키니는 채 썰고, 초콜릿은 녹여서 준비한다.

3 커다란 볼에 주키니, 녹인 초콜릿, 코코아 가루, 아몬드 버터, 아마씨, 꿀, 달걀, 바닐라, 베이킹 소다를 넣는다. 골고루 섞어준다. 준비해둔 팬에 반죽을 붓고 주걱으로 매끈하게 편다. 반죽 위에 소금을 뿌린다.

4 팬 가운데에 이쑤시개를 찔렀을 때 묻어 나오지 않을 때까지 35~40분 굽는다.

5 필요하면 소금을 더 뿌린다. 팬을 철망에 올리고 완전히 식힌 다음 브라우니를 16개로 자른다.

카놀리 파르페

재료(4인분)

- 식물성 리코타 치즈 1통(227g)
- 꿀 1T *생스테비아 2봉지로 대체 가능
- 순수 바닐라 추출물 1/2t
- 간 시나몬 1/8t
- 레몬 껍질 1t
- 식물성 우유 1T
- 구운 무염 파스타치오 1/4컵
- 라즈베리 16개
- 너무 달지 않은 미니 초콜릿 칩 1/4컵

만드는 법

1 중간 크기 볼에 리코타 치즈, 꿀, 바닐라, 시나몬, 레몬 껍질, 식물성 우유를 넣는다. 골고루 섞고 부드러워질 때까지 젓는다.

2 피스타치오는 굵게 썰어 준비한다.

3 믹스 절반을 작은 파르페 잔이나 다른 잔에 나눠 담는다. 각 잔에 라즈베리 4개와 초콜릿칩, 피스타치오를 조금씩 얹는다. 남은 리코타 믹스와 초콜릿칩, 피스타치오를 마저 올린다.

✔ 카놀리canooli는 작은 롤을 튀겨 크림으로 속을 채운 이탈리아식 과자이다.

✔ 파르페는 뚜껑을 닫고 4시간까지 냉장고에 보관할 수 있다.

차이 초콜릿 푸딩

재료(2인분)

- 전유 코코넛 밀크 1컵
- 치아시드 1/4컵
- 무가당 코코아 가루 1T
- 차이 향신료 믹스 3/4t
- 소금 1/8t
- 꿀 2t *생스테비아 2봉지로 대체 가능
- 순수 바닐라 추출물 1/4t

토핑 선택 사항

- 간 시나몬과 라즈베리

만드는 법

1 중간 크기 볼에 코코넛 밀크, 치아시드, 코코아 가루, 차이 향신료 믹스, 소금, 꿀, 바닐라를 넣고 섞는다. 작은 서빙 잔이나 볼 두 개에 나눠 담는다.

2 뚜껑을 닫고 최소 2시간에서 밤새 냉장고에 보관한다.

3 원한다면 간 시나몬을 뿌리고 라즈베리를 얹는다.

✔ 차이 향신료 믹스가 없으면 직접 만들 수 있다. 밀폐 용기나 뚜껑이 있는 유리병에 간 시나몬 3T와 간 카르다몸 1T, 간 생강 1T, 간 올스파이스allspice(자메이카 원산 향신료의 일종) 1½t, 정향 1½t, 간 육두구 1½t를 넣는다. 약간 매운 걸 선호하면 후추를 약간 추가해라. 실온에 보관한다.

10장

기 에너지에
집중하자

내면의 에너지에 집중하자

나는 어린 시절 아유르베다(산스크리트어로 '삶의 과학'이라는 뜻이다)에 둘러싸인 세상을 살면서도 기를 쓰고 피해 다녔다. 감기에 걸렸을 때 터머릭과 소금, 후추를 섞어 가글하는 모습을 들키고 싶지 않았고, 첫 출산 후에 어머니가 '강장제'라며 기 버터와 재거리 jaggery(비정제 설탕), 견과를 섞어줬을 때 구토했다. 정말 오랫동안 나는 이 전체론적 사고를 거부했다. 건강과 에너지를 개선하는 여정을 시작하기 전까지는 말이다.

처음으로 건강 계획을 시작하면서 간헐적 단식을 했고 올바른 음식만 먹었으며 운동도 최적으로 했다. 신체적으로는 정말 건강해졌다는 걸 느꼈다. 튼튼하고 날씬했고 장 건강도 최상이었다. 하지만 정신 건강 쪽은 어딘가 부족해 보였다. 기분과 스트레스 수준이 널뛰었고 당연히 에너지는 바닥이었다.

염증을 깊이 연구할수록 주부들의 근거 없는 민간요법에 불과하다고 생각했던 것들이 완전히 다르게 다가왔다. 고대 인도의 전체론적 의료 체계는 첫째, 대단히 영적이고 지적인 현자들이 몸과 영혼의 균형을 바로잡고 전반적인 건강을 개선하기 위해 구축했으며 사람들의 자비심을 일깨운다. 둘째, 지금까지 현대 과학이 이를 뒷받침해 왔다. 과거 세대가 잠재력을 최대한 발휘하며 완전한 삶을 살기 위해 만들어 낸 도구였고 오늘날 우리도 누구나 사용할 수 있다. 나는 온갖 연구 자료를 읽으면서 우리 에너지가 미토콘드리아나 호르몬에만 있는 게 아니라는 사실을 깨달았다. 에너지는 우리가 아직 이해하지 못한 다양한 신체적, 정신적 요소의 집합이다. 하지만 수천 년 동안 이 몸과 마음의 연결성을 직관적으로 이해한 결과가 우리 주위에 수없이 존재한다.

에너지의 연결성

오늘날 우리가 접하는 염증 관련 '최신' 과학은 대부분 3000년 전 아유르베다 과학에서 이미 정립됐다. 아유르베다에서는 모든 생명력의 균형을 중시했고 이 균형이 어그러지면… 어디 보자, 피로와 복부 팽창, 속 쓰림, 관절 통증, 불안 같은 염증 증상이 나타난다. 이렇게 동양 철학에서 강조하는 몸과 마음의 연결성은 문화적인 시대 정신 측면에서 유명해졌지만 지금도 서양 의료계에서는 완전히 놓치는 요소이 기도 하다. 동양 문화권에서는 우리 에너지가 몸 안팎을 흐르는 우주 에너지의 일부라는 개념이 수천 년간 인기를 끌었다. 힌두교의 프라나 prana나 중국의 기chi를 예로 들어보자. 명칭이 무엇이든 이 에너지는 선한 생각이나 행동(서양식 사고방식에 따르면 물리적으로 제한할 수 없는 행위)으로 증가한다는 믿음이 오랜 세월 건재했다. 그리고 이 '내면의 에너지'에 접근하면 전반적인 에너지와 건강을 개선할 수 있다고 믿었다.

나는 현대 서양식 교육을 받은 의사로서 아유르베다 현자가 되겠다는 건 아니지만, 아유르베다와 현대 의학이 둘 다 인정하는 몇 가지 원칙을 적용하고 다양한 측면에서 건강에 접근하고 싶다. 지난 장에서 음식과 식이 패턴을 통해 에너지를 개선하는 법을 강조했지만, 이번 장에서는 전통적인 서양식 사고방식을 벗어나 에너지를 높이는 방법을 공유하려 한다. 우리는 삶이 다른 사람뿐만 아니라 물리적인 세계와 어떻게 연결되는지 이해해야 한다. 우리 건강은 신체 내부 못지않게 환경이나 공동체 같은 외부 요소에서도 큰 영향을 받는다.

이제 그 간극을 메우고 현재에 단단히 발을 디디며, 스트레스를 줄이고 전반적인 웰빙을 실감할 방법을 소개한다. 이 방법을 WTF 계획과 함께 일상에 적용하면 곧 의문이 들 것이다. '어쩌다 이렇게 행복해졌지?'

아유르베다에서 배운 게 하나 있다면 몸과 마음을 연결하기 위해 하루도 빠짐없이 노력해야 한다는 것이다. 건강해지려면 몸뿐만 아니라 정신과 영혼도 온전해야 한다. 다행히 최근 과학 연구에서 정신이 건강에 영향을 미친다는 증거가 속속들이 드러나고 있다. '미신'에 불과하다고 생각했던 개념이 주류에 편입되도록 과학이 도와주는 셈이다.

너무 많은 개념을 다루진 않겠지만, 수많은 연구를 통해 대뇌 피질과 부신을 연결하는 신경이 스트레스에 대한 투쟁 도피 반응을 일으킨다는 사실이 드러났다. 스트레스와 우울 같은 정신적 상태가 신체적 질환으로 이어지는 직접적인 연결고리가 존재한다.[121] 또한 뇌와 장도 직접적으로 연결된다. 과학자들은 장 신경계ENS, enteric nervous system를 발견하고 '두 번째 뇌'라고 이름 붙였다. 장 신경계는 위장관 내벽에 두 겹으로 형성된 얇은 층으로 1억 개 이상의 신경 세포로 구성되며, 생각하는 능력은 없지만 뇌와 신호를 주고받는다. 불안증과 우울증 환자 가운데 다수가 과민 대장 증후군과 위장 문제에 시달리는 이유가 바로 이것이다.[122]

요약하면 우리의 화학 물질과 생명 작용은 기분과 생각, 감정에 영향을 주며 이 모든 요인이 스트레스와 에너지 수준, 전반적인 건강에 중요한 역할을 한다. 사람들 앞에서 말하거나 사랑하는 사람과 대화가 잘 안 풀려서 불안할 때 속이 불편해진 적 있는가? 그 이유는 마음과 몸이 연결되어 있기 때문이다. 우리는 마음과 몸을 연결하고 균형을 찾아야 하며, 이 균형을 매일 연습하지 않으면 어그러진다(하루를 헤쳐나가기 위해 필요한 에너지도 마찬가지다). 게다가 에너지 균형을 바로잡아야 기운차게 하루하루를 즐기며 평생 살아갈 수 있다.

이 균형을 지키기 위해 해야 할 일을 알아보자.

2

에너지를
공짜로 뿌리지 마라

이건 21세기의 고질적인 병폐다. 정신없이 돌아가는 환경에서는 에너지를 '너무', '쉽게' 소모하는 경향이 있다. 우리는 저녁을 차리려고 마트에 서둘러 가느라, 심지어 운동하느라 에너지를 다 써버린다.

하지만 무엇보다, 우리가 별로 신경 쓰지 않고 매일 일어나는 사건이 조용히 에너지원을 말린다는 사실에 주목했으면 한다. 돈 문제로 고민하고 시험을 걱정하고, 아침에 무슨 옷을 입을지 너무 오래 생각할 때도 마찬가지다. 에너지를 은행에 저금한 돈이라고 생각하길 바란다. 에너지를 쓸 때마다 은행에서 돈을 빼 쓰는 것이나 다름없으며 저금하지 않고 계속 꺼내 쓰면 은행 잔고는 빠르게 고갈된다. 우리 몸은 피로감으로 '자금이 부족하다'는 신호를 보낸다. 돈을 허공에 날리기는 싫지 않은가? 우리는 에너지가 필요할 때마다 이자를 청구해야 한다. 누구를 떠올리든 무슨 생각을 하든, 뭔가에 집중할 때마다 에너지가 소모된다. 그 사람이나 생각이 부정적이면 은행 계좌는 줄줄 샐 것이다. 귀중한 감정 에너지를 다 써 버리면 정말 필요할 때 꺼내 쓸 수 없다.

이런 고민을 하는 사람은 한둘이 아니다. 2015년, 183개국의 18,000명을 대상으로 한 연구에서 68%가 간절히 더 쉬고 싶어 하는 것으로 나타났다. 의사들은 반 이상이 어떤 형태로든 번아웃으로 시달린다. 모든 이가 에너지를 모조리 소모하면서 고통을 느낀다. 좀 더 현명하게 아끼고 중요한 곳에 사용해야 한다.

나는 처음으로 에너지를 아끼고 보호할 대상으로 인식하고, 비축된 에너지를 스스로 통제할 수 있다는 걸 깨달았을 때 두 가지 목록을 작성했다. '유입'(내게 기쁨을 주고 나를 채워주는 것)과 '유출'(하기 싫고 에너지를 고갈하는 것) 목록이었다. 내게 에너지를 가져다주는 '유입' 목록에는 친구와 가족들과 함께하는 시간, 자연에 나가고 요가를 하는 것 등이 들어갔다.

그렇다면 유출되는 건? 일단 목록의 1순위는 쇼핑이었다. 나는 쇼핑을 싫어한다. 일하러 갈 때는 똑같은 옷 다섯 벌을 돌려 입는다. 정말이지 전혀 신경 쓰고 싶지 않았다. 그래서 쇼핑을 좋아하는 남편에게 맡기거나 필요한 건 온라인으로 구매해서 시간을 최소화한다. 고백하는데 요리도 안 좋아한다. 나 자신과 가족이 먹을 건강한 음식을 만드는 건 싫어하지 않지만, 주방에서 땀 흘려 일하는 건 사양이다. 예전에는 여자로서 요리를 좋아해야 한다고 생각했지만 요리하는 걸 생각만 해도 에너지가 빠져나갔다. 나와 비슷한 사람도 있을 것 같아서 이 책에는 쉬운 레시피를 담았다.

마지막으로 '유출' 목록에서 중요한 건 해로운 사람들이다. 예전에는 함께 있으면 피곤해지는 친구나 가족, 동료와 교류하는 게 의무라고 생각했다. 그저 부정적인 사람이든 정말 끔찍한 인간이든, 나는 최대한 그들과 섞이지 않는 편을 택했다. 일상에 존재하는 '유입'과 '유출' 목록을 작성하고 나자 곧 커다란 변화가 생겼다. 사소한 문제 때문에 일희일비하지 않았고, 덜 예민하고 더 여유로워졌다.

따라 해라. 애쓸 가치가 없는 사소한 일로 에너지를 소모하지 말자('별것 아닌 일에 땀 빼지 마라'라는 말도 있다). 에너지가 어디에서 빠져나가는지 유심히 관찰하고 단호하게 틀어막아라.

나도 모르는 에너지 '인출'은 네 가지 형태로 나타난다.

- 부정적인 사람들과 교류할 때
- 부정적인 생각을 할 때
- 해로운 음식을 먹을 때
- 끊임없이 의사 결정을 할 때

에너지 도둑: 부정적인 사람

누구나 살면서 에너지를 쭉쭉 빠져나가게 하는 타인이 한 명은 존재한다. 고등학교 동창이나 괴짜 삼촌일 수도 있다. 불평만 하고 뭐든 맘에 안 든다는 동료일 수도 있다. 이런 사람들은 늘 자기 문제를 얘기하고 고민거리를 당신에게 버리고, 당신이 감정이나 스트레스를 터뜨릴 기회는 주지 않는다.

그들의 부정적인 기운은 다른 사람들의 에너지를 빼앗고 피곤과 스트레스, 혼란을 남긴다. 지인과 동료, 가족 중에서 누가 당신의 에너지를 바닥내는지 꼽아보자. 그런 사람들과는 교류를 제한해라. 일로 연결된 동료와는 비교적 쉽게 담을 쌓을 수 있겠지만 가족 중에 불평쟁이가 있다면 어떻게 해야 할까? 가족을 피하기 힘들다는 건 알지만, 교류하는 시간을 줄이거나 방식을 바꿔보자. 부정적인 사람에게 에너지를 많이 투자하지 마라.

누가 에너지를 가져다주는지도 생각해보자. 반려자? 자녀? 친한 친구? 반려견? 그런 사람과 동물을 주변에 둬라. 이런 존재야말로 긍정적인 에너지를 주는 진정한 에너지원이다. 그들은 당신에게 유익하고, 당신은 그들에게 유익하다.

에너지 도둑: 부정적인 생각

SNS가 인기를 끌면서 과거 어느 때보다 많은 뉴스(대부분 부정적인 뉴스)가 사회에 쏟아지고 있다. 페이스북과 인스타그램, 트위터 같은 수많은 SNS 플랫폼은 새로운 교류의 장을 열었다. 이런 SNS 플랫폼은 원래 공동체 의식을 키우기 위해 생겨났지만, 부정적이고 동족을 중시하고 우월의식이 판치는 환경을 조성할 수 있다. 모두 조심하지 않으면 뿌리 깊은 불안이 생겨날 것이다.

계속 가상의 세계에 발을 담그고 있으면 현실보다 더 에너지 소모가 커진다. 부정적인 사람과 생각, 뉴스를 접하면서 귀한 감정 에너지를 소모하고 힘이 다 빠져 버리지는 않았는가? 자기 계발 분야 베스트셀러 저자인 팀 페리스를 참고해라. 그는 SNS '단식'을 통해 더 행복하고 덜 예민해졌다고 한다. 그는 최소한 일주일에 한 번은 SNS를 끊고 토요일마다 전자기기 화면 없이 지낸다.[123] 나는 TV도 단식하길 추천한다. TV에서 흘러나오는 부정적인 것들(케이블 뉴스)을 아무 생각 없이 보던 습관을 일주일에 몇 번씩 끊어보자. 해로운 거품은 최대한 걷어내라. 아름다운 세상이 존재한다.

매일 잠깐이라도 마음의 소리를 들어라

몇 시간씩 명상이나 요가를 하지 않더라도(그래도 나는 요가를 사랑한다) 하루에 5분만 내면 된다. 그저 매일 두 번, 2분 정도 깊이 호흡해라. 무엇을 하고 있었든 잠깐 멈추고 천천히 심호흡하면서 그 순간의 느낌에 뿌리를 내린다고 생각해라. 당신의 몸을 느끼고, 몸이 하는 말을 무시하지 말고 귀 기울여보자. 속도를 늦추면서 고르게 호흡해라. 이렇게 하루두 번 이상(최소한 한 번은 자연에서 하면 좋다) 실천하면 몸과 마음은 한층 순조롭게 연결될 것이다. 염증을 일으키는 사이토카인이 줄어들고 진정 효과가 있는 화학 물질이 혈류에 분비된다는 뜻이다!

에너지 도둑: 음식

앞서 에너지를 빼앗아 가는 음식을 살펴봤지만 다시 한번 들여다보면서 우리가 귀한 에너지를 어떻게 낭비하는지, 그 에너지를 보존해서 은행 잔고를 두둑하게 유지하려면 어떤 선택을 해야할까.

점심을 포장하거나 식당에서 저녁을 먹을 때를 떠올려보자. 알다시피 대부분의 식당이 조리에 사용하는 오메가-6오일(옥수수나 식물 오일)은 우리 몸에 염증을 일으킨다. 그 쓰레기를 청소하고 망가진 장을 고치려면 면역 에너지가 크게 소모된다. 당과 독소는 물론 (언급하기는 싫지만) 커피도 에너지를 빼앗아 갈 수 있다. 커피를 마시면 저도 모르게 에너지를 은행에서 '빌려' 온다. 빌린 건 갚아야 할 테고, 오후에 잠이 쏟아져서 회의실 소파에 몰래 숨어들지도 모른다.

출장을 가야 하는 사람들에게는 특히 중요한 개념이다. 환자들을 진료하다 보면, 직업상 출장을 가야 하는데 무슨 짓을 해도 피곤하다는 말을 꾸준히 듣는다. 사실이다. 여행은 몸에 큰 부담을 준다. 극도로 건조한 기내 공기에 시달리고 미식축구 경기장만 한 공항에서 여행 가방을 끌고 다니고, 새로운 장소에 적응하는 등 엄청난 에너지를 가져가는 일이다. 컨설팅 업무로 출장을 자주 다니는 트리샤는 전 세계의 시간대를 넘나들다 보니 단식 일정을 지키기가 힘들다고 했다.

게다가 기내 음식은 진을 온통 빼놓는다(델타 항공의 그 짜디짠 마살라라니. 델타에 유감은 없지만). 나는 트리샤에게 비행 중에는 단식하고, 갑자기 허기질 때를 대비해서 생견과 같은 신선한 간식을 가져가라고 했다. 그러면 착륙했을 때 새 시간대에 적응하기 쉽다.

에너지 도둑: 결정 피로

낮에는 모든 걸 현명하게 선택한 듯한데, 일단 집에 오면 그 모든 계획을 외면하고 소파에 널브러진 채 마트에서 산 과자 봉지를 비우며 〈프렌즈〉 시리즈를 보는가? 피곤할 때는 이렇게 자동 조종 모드가 되기 쉽다. 익숙한 기본 사고 패턴으로 돌아가는 것이다. 우리는 피곤하면 편안한 것, 즉 위안 음식을 찾는다.

인생의 모든 측면에 정신적 피로가 존재한다. 2011년 연구에서는 이스라엘에서 가석방 공판을 주재하는 판사들이 하루를 시작할 때와 판결 직전에 점심을 먹는 등 휴식을 취했을 때 판결이 더 관대해진다는 사실을 밝혔다. 호의적으로 판결할 확률은 '하루를 시작할 때 절정을 찍었다가 시간이 지나면서 65%에서 거의 0%로 줄어들고, 식사하거나 간식을 먹으면서 쉬고 난 뒤 다시 65%를 찍는다'[124]라고 한다. 한마디로 판사들은 너무 피곤했고, 배고프고 피로해지는 한낮 이후에는 판단력이 무뎌졌다는 뜻이다.

우리 상황은 한결 낫다. 깊이 고민해야 하는 복잡한 의사 결정 과정도 있지만 늘 이렇게 사고하지는 않는다. 이런 사고력은 그날 일찍 소진하면 되찾기 힘들다. 우리는 매일 수십 가지 결정을 내린다. 아니, 코넬 대학에서 진행한 연구에 따르면 매일 음식을 고르는 데만 226가지 결정을 내린다고 한다. 매일 의식적으로 35,000가지를 결정한다는 연구 결과도 있다.[125] 하루 중 1/3을 잔다는 걸 고려하면 한 시간에 2,000가지를 결정하는 셈이다. 대단하지 않은가!

입을 옷을 고르는 일상적인 고민부터 심각한 업무 판단까지 다양한 결정이 여기 포함된다. 중요한 결정을 해야 할 때 복잡하게 생각할 수 있도록 에너지를 비축해야 한다. 무슨 옷을 입을지, 그 옷을 사람들이 어떻게 생각할지 신경 쓰지 말고 에너지를 아꼈다가 발표 대본을 쓸 때 사용해라. 앞으로 나아가게 해줄 중요한 결정에 에너지를 쏟아야 한다. 그런 결정은 에너지 은행의 잔고가 차오르고 가장 비판적으로 생각할 수 있는 아침으로 몰아두자.

3

에너지 은행에 저금해라

에너지를 최적화하려면 부정적인 생각이나 아침 메뉴 고민 같은 부분에 최소화, 자동화하고 당장 해결해야 하는 크고 중요한 일에 최대한 쏟아야 한다. 앞서 먹는 시간이 중요하다고 했는데, 의사 결정 과정에도 타이밍이 중요하다.

에너지 최적화하기

1. 당신에게 에너지를 주는 사람들과 더 많이 교류하고 함께해라.
2. 매일 시간을 내서 에너지를 채워라. 운동이나 독서, 요리, 무엇이든 재충전할 수 있는 활동은 다 좋다. 선택이 아닌 필수다!

3. 목록을 정리해라. 당신의 에너지를 빼앗는 일과 사람, 에너지를 주는 일과 사람을 다섯 가지씩 뽑아보자. 그다음 에너지가 쓰이는 곳을 통제해라. 기운 빠지게 하는 사람은 상대하지 마라. 연휴에는 이런 원칙을 지키기 힘들지만 아예 상대하지 않거나 적어도 시간을 최소화해서 자신을 보호하자.

올바른 음식과 올바른 운동

계속 올바른 음식을 먹으면 훌륭한 에너지원이 생긴다. 운동, 올바른 수면 패턴과 시간대를 맞추면 상당히 건전한 투자라고 할 수 있다. 요가를 하는 사람들에게 요가와 명상이 마음과 몸을 단단하게 연결해주고, 이런 수련을 일상화하면 삶이 바뀐다는 사실은 말할 필요도 없을 것이다. 여러 연구에 따르면 요가 자세와 호흡은 미주 신경의 이완 반응을 깨우며 감마-아미노뷰티르산GABA, gamma-aminobutyric acid(뇌에서 분비되는 신경 전달 물질로 휴식과 스트레스 완화를 돕는다)을 활성화한다. 한 연구에서는 12주간 산책한 사람들과 일주일에 세 번 한 시간씩 요가를 한 사람들을 추적 관찰했다. 연구가 끝날 무렵 요가 그룹은 GABA 수치가 더 높고 기분이 개선됐으며 불안이 감소했다.[126] 요가를 하면 기분이 좋아지고 머리가 맑아지며 집중력이 강해진다. 날 믿어도 좋다.

심상과 마음챙김 훈련 가이드

───

심상 훈련을 통해 체중 감소, 에너지 증가 같은 건강 효과를 낼수 있다는 연구 결과가 많다. 다이어트하는 사람들을 대상으로 한 최근 연구에서 심상 가이드를 활용한 그룹은 대화 치료만 한 그룹에 비해 평균 5배 정도 살을 더 뺐다는 결과가 나왔다. 살을 뺐을 때의 기분과 소리, 냄새, 모습을 상상하면 체중 감량에 도움이 되는 것으로 보인다.[127] 스트레스를 줄이고 에너지를 되찾고 싶을 때 마음을 가라앉힐 수 있는 훌륭한 기술이다. 온라인에는 안내 대본과 영상을 제공하는 웹사이트가 정말 많다. 그리고 검색할 때 마음챙김 관련 웹사이트와 팟캐스트도 확인해라. 마음챙김 훈련은 현재를 있는 그대로받아들이고 스트레스를 낮추며 에너지를 다시 채우는 효과가 있다.

가벼운 사우나

───

8장에서 사우나의 장점을 간단히 언급했지만 에너지 은행을 보충하기 좋은 방법이라 다시 한번 다루려 한다. 사우나와 공중목욕탕은다양한 문화권에서 수천 년 동안 정화와 치유 수단으로 활용됐다. 사우나에서 열에 노출되면 가벼운 고열증hyperthermia(중심 체온이 올라가는현상)을 일으킨다. 그 결과 신경 내분비, 심혈관, 세포 보호 기전에 체온 조절 반응을 유발하면서 항상성을 복원하고 미래의 열 스트레스 인자에 대비한다.[128] 무슨 소리냐고? 정말 유익하다는 뜻이다! 사우나에서 도저히 버티기 힘들면 핫 요가(열 관련 효과를 얻기에 내가 제일 좋아하는 방법이다)나 중심 체온을 올릴 다른 운동을 찾아보자.

지난 몇 년 동안 사우나는 뜨거운 관심의 대상이었다. 여러 연구에 따르면 단시간 열기에 폭발적으로 노출되면 전반적 건강이 개선된다고 한다. 특히 한 연구에서 동부 핀란드의 중년 남성 2,300명을 추적 관찰한 결과 사우나 사용과 사망, 질병 감소에 밀접한 연관이 있다는 사실이 드러났다.[129]

또 다른 연구에서는 사우나와 유산소 운동을 결합하면 추가로 건강 효과를 얻을 수 있다고 밝혔다. 격렬한 유산소 운동이나 '잦은 사우나 자체가 심혈관 관련 사망률을 낮추는 효과가 있지만', 유산소 운동과 잦은 사우나를 병행하면 더 좋다고 한다.[130]

이 통계를 한번 살펴보자. 몇 가지 연구에 따르면 자주 사우나를 하면 치명적인 심장병 위험이 50% 감소하고, 뇌졸중 위험은 51%, 고혈압 위험은 46% 감소한다.[131] 사우나를 한 번만 해도 혈압이 낮아지고 심박수 변동이 개선되며 동맥 유연성이 향상된다.[132] 아직도 확신이 안 가는가? 사우나를 자주 하면 사망률이 40% 감소하고 알츠하이머 위험이 60% 감소하는 것으로 나타났다.[133]

언제나 정답은 자연

아유르베다의 본질은 자기 자신은 물론이고 자연과도 완벽한 조화를 이루며 살아가는 것이다. 매일 아침 몇 분 정도 햇빛을 보든 잠깐 걷든, 출근길에 차창을 내리든 짧게라도 자연을 접해라. 1989년 일리노이 대학에서 진행된 연구에 따르면 단순히 자연에 발을 들이기만 해도 신체와 정신 에너지를 회복할 수 있다. 자연에 노출되면 세로토닌과 멜라토닌 수치가 상승하고 생산성이 개선된다는 걸 기억해라.[134]

나만의 공간을 만들어라

생각해보면 집은 오롯이 쉴 수 있는 당신만의 성이다. 불편한 신발을 벗고 편안한 옷으로 갈아입는 곳이다. 하루를 잊어버리고 사랑하는 사람과 함께하는 곳이기도 하다. 요즘처럼 스트레스 수준이 높은 시대에는 이런 안식처가 특히 중요하다. 하지만 놀랍게도 우리 주위를 둘러싼 사소한 것들이 안식을 방해한다. 집에 좋은 에너지를 불어넣을 방법을 알아보자.

- 조명: 앞서 인공조명과 청색광을 언급했는데, 가로등이나 이웃집에서 흘러나오는 빛에 관해 생각해봤는가? 알람 시계가 내뿜는(새벽 세 시에 당신을 거슬리게 하는) 밝은 숫자는? 주변을 둘러싼 조명을 기억하고 낮에는 최대한 자연광이 들어오게 해라. 밤

에는 편히 잘 수 있도록 암막 커튼이나 블라인드를 사용해라.

- **진정 효과가 있는 향, 소리, 장식품을 선택해라:** 라벤더가 떠오르는가? 여러 연구에서 라벤더뿐만 아니라 잔잔한 소리에도 진정 효과가 있다는 사실을 밝혔다. 집중력을 높이려고 배경에 재즈나 클래식, 차분한 전자 음악을 트는 사람들도 있다. 새 가구를 살 계획이라면 차분하고 진정되는 색을 고르고 날카로운 각도는 피해라. 예리한 각은 무의식적인 공포와 연관된 뇌 부위를 활성화한다고 한다.[135] 날카로운 칼이나 험한 지형을 봤을 때처럼 위험하니까 조심하라고 뇌가 보내는 메시지일 것이다.[136] 그리고 초록 식물을 많이 사용해서 집을 꾸며라. WTF 계획은 식물성 식단을 기반으로 하지만 나는 불안을 줄이고 공기를 정화하는 진짜 식물에도 관심이 많다.

- **잡동사니를 치워라:** 곤도 마리에[Marie Kondo](일본의 정리 전문가로 베스트셀러《인생이 빛나는 정리의 마법[The Life Changing Magic of Tyding Up]》의 저자-옮긴이)가 잡동사니를 치우라고 한 데는 다 이유가 있다. 다들 바쁘다는 건 나도 안다. 벽장을 치울 시간이 어디 있겠는가? 하지만 최근 연구에서 어지러운 집은 스트레스, 불안과 연관 있다는 사실이 드러났다.[137] 그러니 당신의 공간을 최대한 깨끗하고 깔끔하게 유지해라. 윌리엄 H. 맥레이븐[William H. McRaven] 장군이 베스트셀러 저서에서 말했듯이 '침대부터 정리해라.' 매일.[138] 간단하지만 체계가 생기고 생산성이 향상되며, 하루를 헤쳐 나갈 힘이 생길 것이다.

아유르베다 작가 슈브라 크리샨^{Shubhra Krishan}은 간단명료하게 핵심을 짚었다. '아유르베다에서 건강을 얻는 법은 두 단계로 요약된다. 1. 덜 하고 2. 더 충실해지는 것이다.'[139] 이번 장은 이 말로 요약된다. 아니, 이 책 전체를 요약할 수 있다. 영적, 정신적, 육체적 건강을 위해 할 수 있는 건 다 해라. 의미 없고 하찮은 일에 에너지를 낭비하지 마라. 그럴 기운을 아껴서 당신에게 의미 있는 시간과 당신이 아끼는 사람에게 쏟아라. 이런 실천 단계를 거쳐 에너지가 채워지고 삶이 변화했으면 한다. 무엇보다 마음의 평안과 행복이 함께하길 바란다.

에너지 넘치는
삶을 살기 바라며

코로나19로 인한 팬데믹 동안 우리를 휩쓸었던 공포와 슬픈 사연, 의학적 기적과 비극, 정치적 싸움 외에도 나는 개인적으로 영혼이 뒤흔들리는 순간을 겪었고, 그만큼 이 책의 중요성이 커졌다.

먼 곳에서 내 아이의 비명이 들렸다. 꿈에도 듣고 싶지 않은 소리였다. 뼛속까지 오싹해지며 신경을 긁는 소리가 들리기 직전, 가족들과 나는 자전거를 타고 빠르게 내려오고 있었다. 우리 오른쪽에는 내로스(유타주 자이언 국립 공원의 자이언 캐니언에서 가장 좁은 구역)가 길게 펼쳐졌다. 일몰 무렵이라 산장에 돌아가려고 최대한 빠르게 언덕을 내려오던 길이었다. 그날 산책로와 강, 폭포를 돌아다니며 온갖 활동을 하느라 아직 젖은 상태였다.

우리는 내로스에서 가져온 하이킹 배낭을 메고 있었지만, 오두막까지 최소한 40분은 가야 하고 점점 어두워지고 있어서 길을 서둘렀다. 남편은 밤에 자동차와 달리면 위험하니까 빨리 가자고 했다. 우리가 자전거에 올랐을 때 내로스를 빠져나가는 차가 많았다. 당시 10살이었던 내 딸은 우리 앞에서 속도를 냈고, 딸 앞에서 가던 아들은 더 빨랐다. 나는 딸 뒤에서, 남편은 맨 뒤에서 달렸다. 재앙이 닥치기 전까지는 즐거웠다.

도로 오른쪽에 붙으려고 노력하던 딸은 배수로에 빠졌다. 중심을 잃고 비명을 지르는 소리가 들렸다. 자전거가 오른쪽으로 틀어지면서 인도를 덮쳤고 딸의 몸이 날아가서 땅에 떨어졌다. 딸이 도롯가에 쓰러져 있는 동안 차들이 빠르게 지나갔다. 뒤에서 바짝 따라가던 나는 재빨리 브레이크를 밟았지만 딸 뒤를 살짝 들이받았다. 하지만 훨씬 빨리 가던 남편은 자전거를 멈추지 못하고 내 자전거와 충돌했다. 남편은 덤불에, 나는 도로에 넘어졌다.

나는 빠르게 일어나서 피와 먼지를 뒤집어쓴 채 딸에게 뛰어갔다. 딸은 엉엉 울면서 손으로 한쪽 팔을 잡고 있었다. 팔이 축 처지고 다리도 다친 상태였다. 딸을 안으면서 괜찮냐고 물었지만 괜찮지 않은 모양이었다. 딸의 손이 떨리는 걸 보고 직감적으로 뭔가 잘못됐다는 느낌이 들었다. 손으로 붙들고 있는 팔이 흐느적거리는 걸 봐서 팔목과 완전히 어긋난 것 같았다.

딸의 볼도 길게 베여 있었다. 혹시 머리를 부딪쳤냐고 물어봤더니 그렇다는 대답이 돌아왔다. 어느 방향을 다쳤는지, 다른 데는 아프지 않은지도 확인했다. 우리는 꺼림칙한 마음으로 다시 자전거를 타고 안전한 곳을 찾아갔다. 딸은 한 손으로 자전거를 탔고 다른 팔은 축 늘어진 상태였다. 하지만 얼마 가지 못하고 길가에 멈춰 섰다. 그때 911을 불러야겠다는 생각이 들었다.

딸이 다시 발작하듯 울었지만, 이번에는 아들이 보이지 않았기 때문이었다. 하지만 곧 눈물을 흘리며 우리 뒤를 따라오는 모습이 보였다. 우리보다 앞서가는 바람에 사고가 났는지 몰랐다고 했다. 아들의 휴대폰이 꺼져서 연락할 방법이 없었다. 차들이 지나가는 걸 보며 길가에서 울면서 우리가 차에 치인 건 아닌지 걱정했다고 한다. 우리가 안 보이니까 찾으려고 돌아왔던 것이다.

아들은 상황 설명을 듣고 딸을 부축했다. 남매는 안도하며 서로 끌어안았다. 코로나19 기간에 처음 갔던 1박 여행은 113km 떨어진 응급실행으로 바뀌었다. 다행히 부러진 곳은 팔뿐이었지만 심하게 틀어지는 바람에 마취해서 손으로 맞춰야 했다. 다른 곳은 멍이 전부였고 드레싱으로 치료했다.

코로나19는 우리에게 많은 것을 가르쳤다. 이 사고로 팬데믹이 더 암울해졌고, 삶이 망가지기 쉽다는 걸 절실히 느꼈다. 모든 가족이 코로나19로 고통스러워했고 우리도 예외는 아니었다. 남편과 내가 의료계에 종사했지만 놀랍게도 우리 가족은 한 명도 코로나19에 걸리지 않았다. 하지만 이 시기에 의사로서 희생을 치러야 했고, 친구와 친척들이 바이러스에 감염되어 고생하는 걸 지켜보면서 얼마나 지치고 가슴

아팠는지 모른다.

이렇게 목숨이 위험했던 사고를 겪고 코로나19로 친구와 가족들이 영향을 받으면서, 나는 이 2년과는 다른 방식으로 건강과 삶에 집중해야겠다는 깨달음을 얻었다. 내가 팬데믹 이후 다른 사람이 된 것처럼 당신도 그럴 거라고 믿는다.

이 책에서 제시하는 원칙은 처음 썼을 때보다 지금 훨씬 더 절실하게 다가온다. 다른 건 통제하지 못해도 내 건강과 정신은 통제할 수 있다. 위기가 닥쳐야 비로소 배우는 일이 없도록 학교에서 이런 원칙을 배워야 한다.

넘치는 에너지와 확실한 동기를 느끼며 살아가려면 장과 뇌의 연결성을 이해해야 한다는 사실을 모두에게 가르쳐야 한다. 그 에너지는 마이크로바이옴과 면역계, 호르몬을 연결하는 에너지 3요소에서 온다는 사실을 이해해야 한다. 머리에는 올바른 정보를, 장에는 올바른 음식을 주입해야 이 3요소가 균형을 이룬다는 걸 알아야 한다. 우리 뇌에 휴식이 필요하듯 장도 쉬어야 한다는 사실을 깨달아야 한다. 생체 리듬 단식을 몸에 좋은 자연식품과 결합하면 경이로운 변화를 일으킬 수 있다. 일주일에 몇 번, 짧게라도 시도해보자.

이 책 초반에 언급했던 교통사고처럼 내 딸의 자전거 사고는 하루를 생체 리듬과, 한 달을 월경 주기와 동기화해야 한다는 사실을 다시 일깨워줬다. 아침이 되어 해가 뜨면 가장 중요한 일을 하고 공복 운동을 해야 한다. 밤이 되면 불을 끄고 음식 섭취량을 줄여야 한다. 나는 이 책에서 에너지를 관리하는 방법을 여러 번 설명했다. 하지만 내 마음가짐 역시 한 단계 발전했다. 언제든 나나 내가 사랑하는 사람의 마지막 순간이 찾아올 수 있다는 사실을 절실히 깨달았기 때문이다.

이런 절박함을 다들 공감하길 바란다. 당신의 옆을 지켰던 스승과 친구, 가족에게 지금 사랑하고 감사한다고 말하거나 되도록 빨리 그들이 기뻐할 만한 일을 해주자. 세상에 당신의 흔적을 남기고, 가장 좋은 사람들에게 시간과 에너지를 쏟고 그들을 칭찬해라. 나는 그럴 생각이다. 나에게 부정적인 에너지를 주고 기를 빼앗는 사람들은 예전보다 더 멀리할 것이다. 모두에게 신경 쓰기엔 인생이 너무 짧다. 가장 신경 써야 할 사람과 자기 자신에 집중해야 한다.

웅크려 있기에도 인생은 짧다. 자리를 차지하고, 행동하고, 말하고, 실패할 만한 일에 도전해라. 누군가 내게 야단스럽다고 하거나 짜증 난다, 불편하다, 악착같다, 대담하다, 심지어 나쁜×이라고 해도 신경 쓰고 싶지 않다. 나는 에너지를 얻고 재충전하고 싶다. 오랫동안 건강하게 후회 없이 살고 싶다.

이 책과 책 속의 메시지를 여러분과 나누게 되어 정말 행복하다. 이 책을 읽은 당신이 경이로운 성과를 올리고, 최고의 자신을 느끼고, 오랫동안 건강하게 '에너지 넘치는 삶'을 살아가길 기원한다.

호르몬 및 혈액 정밀 검사 목록

☐ 일반 혈액 검사complete blood cell count: 백혈구 포함

☐ 헤모글로빈 검사: 혈중 헤모글로빈 수치 점검

☐ 적혈구 용적률hematocrit 검사: 혈소판 수치 점검

☐ 종합 갑상샘 기능 검사: 갑상샘 자극 호르몬과 유리 티록신 등 갑상샘 기능 점검

☐ 종합 지질 검사complete lipid panel: 콜레스테롤, 중성 지방, 저밀도 지단백, 고밀도
　　지단백, 초저밀도 지단백, 저밀도 지단백 입자 크기, 아포 지단백A, 아포 지단백
　　B, 아포 지단백A와 아포 지단백B 비율 측정

☐ 부신 검사adrenal panel: 코르티솔 수치 및 DHEA, DHEA-S 측정

☐ 종합 대사 검사complete metabolic panel

☐ 종합 간 기능 검사

☐ 포도당 및 인슐린 수치 검사

☐ 고감도 CRP 검사: 염증 표지자로 활용되는 C-반응성 단백질 수치 측정

☐ 신장 기능 검사: 혈액 요소 질소BUN, blood urea nitrogen 및 크레아티닌 포함

☐ 비타민 D3 수치 검사

☐ 아연 및 페리틴ferritin 수치 검사

☐ 칼슘 수치 검사

☐ 비만이라면 렙틴과 인슐린 유사 성장 인자 1 검사 추천

서문

1 Scott Hensley, "Annals of the Obvious: Women Way More Tired than Men," NPR, April 12, 2013, www.npr.org/sections/health-shots/2013/04/11/176936210/annals-of-the-obvious-women-way-more-tired-than-men.

2 "QuickStats: Percentage of Adults Who Often Felt Very Tired or Exhausted in the Past 3 Months, by Sex and Age Group-National Health Interview Survey, United States, 2010-2011," Morbidity and Mortality Weekly Report 62, no. 14 (April 12, 2013): 275, Centers for Disease Control and Prevention, www.cdc.gov/mmwr/preview/mmwrhtml/mm6214a5.htm.

3 Yasmin Anwar, "Why Middle-Class Black Women Dread the Doctor's Office," Berkeley News, January 18, 2019, news.berkeley.edu/2019/01/18/invisiblevisits.

4 Rob Haskell, "Serena Williams on Motherhood, Marriage, and Making Her Comeback," Vogue, February 2018, www.vogue.com/article/serena-williams-vogue-cover-interview-february-2018.

5 Anwar, "Why Middle-Class Black Women Dread the Doctor's Office."

6 "Gut Microbes from Healthy Infants Block Milk Allergy Development in Mice," National Institutes of Health, US Department of Health and Human Services, January 14, 2019, https://www.nih.gov/news-events/news-releases/gut-microbes-healthy-infants-block-milk-allergy-development-mice.

7 Hans P. A. Van Dongen, Greg Maislin, Janet M. Mullington, and David F. Dinges, "The Cumulative Cost of Additional Wakefulness: Dose-Response Eects on Neurobehavioral Functions and Sleep Physiology from Chronic Sleep Restriction and Total Sleep Deprivation," Sleep 26, no. 2 (March 15, 2003): 117-26, available at US National Library of Medicine, https://www.ncbi.nlm.nih.gov/pubmed/12683469.

8 Lawrence A. David et al., "Diet Rapidly and Reproducibly Alters the Human Gut Microbiome," Nature 505, no. 7484(January 23, 2014): 559-63, available at US National Library of Medicine, https://www.ncbi.nlm.nih.gov/pmc/articles/PMC3957428.

1장. 그래서, 호르몬이란 무엇인가

9 Katherine Wu, "Love, Actually: The Science Behind Lust, Attraction, and Companionship," Science in the News, February 14, 2019, Harvard University, http://sitn.hms.harvard.edu/ ash/2017/love-actually-science-behind-lust-attraction-companionship.

10 "Hypothalamic Dysfunction," A.D.A.M. Multimedia Encyclopedia, Penn State Her shey, Milton S. Hershey Medical Center, http://pennstatehershey.adam.com/content.aspx ?productid=117&pid=1&gid=001202.

11 Thushani Siriwardhane et al., "Significance of Anti-TPO as an Early Predictive Marker in Thyroid Disease," Autoimmune Diseases, July 28, 2019, available at Hindawi, https://www.hindawi.com/journals/ad/2019/1684074.

12 Geanina Popoveniuc and Jacqueline Jonklaas, "Thyroid Nodules," Medical Clinics of North America 96, no. 2 (March 2012): 329-49, available at US National Library of Medicine, https://www.ncbi.nlm.nih.gov/pmc/articles/PMC3575959.

13 Syed Khalid Imam and Shamim I. Ahmad, Thyroid Disorders: Basic Science and Clinical Practice (Cham, Switzerland: Springer International, 2016).

14 "Hyperthyroidism (Overactive Thyroid)," National Institute of Diabetes and Digestive and Kidney Diseases, US Department of Health and Human Services, https://www.niddk.nih.gov/health-information/endocrine-diseases/hyperthyroidism#whoLikely.

15 Lei Zhou, Xinli Li, Ayaz Ahmed, Dachang Wu, Liang Liu, Juanjuan Qiu, Yao Yan, Meilan Jin, and Yi Xin, "Gut Microbe Analysis Between Hyperthyroid and Healthy Individuals," Current Microbiology 69, no. 5 (November 2014): 675-80, available at US National Library of Medicine, https://www.ncbi.nlm.nih.gov/pubmed/24969306.

16 Type 2 Diabetes," diaTribe, https://diatribe.org/type-2-diabetes.

17 Polycystic Ovary Syndrome(PCOS)," Mayo Clinic, https://www.mayoclinic.org/diseases-conditions/pcos/symptoms-causes/syc-20353439.

18 Karen Weintraub, "'Stress Hormone' Cortisol Linked to Early Toll on Thinking Ability," Scientific American, October 25, 2018, https://www.scientificamerican.com/article/ldquo-stress-hormone-rdquo-cortisol-linked-to-early-toll-on-thinking-ability.

19 Karolina Zaremba, "The Pregnenolone Steal: What Does It Mean for Your Health?," Fullscript (blog), https://fullscript.com/blog/pregnenolone-steal.

20 Sara Gottfried, The Hormone Cure: Reclaim Balance, Sleep, and Sex Drive; Lose Weight; Feel Focused, Vital, and Energized Naturally with the Gottfried Protocol (New York: Scribner, 2014).

21 Jo Jones, William Mosher, and Kimberly Daniels, "Current Contraceptive Use in the United States, 2006-2010, and Changes in Patterns of Use Since 1995," in Sexual Statistics: Select Reports from the National Center for Health Statistics (Hauppauge, NY: Nova Science, 2013), 127-73.

22 Yasmine Belkaid and Timothy Hand, "Role of the Microbiota in Immunity and In-flammation," Cell 157, no. 1 (March 27, 2014): 121-41, available at US National Library of Medicine, https://www.ncbi.nlm.nih.gov/pmc/articles/PMC4056765.

23 University of Illinois at Urbana-Champaign, "Long-Term Estrogen Therapy Changes Microbial Activity in the Gut," ScienceDaily, June 19, 2018, www.sciencedaily.com/releases/2018/06/180619173557.htm.

2장. 호르몬은 어떻게 망가지는가

24 Jane E. Brody, "Are G.M.O. Foods Safe?" New York Times, April 23, 2018, https://www.nytimes.com/2018/04/23/well/eat/are-gmo-foods-safe.html.

25 Liz Moody, "These 8 Foods Are Wreaking Havoc on Your Hormones," Mindbodygreen, October 7, 2019, https://www.mindbodygreen.com/0-29200/these-8-foods-are-wreaking-havoc-on-your-hormones.html.

26 "Toxic Substances Portal-Polychlorinated Biphenyls (PCBs)," Centers for Disease Control and Prevention, July 2014, https://www.atsdr.cdc.gov/toxfaqs/tf.asp?id=140&tid=26.

27 J. D. Heyes, "Monsanto Roundup Harms Human Endocrine System at Levels Allowed in Drinking Water, Study Shows," Global Research, April 6, 2015, https://www.globalresearch.ca/monsanto-roundup-harms-human-endocrine-system-at-levels-allowed-in-drinking-water-study-shows/5441051.

28 Chun Z. Yang, Stuart I. Yaniger, V. Craig Jordan, Daniel J. Klein, and George D. Bittner, "Most Plastic Products Release Estrogenic Chemicals: A Potential Health Problem That Can Be Solved," Environmental Health Perspectives 119, no. 7 (July 1, 2011): 989-96, available at US National Library of Medicine, https://www.ncbi.nlm.nih.gov/pmc/articles/PMC3222987.

29 Chris Kresser, "How Plastic Food Containers Can Make You Sick," ChrisKresser.com, October 27, 2011, https://chriskresser.com/ how-plastic-food-containers-could-be-making-you-fat-infertile-and-sick.

30 UHN Staff, "5 Possible Sources of BPA Exposure," University Health News, April 14, 2020, https://universityhealthnews.com/daily/nutrition/5-alarming-sources-of-bpa-exposure.

31 Center for Food Safety and Applied Nutrition, "Parabens in Cosmetics," US Food and Drug Administration, FDA, https://www.fda.gov/cosmetics/cosmetic-ingredients/parabens-cosmetics.

32 "4 Harmful Endocrine-Disruptors to Avoid in Beauty Products," Simply Organic Beauty, October 26, 2017, https://www.simplyorganicbeauty.com/avoid-endocrine-disruptors-cosmetics.

3장. 부신 피로의 원흉은 따로 있다

33 Flavio A. Cadegiani and Claudio E. Kater, "Adrenal Fatigue Does Not Exist: A Systematic Review," BMC Endocrine Disorders 16, no. 1 (2016): 48, available at US National Library of Medicine, https:// www.ncbi.nlm.nih.gov/pmc/articles/

PMC4997656.

34 "Adrenal Fatigue," Endocrine Society, https://www.hormone.org/diseases-and-conditions/adrenal-fatigue.

35 Zack Guzman, "This Chart Shows How Far Behind America Is in Paid Time Off Compared to the Rest of the World," CNBC, August 15, 2018, https://www.cnbc.com/2018/08/15/statista-how-far-behind-us-is-in-paid-time-off-compared-to-the-world.html.

36 Scott Gavura, "Adrenal Fatigue: A Fake Disease (Updated)," Science-Based Medicine, https://sciencebasedmedicine.org/adrenal-fatigue-a-fake-disease.

4장. 에너지를 빨아먹는 거머리, 염증

37 Roma Pahwa, Amandeep Goyal, Pankaj Bansal, and Ishwarlal Jialal, "Chronic Inflammation," StatPearls, updated March 2, 2020, available at US National Library of Medicine, https://www.ncbi.nlm.nih.gov/books/NBK493173.

38 G. E. Dinse, C. G. Parks, C. R. Weinberg, C. A. Co, J. Wilkerson, D. C. Zeldin, E. K. L. Chan, and F. W. Miller, "Increasing Prevalence of Antinuclear Antibodies in the United States," Arthritis & Rheumatology 72, no. 6 (June 2020): 1026–35, available at US National Library of Medicine, pubmed.ncbi.nlm.nih.gov/32266792.

39 "Asthma in the US," Centers for Disease Control and Prevention, May 3, 2011, https://www.cdc.gov/vitalsigns/asthma/index.html.

40 Society for Neuroscience, "How Inflammatory Disease Causes Fatigue," ScienceDaily, February 28, 2009, www.sciencedaily.com/releases/2009/02/090217173034.htm.

41 Nicola R. Sproston and Jason J. Ashworth, "Role of C-Reactive Protein at Sites of Inflammation and Infection," Frontiers in Immunology 9 (April 13, 2018), available at US National Library of Medicine, https://www.ncbi.nlm.nih.gov/pmc/articles/PMC5908901.

42 Barbara J. Nicklas et al., "Diet-Induced Weight Loss, Exercise, and Chronic Inflammation in Older, Obese Adults: A Randomized Controlled Clinical Trial," American Journal of Clinical Nutrition 79 (April 2004): 4, available at Oxford Academic, academic.oup.com/ajcn/article/79/4/544/4690130.

43 Vincent M. Pedre, "5 Signs Your Inflammation Isn't as Under Control as You Think," Mindbodygreen, October 2, 2018, https://www.mindbodygreen.com/articles/5-signs-your-inflammation-isn-t-as-under-control-as-you-think.

44 M. C. Arrieta, L. Bistritz, and J. B. Meddings, "Alterations in Intestinal Permeability," Gut 55, no. 10 (October 2006): 1512–20, available at US National Library of Medicine, https://www.ncbi.nlm.nih.gov/pmc/articles/PMC1856434.

45 Sarah Ellis, "7 Signs You Have a Leaky Gut," Mindbodygreen, updated January 24, 2019, https://www.mindbodygreen.com/0-10908/9-signs-you-have-a-leaky-gut.html.

46 Ramón Estruch et al., "Primary Prevention of Cardiovascular Disease with a

Mediterranean Diet," New England Journal of Medicine 368 (April 4, 2013): 1279–90, www.nejm.org/doi/full/10.1056/nejmoa1200303.

47 Jennifer Johnson, "Poor Sleep Quality Increases In ammation, Community Study Finds," Woodruff Health Sciences Center, Emory University, November 15, 2010, http://shared.web.emory.edu/whsc/news/releases/2010/11/poor-sleep-quality-increases-inflammation-study-finds.html.

48 "Study: Stress May Cause Excess Abdominal Fat in Otherwise Slender Women," YaleNews, September 22, 2000, https://news.yale.edu/2000/09/22/study-stress-may-cause-excess-abdominal-fat-otherwise-slender-women.

5장. 모든 길은 장으로 통한다

49 Brie Wieselman, "Why Your Gut Health and Microbiome Make-or-Break Your Hormone Balance," Brie Wieselman, September 28, 2018, https://briewieselman.com/why-your-gut-health-and-microbiome-make-or-break-your-hormone-balance.

50 Rhonda Patrick, "How the Gut Microbiota Affects Our Health with Dr. Erica and Dr. Justin Sonnenburg," FoundMyFitness podcast, January 3, 2016, https://www.foundmyfitness.com/episodes/the-sonnenburgs.

51 Patrick, "How the Gut Microbiota Affects Our Health."

52 Jennifer Yttri, "Bacteria: The Good, the Bad, and the Ugly," National Center for Health Research, http:// www.center4research.org/bacteria-good-bad-ugly.

53 Emily R. Davenport, Jon G. Sanders, Se Jin Song, Katherine R. Amato, Andrew G. Clark, and Rob Knight, "The Human Microbiome in Evolution," BMC Biology 15(December 27, 2017): 127, available at US National Library of Medicine, https://www.ncbi.nlm.nih.gov/pmc/articles/PMC5744394.

54 Università di Trento, "Lifestyle Is a Threat to Gut Bacteria: Ötzi Proves It, Study Shows," ScienceDaily, October 18, 2019, https://www.sciencedaily.com/releases/2019/10/191018112136.htm.

55 Erica Sonnenburg, "Microbes Are Holding the Reins to Our Health," Psychology To day, April 12, 2015, https://www.psychologytoday.com/us/blog/the-good-gut/201504/microbes-are-holding-the-reins-our-health.

56 Sara Gottfried, "Q & A with Chris Kresser," Dr. Sara Go fried, MD, November 28, 2014, https://www.saragottfriedmd.com/q-a-with-chris-kresse.

57 "How Your Gut Microbiome In uences Your Hormones," Bulletproof, June 6, 2019, https://www.bulletproof.com/gut-health/ gut-microbiome-hormones/#ref-6.

58 Chris Kresser, "The Gut-Hormone Connection: How Gut Microbes Influence Estrogen Levels," Kresser Institute, November 15, 2017, https://kresserinstitute.com/gut-hormone-connection-gut-microbes-influence-estrogen-levels.

59 Ocean Robbins, "The Surprising Truth About Bone Broth," Food Revolution Network, January 7, 2020, https://foodrevolution.org/blog/bone-broth-benefits.

60 Michael Pollan, "Some of My Best Friends Are Germs," New York Times, May 15, 2013, https://www.nytimes.com/2013/05/19/magazine/say-hello-to-the-100-trillion-bacteria-that-make-up-your-microbiome.html.

6장. 생체 리듬 단식이란 무엇인가

61 "The Nobel Prize in Physiology or Medicine 2017," NobelPrize.org, https://www.nobelprize.org/prizes/medicine/2017/summary.

62 University of Basel, "Our Circadian Clock Sets the Rhythm for Our Cells' Powerhouses," ScienceDaily, March 6, 2018, https://www.sciencedaily.com/releases/2018/03/180306093116.htm.

63 Nicola Davis and Ian Sample, "Nobel Prize for Medicine Awarded for Insights into Internal Biological Clock," Guardian, October 2, 2017, https://www.theguardian.com/science/2017/oct/02/nobel-prize-for-medicine-awarded-for-insights-into-internal-biological-clock.

64 Rhonda Patrick, "Dr. Satchin Panda on Time-Restricted Feeding and Its Effects on Obesity, Muscle Mass and Heart Health," FoundMyFitness podcast, June 30, 2016, https://www.youtube.com/watch?v=-R-eqJDQ2nU.

65 AP, "Graveyard Shift Linked to Cancer Risk," NBCNews.com, November 29, 2007, http://www.nbcnews.com/id/22026660/ns/health-cancer/t/graveyard-shift-linked-cancer-risk/%23.VKrqXSfnLBc#.Xcq91ZJKjBo.

66 AP, "Graveyard Shift."

67 Katherine Brooks, "Is Blue Light the Bad Guy?" Right as Rain by UW Medicine, October 28, 2019, https://rightasrain.uwmedicine.org/well/health/blue-light.

68 Joshua J. Gooley et al., "Exposure to Room Light Before Bedtime Suppresses Melatonin Onset and Shortens Melatonin Duration in Humans," Journal of Clinical Endocrinology and Metabolism 96, no. 3 (March 2011): E463–E472, available at US National Library of Medicine, https://www.ncbi.nlm.nih.gov/pmc/articles/PMC3047226.

69 Gabby Landsverk and Hilary Brueck, "Google Revealed the Top Trending Diet Searches of 2019, and It Included Plans from Celebrities like J. Lo and Adele," Insider, December 19, 2019, https://www.insider.com/most-popular-diets-2019-intermittent-fasting-noom-google-search-2019-12.

70 Michelle Harvie et al., "The Effect of Intermi ent Energy and Carbohydrate Restriction v. Daily Energy Restriction on Weight Loss and Metabolic Disease Risk Markers in Overweight Women," British Journal of Nutrition 110, no. 8 (October 2013): 1534–47, available at US National Library of Medicine, https://www.ncbi.nlm.nih.gov/pubmed/23591120; Bronwen Martin et al., "Sex-Dependent Metabolic, Neuroendocrine, and Cognitive Responses to Dietary Energy Restriction and Excess," Endocrinology 148, no. 9 (September 2007): 4318–33, available at US National Library of Medicine, https://www.ncbi.nlm.nih.gov/pubmed/17569758.

71 Rafael De Cabo and Mark P. Mattson, "Effects of Intermi ent Fasting on Health, Aging, and Disease," New England Journal of Medicine 381, no. 26 (December 26, 2019): 2541–51, doi: 10.1056/ nejmra1905136.

72 De Cabo and Mattson, "Effects of Intermittent Fasting."

73 De Cabo and Mattson, "Effects of Intermittent Fasting."

74 De Cabo and Mattson, "Effects of Intermittent Fasting."

75 Catherine R. Marinac, Sandahl H. Nelson, Caitlin I. Breen, Sheri J. Hartman, Loki Natarajan, John P. Pierce, Shirley W. Flatt, Dorothy D. Sears, and Ruth E. Patterson, "Prolonged Nightly Fasting and Breast Cancer Prognosis," JAMA Oncology 2, no. 8 (August 1, 2016): 1049–55, available at US National Library of Medicine, https://www.ncbi.nlm.nih.gov/pmc/articles/PMC4982776.

76 Mo'ez Al–Islam E. Faris, Safia Kacimi, Ref 'at A. Al–Kurd, Mohammad A. Fararjeh, Yasser K. Bustanji, Mohammad K. Mohammad, and Mohammad L. Salem, "Intermittent Fasting During Ramadan Attenuates Proinflammatory Cytokines and Immune Cells in Healthy Subjects," Nutrition Research 32, no. 12 (December 2012): 947–55, available at US National Library of Medicine, https://www.ncbi.nlm.nih.gov/pubmed/23244540.

77 Bronwen Martin, Mark P. Ma son, and Stuart Maudsley, "Caloric Restriction and Intermittent Fasting: Two Potential Diets for Successful Brain Aging," Ageing Research Reviews 5, no. 3 (August 2006): 332–53, available at US National Library of Medicine, https://www.ncbi.nlm.nih.gov/pmc/articles/PMC2622429.

78 De Cabo and Mattson, "Effects of Intermittent Fasting."

79 National Sleep Foundation, "How Age Affects Your Circadian Rhythm Changes," SleepFoundation.org, https://www.sleepfoundation.org/articles/how–age–affects–your–circadian–rhythm.

80 Sushil Kumar and Gurcharan Kuar, "Intermi ent Fasting Dietary Restriction Regimen Negatively Influences Reproduction in Young Rats: A Study of HypothalamoHypophysial–Gonadal Axis," PloS One 8, no. 1 (January 2013), available at US National Library of Medicine, https://www.ncbi.nlm.nih.gov/pubmed/23382817.

81 Kumar and Kuar, "Intermittent Fasting Dietary Restriction Regimen."

7장. 모든 것을 합치면

82 Michael J. Orlich et al., "Vegetarian Dietary Patterns and Mortality in Adventist Health Study 2," JAMA Internal Medicine 173, no. 13 (July 8, 2013): 1230–38, available at US National Library of Medicine, www.ncbi.nlm.nih.gov/pmc/articles/PMC4191896.

83 Andrew Reynolds, Jim Mann, John Cummings, Nicola Winter, Evelyn Mete, and Lisa Te Morenga, "Carbohydrate Quality and Human Health: A Series of Systematic Reviews and Meta–Analyses," Lancet 393, no. 10170 (February 2, 2019): 434–45, available at US National Library of Medicine, https://www.ncbi.nlm.nih.gov/

pubmed/30638909.

84 Meghan Jardine, "Seven Foods to Supercharge Your Gut Bacteria," Natural Health News, April 24, 2017, https://www.naturalhealthnews.uk/article/seven-foods-to-upercharge-your-gut-bacteria.

85 Huadong Chen and Shengmin Sang, "Biotransformation of Tea Polyphenols by Gut Microbiota," Journal of Functional Foods 7 (March 2014): 26–42, available at ScienceDirect, https://www sciencedirect.com/science/article/abs/pii/S1756464614000140.

86 Timothy Bond and Emma Derbyshire, "Tea Compounds and the Gut Microbiome: Findings from Trials and Mechanistic Studies," Nutrients 11, no. 10 (October 3, 2019): 2364, https://www.mdpi.com/2072-6643/11/10/2364/htm.

87 University College London, "Black Tea Soothes Away Stress," ScienceDaily, October 4, 2006, https://www.sciencedaily.com/releases/2006/10/061004173749.htm.

88 Joe Leech, "7 Science-Based Health Benefits of Drinking Enough Water," Healthline, June 4, 2017, https://www.healthline .com/ nutrition/7-health-benefits-of-water#section2; Barry M. Popkin, Kristen E. D'Anci, and Irwin H. Rosenberg, "Water, Hydration, and Health," Nutrition Reviews 68, no. 8 (August 2010): 439–58, available at US National Library of Medicine, https://www.ncbi.nlm.nih.gov/pmc/articles/PMC2908954.

89 "Alcohol and Arthritis," Arthritis Foundation, https://www.arthritis.org/living-with-arthritis/arthritis-diet/foods-to-avoid-limit/alcohol-in-moderation.php.

90 Jennifer Berry, "What Are the Health Benefits of Cardamom?," Medical News Today, October 2, 2019, https://www.medicalnewstoday.com/articles/326532.php.

91 M. Silvia Taga, E. E. Miller, and D. E. Pratt, "Chia Seeds as a Source of Natural Lipid Antioxidants," Journal of the American Oil Chemists' Society 61 (1984): 928–31, available at SpringerLink, link.springer.com/article/10.1007/BF02542169.

92 "Anti-Inflammatory Benefits of Flaxseed," Living with Arthritis (blog), May 4, 2016, Arthritis Foundation, http://blog.arthritis.org/living-with-arthritis/health-benefits-flaxseed-anti-inflammatory.

93 "Turmeric and Dementia," Alzheimer's Society, https://www.alzheimers.org.uk/about-dementia/risk-factors-and-prevention/turmeric-and-dementia.

94 "Dirt Poor: Have Fruits and Vegetables Become Less Nutritious?" Scientific American, April 27, 2011, https://www .scientificamerican.com/article/soil-depletion-and-nutrition-loss.

95 "Dirt Poor: Have Fruits and Vegetables Become Less Nutritious?" Scientific American, April 27, 2011, https://www .scientificamerican.com/article/soil-depletion-and-nutrition-loss.

96 "How You Can Still Get Cancer (Even If You Live a Healthy Lifestyle)," The Hearty Soul, May 18, 2018, https://theheartysoul.com/pesticides-preservatives-raise-cancer-risk.

97 H. Vally and N. L. Misso, "Adverse Reactions to the Sulphite Additives," Gastroenterology and Hepatology from Bed to Bench 5, no. 1 (2012): 16–23.

98 Consumer Reports, "Why You Don't Have to Give Up All Meat to Have a Healthy Diet," Washington Post, March 23, 2020, https://www.washingtonpost.com/health/why-you-dont-have-to-give-up-all-meat-to-have-a-healthy-diet/2020/03/20/bac262b2-5734-11ea-ab68-101ecfec2532-story.html.

99 Julieanna Hever, "Plant-Based Diets: A Physician's Guide," Permanente Journal 20, no. 3 (Summer 2016), https://www.thepermanentejournal.org/issues/2016/summer/6192-diet.html.

100 "Cancer Risk of Overcooked Meat Tested on Mice," NHS, November 4, 2011, https://www.nhs.uk/news/cancer/cancer-risk-of-overcooked-meat-tested-in-mice.

101 Hever, "Plant-Based Diets."

102 Zeneng Wang et al., "Impact of Chronic Dietary Red Meat, White Meat, or Non-Meat Protein on Trimethylamine N-Oxide Metabolism and Renal Excretion in Healthy Men and Women," European Heart Journal 40, no. 7 (February 14, 2019): 583–94, available at Oxford Academic, academic.oup.com/eurheartj/article/40/7/583/5232723.

103 American Physiological Society, "Eat Your Vegetables (and Fish): Another Reason Why They May Promote Heart Health," ScienceDaily, November 6, 2108, www.sciencedaily.com/releases/2018/11/181106073239.htm.

104 "Moderate Egg Intake Not Associated with Cardiovascular Disease Risk: Study," British Medical Journal, March 4, 2020, available at Medical Xpress, medicalxpress.com/news/2020-03-moderate-egg-intake-cardiovascular-disease.html.

105 "Fish: Friend or Foe?" Nutrition Source, Harvard School of Public Health, https://www.hsph.harvard.edu/nutritionsource/fish.

106 Stacy Simon, "Soy and Cancer Risk: Our Expert's Advice," American Cancer Society, April 29, 2019, https://www.cancer.org/latest-news/soy-and-cancer-risk-our-experts-advice.html.

107 "Does Soy Boost Your Breast Cancer Risk?" Health Essentials, Cleveland Clinic, March 4, 2014, https://health.clevelandclinic.org/does-soy-boost-breast-cancer-risk/; Katherine Zeratsky, "Will Eating Soy Increase My Risk of Breast Cancer?" Healthy Lifestyle, Mayo Clinic, April 8, 2020, https://www.mayoclinic.org/healthy-lifestyle/nutrition-and-healthy-eating/expert-answers/soy-breast-cancer-risk/faq-20120377.

108 Heli E. K. Virtanen, Sari Voutilainen, Timo T. Koskinen, Jaakko Mursu, Tomi-Pekka Tuomainen, and Jyrki K. Virtanen, "Intake of Different Dietary Proteins and Risk of Heart Failure in Men," Circulation: Heart Failure, May 29, 2018, https://www.ahajournals.org/ doi/full/10.1161/circheartfailure.117.004531.

109 Virtanen et al., "Intake of Different Dietary Proteins."

110 Neda Seyedsadjadi, Jade Berg, Ayse A. Bilgin, Nady Braidy, Chris Salonikas, and Ross Grant, "High Protein Intake Is Associated with Low Plasma NAD+ Levels in a Healthy Human Cohort." PloS One 13, no. 8 (August 16, 2018), available at US National Library of Medicine, https://www.ncbi.nlm.nih.gov/pubmed/0114226.

111 "Shifts Needed to Align with Healthy Eating Patterns," chapter 2 of Dietary

Guidelines for Americans, 2015–2020, 8th ed., https://health.gov/our-work/food-nutrition/2015-2020-dietary-guidelines/guidelines/chapter-2/a-closer-look-at-current-intakes-and-recommended-shifts.

Morgan E. Levine et al., "Low Protein Intake Is Associated with a Major Reduction in IGF-1, Cancer, and Overall Mortality in the 65 and Younger but Not Older Population," Cell Metabolism 19, no. 3 (March 4, 2014): 407–17, available at US National Library of Medicine, https://www.ncbi.nlm.nih.gov/pmc/articles/PMC3988204.

8장. 에너지를 되찾아주는 WTF 계획

Alessa Nas, Nora Mirza, Franziska Hägele, Julia Kahlhöfer, Judith Keller, Russell Rising, Thomas A. Kufer, and Anja Bosy-Westphal, "Impact of Breakfast Skipping Compared with Dinner Skipping on Regulation of Energy Balance and Metabolic Risk," American Journal of Clinical Nutrition 105, no. 6 (June 2017): 1351–61, Oxford Academic,https://academic.oup.com/ajcn/article/105/6/1351/4668664.

"The Facts on Intermittent Fasting," Ms.Medicine, August 15, 2019, https://msmedicine.com/the-facts-on-intermittent-fasting.

Arnold Kahn and Anders Olsen, "Stress to the Rescue: Is Hormesis a 'Cure' for Aging?" Dose-Response 8, no. 1 (2010): 48–52, available at US National Library of Medicine, https://www.ncbi.nlm.nih.gov/pmc/articles/PMC2836152.

Mark Sisson, "Hormesis: How Certain Kinds of Stress Can Actually Be Good for You," Mark's Daily Apple, https://www.marksdailyapple.com/hormesis-how-certain-kinds-of-stress-can-actually-be-good-for-you.

Kate E. Lee, Kathryn J. H. Williams, Leisa D. Sargent, Nicholas S. G. Williams, and Katherine A. Johnson, "40-Second Green Roof Views Sustain A ention: The Role of Micro-Breaks in A ention Restoration," Journal of Environmental Psychology 42 (June 2015): 182–89, available at ScienceDirect, https://www.sciencedirect.com/science/article/abs/pii/S0272494415000328.

Patrick Ewers, "Want a Happier, More Fullling Life? 75-Year Harvard Study Says Focus on This 1 Thing," Pocket, https://getpocket.com/explore/item/want-a-happier-more-fulfflling-life-75-year-harvard-study-says-focus-on-this-1-thing?utm-source=pocket-newtab.

"Yoga Could Slow the Harmful Effects of Stress and Inflammation," Harvard Health Blog, October 19, 2017, www.health.harvard.edu/blog/yoga-could-slow-the-harmful-effects-of-stress-and-inflammation-2017101912588.

K. Uvnäs-Moberg, L. Handlin, and M. Petersson, "Self-Soothing Behaviors with Particular Reference to Oxytocin Release Induced by Non-Noxious Sensory Stimulation,"Frontiers in Psychology 5 (2015): 1529, https://doi.org/10.3389/fpsyg.2014.01529.

10장. 기 에너지에 집중하자

121 1. University of Pittsburgh Schools of the Health Sciences, "New Insights into How the Mind Influences the Body," ScienceDaily, August 15, 2016, https://www.sciencedaily.com/releases/2016/08/160815185555.htm.

122 "The Brain-Gut Connection," Johns Hopkins Medicine, https://www .hopkinsmedicine.org/health/wellness-and-prevention/the-brain-gut-connection.

123 Eric Johnson, "Self-Help Author Tim Ferriss Says Social Media Is Making Us Miserable," Vox, January 23, 2017, https://www.vox.com/2017/1/23/14353880/tim-ferriss-tools-of-titans-4-hour-workweek-social-media-recode-podcast; "One Tech Investor on Why You Should Take a Break from Social Media," Here & Now, WBUR, February 8, 2017, https://www.wbur.org/hereandnow/2017/02/08/tim-ferriss.

124 Ben Bryant, "Judges Are More Lenient After Taking a Break, Study Finds," Guardian, April 11, 2011, https://www.theguardian.com/law/2011/apr/11/judges-lenient-break.

125 Eva M. Krockow, "How Many Decisions Do We Make Each Day?" Psychology Today, September 27, 2018, https://www.psychologytoday.com/us/blog/stretching-theory/201809/how-many-decisions-do-we-make-each-day#.

126 Jamison Monroe, "Understanding the Mind-Body Connection," Newport Academy, October 7, 2019, https://www.newportacademy.com/resources/mental-health/understanding-the-mind-body-connection.

127 University of Plymouth, "Weight Loss Can Be Boosted Fivefold Thanks to Novel Mental Imagery Technique," ScienceDaily, September 24, 2018, https://www.sciencedaily.com/releases/2018/09/180924095729.htm.

128 "FoundMyFitness Topic—Sauna," FoundMyFitness, www.foundmyfitness.com/topics/sauna.

129 "Kuopio Ischaemic Heart Disease Risk Factor Study (KIHD, 1984–)," University of Eastern Finland, https://www .uef.fi/en/web/ nutritionepidemiologists/kuopio-ischaemic-heart-disease-risk-factor-study-kihd-1984-.

130 Setor K. Kunutsor, Hassan Khan, Tanjaniina Laukkanen, and Jari A. Laukkanen, "Joint Associations of Sauna Bathing and Cardiorespiratory Fitness on Cardiovascular and All-Cause Mortality Risk: A Long-Term Prospective Cohort Study," Annals of Medicine 50, no. 2 (March 2018): 139–46, available at US National Library of Medicine, https://www.ncbi.nlm.nih.gov/pubmed/ 28972808.

131 JAMA Network Journals, "Sauna Use Associated with Reduced Risk of Cardiac, AllCause Mortality," February 23, 2015, ScienceDaily, www.sciencedaily.com/releases/2015/02/150223122602.htm.

132 Tanjaniina Laukkanen, Setor K. Kunutsor, Hassan Khan, Peter Willeit, Francesco Zaccardi, and Jari A. Laukkanen, "Sauna Bathing Is Associated with Reduced Cardiovascular Mortality and Improves Risk Prediction in Men and Women: A Prospective Cohort Study," BMC Medicine 16 (2018): 219, available at US National Library of Medicine, https://www.ncbi.nlm.nih.gov/pmc/articles/PMC6262976.

133 Lisa Rapaport, "Regular Sauna Users May Have Fewer Chronic Diseases," Reuters,

August 1, 2018, https://www.reuters.com/article/us-health-sauna/regular-sauna-users-may-have-fewer-chronic-diseases-idUSKBN1KM5U0.

134 Carole A. Baggerly et al., "Sunlight and Vitamin D: Necessary for Public Health," Journal of the American College of Nutrition 34, no. 4 (July 4, 2015): 359–65, available at US National Library of Medicine, https://www.ncbi.nlm.nih.gov/pmc/articles/PMC4536937.

135 Megan Buerger, "Stressed Out? Here Are 10 Science-Backed Design Tips for Bringing Serenity to Your Home," Washington Post, August 28, 2019, https://www.washingtonpost.com/lifestyle/home/stressed-out-here-are-10-science-backed-design-tips-for-bringing-serenity-to-your-home/2019/08/27/187e362e-c50e-11e9-b72f-b31dfaa77212 story.html.

136 Ingrid Fetell Lee, "7 Ways to Reduce Anxiety in Your Home Through Design," The Aesthetics of Joy, https://aestheticsoÈoy.com/2016/11/02/5747.

137 Darby Saxbe and Rena L. Repetti, "For Better or Worse? Coregulation of Couples' Cortisol Levels and Mood States," Journal of Personality and Social Psychology 98, no. 1 (January 2010): 92–103, available at US National Library of Medicine, https://www.ncbi.nlm.nih.gov/pubmed/20053034.

138 Admiral William H. McRaven (Ret.), Make Your Bed: Lile Things That Can Change Your Life... and Maybe the World (New York: Grand Central, 2017).

139 Shubhra Krishan, Essential Ayurveda: What It Is and What It Can Do for You (Novato, CA: New World Library, 2003), 3.

나는 도대체 왜 피곤할까

ⓒ 에이미 샤, 2024

초판 1쇄 발행 2024년 7월 10일
초판 6쇄 발행 2024년 11월 11일

지은이 에이미 샤
옮긴이 김잔디
책임편집 김아영
콘텐츠 그룹 배상현, 김다미, 김아영, 박화인, 기소미
북디자인 정윤경

펴낸이 전승환
펴낸곳 책 읽어주는 남자
신고번호 제2024-000099호

이메일 bookpleaser@thebookman.co.kr

ISBN 979-11-93937-13-6 03190

- 북플레저는 '책 읽어주는 남자'의 출판 브랜드입니다
- 이 책의 저작권은 저자에게 있습니다.
- 저작권법에 의해 보호를 받는 저작물이므로 저자와 출판사의 허락 없이 무단 전제와 복제를 금합니다.
- 이 책의 일부 또는 전부를 재사용하려면 반드시 저작권자와 출판사 양측의 동의를 받아야 합니다.
- 책값은 뒤표지에 있습니다.